U0913833

铁葫芦

DIANA GABALDON

OUTLANDER

异乡人

7

冒险家园 上册

DRUMS OF AUTUMN

[美] 戴安娜·加瓦尔东 著

罗爽 译

百花洲文艺出版社

图书在版编目（CIP）数据

异乡人. 7，冒险家园 /（美）戴安娜·加瓦尔东著；罗爽译. —南昌：百花洲文艺出版社，2017.12

ISBN 978-7-5500-2478-6

Ⅰ. ①异… Ⅱ. ①戴… ②罗… Ⅲ. ①长篇小说—美国—现代 Ⅳ. ①I712.45

中国版本图书馆CIP数据核字（2017）第259400号

江西省版权局著作权合同登记号：14-2017-0436

异乡人7：冒险家园

YIXIANG REN 7：MAOXIAN JIAYUAN

〔美〕戴安娜·加瓦尔东 著　罗爽 译

出版人	姚雪雪
责任编辑	杨　旭　程　玥
出版发行	百花洲文艺出版社
社　址	南昌市红谷滩区世贸路898号博能中心1期A座20楼
邮　编	330038
经　销	全国新华书店
印　刷	三河市冀华印务有限公司
开　本	880mm × 1230mm　1/32
印　张	19.25
字　数	516千字
版　次	2017年12月第1版第1次印刷
书　号	ISBN 978-7-5500-2478-6
定　价	68.00元（全二册）

赣版权登字：05-2017-431

发行电话：0791-86895108　　网　址：http://www.bhzwy.com

如发现图书质量问题，可联系调换。质量投诉电话：010-82069336

引子

我从未害怕过鬼魂。毕竟，我每天都在与它们同住。照镜子时，我能看到母亲的双眼在看我。我嘴角扬起时露出的那种微笑，曾经吸引了我的曾祖父，最终造就了我。

是的，在那些不复存在的手带着未察觉的爱意触摸我时，我怎么可能害怕呢？那些塑造我的肉身、让残骸存在得比坟墓更久的人，我又怎么会害怕呢？

我更不会害怕那些在不经意间触及我思绪的鬼魂。它们挤满了任何图书馆。我能从布满灰尘的书架上取下一本书，然后被久远逝者的思想萦绕。这些思想在由文字构成的裹尸布里，仍然如往常那样充满生机。

让人久久不能入眠的当然不是这些亲切和常见的鬼魂。回头看，举起火把，照亮黑暗的幽深处。在你独自行走时，聆听那些在身后回响的脚步声。

这些鬼魂总是从我们身边和中间掠过，隐藏在未来。我们照镜子时，就会看到故去多年的亲人的脸庞；我们看到记忆的模糊影子，它坚实地站在空荡荡的门廊里。通过血缘，通过选择，我们造就了我们的鬼魂，我们让鬼魂萦绕着自己。

每个鬼魂都从布满迷雾的梦境和沉默中不请自来。

我们的清醒心智说："不，它不是鬼魂。"

但是，我们心智的另外一部分，较为久远的一部分，总是在黑暗中轻声重复："没错，但它可以是鬼魂。"

我们在秘境中来了又走，其间尝试着忘记。然而，宁静房间中的微风带着温柔的爱意，不时地扰动我的发丝。我想，它就是我的母亲。

目录

“那是盖文 · 海耶斯吗？他好像生病了。”我低声对菲格斯说道。

“他是喝醉了。”身后传来轻柔的声音，于是我猛然转身，看到詹米站在我背后，注视着可怜的囚犯队列。

那个矮小囚犯站不稳，影响了队列的行进。他跌跌撞撞，逼得与他相连的两个囚犯生硬地曲折前进，以便能够站稳。总的来看，他们就像三个醉鬼从当地酒馆里出来摇晃着回家，与这个场合的庄严极其不匹配。我能在鼓声中听到窸窣的笑声，还能听到东湾街上那些住宅的锻铁阳台上的人们发出的喊叫和讥笑。

“你干的？”我轻声问，免得被人注意。但是我其实可以摇臂大喊，因为除了眼前的场景，人们不会看其他东西。

詹米动身向前，站到了我身边，我感到他耸了耸肩。

“他就是要我这样做，”他说，“而我也竭尽全力了。”

“白兰地还是威士忌？”菲格斯问道，用老练的眼神评估着海耶斯的外表。

“小菲格斯，那家伙是苏格兰人。”詹米的声音就像他的表情那样镇静，但我在其中听到了些许紧张，“他要喝威士忌。”

“选得明智。运气好的话，被吊死时都不会有感觉。”菲格斯低声说道。

海耶斯从牧师的手中滑脱，倒下去趴在沙路上，还把其中一个囚犯拉着跪了下去。最后那个囚犯，一个高个子年轻人，并没有倒下去，但是剧烈地来回摇晃着，拼命地想要保持住平衡。此时，人群欢快地大笑起来。

因为愤怒，还因为太阳照射，护卫队长的白色假发和金属护喉甲之间的脸庞变得通红。隆隆的鼓声继续响着，他大喊着下令，然后一位士兵仓促地卸下了那条把囚犯连在一起的链子。两位士兵分别抓住海耶斯的胳膊，让他猛地站了起来，然后队列以更好的秩序继续行进了。

他们抵达绞刑架时，人群中并没有笑声。绞刑架是一辆驴车，摆在一棵巨大橡树的树枝下方。我能感觉到鼓声的震动穿过脚底。日晒和臭味让我有些恶心。鼓声突然停止，我的耳朵在寂静中嗡鸣。“你最好别看，外乡人，”詹米对我耳语，“回马车那边去。”他目不转睛地注视着海耶斯。海耶斯在士兵的控制下，摇摇晃晃，嘴里嘟哝着什么，同时困乏地往四周看。

我最不想做的事情就是观看，但我也不能让詹米独自看完。他为盖文·海耶斯而来，我为他而来。我摸了摸他的手。

“不用。”詹米挺起胸膛，让自己站得更直。他向前挪了一步，确保他在人群中能够被看见。如果海耶斯还足够清醒，能够看到东西，那么他在人间最后看到的会是朋友的面容。

海耶斯看得见。当他们把他抬上绞刑架时，他来回怒视，拧着脖子拼命地扫视。

“盖文！朋友！”詹米突然用盖尔语喊道。海耶斯立马看到了他，然后停止了挣扎。矮小的海耶斯站着，微微摇晃。行刑官则宣读指控：偷盗六英镑十先令。海耶斯身上撒有微红色的尘土，珍珠般的汗液颤抖着挂在他灰白的胡楂上。牧师俯身靠近，在他耳边急切地低语。

然后鼓声再次响起，发出稳定的隆隆声。绞刑吏把绞索从海耶斯的光头上套下去，然后系紧，仔细地把绳结放好，刚好放在耳朵下面。护卫队长站着处于准备状态，举起了军刀。

突然，死囚海耶斯站直身子，看着詹米，张嘴似乎想要说话。

军刀在晨光中掠过，鼓声也随着最后一声闷响停了下来。

我看着詹米，他连嘴唇都是苍白的，双眼大大地睁着。透过眼角，我能看到绞索在扭动，还能看到那堆吊着的衣服在自发地微微抽动。沉闷的空气中突然传来刺鼻的屎尿臭味。

在我的另外一边，菲格斯不动感情地观看着。“想来他最终还是有感觉的。”他遗憾地低声说道。

海耶斯的尸体微微摇摆着，一具死气沉沉的重物，就好像吊在线上的铅锤。人群发出敬畏和解脱的叹息。燕鸥在灼热的天空中发出刺耳的鸣叫，海港那边传过来的声音在沉闷的空气中被压抑，显得微弱，但是整个地方被包裹在寂静当中。在我站着的那个地方，我能够听到液体从尸体悬挂着的鞋尖上滴下时发出的微弱声音——滴……答……滴……

我不认识盖文 · 海耶斯，对于他的死并无悲痛，但我很高兴他走得很快。带着奇怪的侵扰感，我偷偷看了看他。这是完成最私密行为的最公开方式，看他时我隐约感到有些尴尬。

绞刑吏的技艺精湛，海耶斯并没有不体面地挣扎，没有瞪眼凝视，没有伸出舌头。他那圆圆的小脑袋明显地偏到边上，脖子被拉长得怪异，却也被折断得利索。

从多方面看，这都是一次利落的绞刑。确信海耶斯已死后，护卫队长挥动军刀，示意把另外的囚犯带上绞刑架。我看见他的双眼朝红衣队列扫视，然后愤怒地睁大。

与此同时，人群中传来尖叫声，一阵骚动迅速传开。人们转头，推动身边的人，努力去观看他们看不到的场面。

“他跑了！”

“朝那儿跑的！”

“拦住他！”

那是第三个囚犯，那个高个子的年轻人，他趁着海耶斯死去的时候逃命，从本应看守着他、却忍不住去观看绞刑的警卫身边溜走了。

我看到一个售货摊后面有动静，脏兮兮的金发一闪而过。有些士兵也看见了，然后朝那边跑去，但是更多的士兵在往别的方向追。在碰撞和混乱当中，他们一无所获。

护卫队长在大喊，脸色发青，声音在喧嚣中几乎听不见。剩下的那个囚犯目瞪口呆，被抓住往警卫法庭那边推搡，而红衣英国士兵则在队长的命令下开始匆忙地重整队形。

詹米伸手搂住我的腰，拉我躲开了逼近的人浪。士兵在长官愤怒的指挥下站成队，迅速行军，巡视整个区域，而人群则在前进的士兵队伍前往后退。

“我们最好找到伊恩。”詹米说道，挡开一群激动的学徒。他看了看菲格斯，然后朝绞刑架和它上面那个悲哀的负担摆了摆头：“去认领尸体，嗯？等会儿在柳树酒馆会合。”

“你觉得他们会抓住他吗？”我问。我推搡着穿过逐渐退去的人群，沿着鹅卵石小道往商人码头挤去。

“应该会抓到。他能去哪儿呢？”他出神地说道，眉间显现出细小的皱纹。显然，他还惦记着那个死人，几乎没有多余的注意力分给活着的人。

“海耶斯有家人吗？”我问。

他摇了摇头：“我拿威士忌给他的时候，问过他。他觉得他可能还有个弟弟活着，但不知道在哪里。这个弟弟在起义后不久就被流放了，海耶斯觉得他被流放到了弗吉尼亚，但是此后他再无音讯。”

没有音讯也不奇怪，契约劳工没办法与他留在苏格兰的亲戚通信，除非他的雇主足够善良，替他寄信。无论劳工的雇主善不善良，盖文·海耶斯都没有机会收到信函，因为他在阿兹缪尔监狱待了十年，然后才轮到被流放。

“邓肯！”詹米喊出声来，然后一位瘦高男人转身，举手示意。他蜿蜒穿过人群，大幅度地挥舞着独臂挡开路人。

“麦克杜，”他说着，点头跟詹米打招呼，“克莱尔夫人。”他那张又长又窄的脸上挂满了悲伤的皱纹。他也在阿兹缪尔监狱坐过牢，海耶斯和詹米是他的狱友。只是，他因为血液感染而失去一只手臂，这让他没有与其他人一起被流放。他不适合被卖出去做工，因此被赦免，然后释放出去饿肚子——直到詹米找到他。

“上帝保佑，可怜的盖文。”邓肯说着，悲痛地摇了摇头。

詹米用盖尔语说了些回应的话，然后在胸前画了十字。然后他挺直身体，显然是在努力地摆脱这天的压抑。“是的，好了。我必须去码头，安排伊恩的旅程，然后我们可以考虑埋葬盖文。但是，我得先把伊恩安顿好。”

我们在人群中费力地朝码头走去，从一群群激动地议论着的人中间挤过，躲开在拥挤人群中漠然做着生意的缓慢来往的平板马车和两轮流动售货车。

一队红衣士兵从码头那端迅速行进过来，把人群分开，就好像滴到蛋黄酱里的醋一样。太阳照在那排刺刀尖上刺眼夺目，他们的脚步声就像沉闷的鼓声，穿透了人群的嘈杂。即使是轰隆隆的雪橇和手推车，也突然停下来让他们经过。

“注意你的口袋，外乡人。”詹米在我耳边低声说道，引领着我从一个包着头巾、紧抱两个小孩的奴隶和一个站在箱子上的街头牧师中间穿过。牧师在大喊着罪恶和忏悔，但是在嘈杂声中只能听清三分之一。

“我缝起来了。”我让他放心地说道，但还是伸手去摸了摸那个贴着我大腿晃动的小重物，“你的呢？”

他咧嘴微笑，然后向前倾斜帽子，深蓝色的眼睛在明亮的阳光下眯了起来。“我要是有口袋，那么我的毛皮袋在哪儿，口袋就在哪儿。只要不遇到身手敏捷的妓女，我的口袋就是安全的。”

我看了看他马裤前面的微微凸起，然后又抬头看了看他。他肩宽身高，面容立体俊秀，带着苏格兰高地人的自豪仪态，吸引着身边路过的每个女人的目光，即使戴着的素蓝色三角帽遮盖了他鲜艳的头发。他那条借来的马裤整体上太紧，更加没法减低他那引人注目的效应，而且这种效应又因为他的完全无视而获得增强。

“你就是一块吸引妓女的活磁铁。”我说道，“挨着我，我会保护你。”

他大笑起来，抓住我的胳膊，然后我们走进一块小空地。“伊恩！”

他在人群的脑袋中看到他外甥，于是大喊。片刻过后，一个笨拙的高瘦男孩突然从人群中蹿出来，把眼前浓密的棕色头发拨开，然后灿烂地咧嘴笑了。“舅舅，我以为再也找不到你了！”他惊呼道，“天哪，这里的人比爱丁堡皇家一英里还多！”他用衣袖擦拭那让人颇感亲切的长脸，在脸颊上留下一条污渍。

詹米瞟了他外甥一眼：“伊恩，你刚看到一个人死去，而你现在看上去欢欣得有些不礼貌。”

伊恩匆忙转变表情，试图表现出得体的严肃。“噢，不是，詹米舅舅，”他说道，“我没看到绞刑。”邓肯扬起眉毛，伊恩的脸稍微有些红了。“我……我不是害怕看，只是我……想去做别的事情。”

詹米淡然微笑起来，然后拍了拍伊恩的后背：“别担心，伊恩。我自己都宁愿不看，只是盖文是我的朋友。”

“我知道，舅舅，我感到很惋惜。”伊恩的棕色大眼睛里流露出一丝同情。这双眼睛是他脸上唯一说得上好看的地方。“可怕吗，舅妈？”

“可怕，”我说道，“但是它已经结束了。”我从胸襟里掏出湿润的手绢，踮脚去把他脸上的污渍擦干净。

邓肯·英尼斯悲伤地摇摇头：“是啊，可怜的盖文。但是，这样比饿死更痛快，他也只有这种选择了。”

“我们走，”詹米不愿意把时间花在无用的悲痛上，于是插嘴说道，“‘美人玛丽’号应该在码头远端。”

伊恩看了看詹米，然后挺直身子，想说些什么，但詹米已经转向港口，挤着从人群中穿过。伊恩看了看我，然后把手臂伸出来给我。

我们跟着詹米走在排列在码头上的仓库后面，绕过形形色色的水手、装卸工、奴隶、乘客、顾客和商人。查尔斯顿是个大货运港，生意繁荣，在这个季节里，每个月有多达百艘船往返欧洲。

“美人玛丽”号的船主是詹米的堂叔杰拉德·弗雷泽的朋友。杰拉德·弗雷泽之前在法国做葡萄酒生意，而且做得很成功。运气好的话，詹米可以说服“美人玛丽”号的船长看在杰拉德的面子上，允许伊恩在旅途中当男服务员，将他带回爱丁堡。

伊恩对此并无热情，但詹米已经下定决心，要尽早把他这位误入歧途的外甥送回苏格兰。我们从佐治亚来到查尔斯顿，除有其他事情需要处理外，主要还是听说“美人玛丽”号在这里。两个月前，我们因为意外而踏足美洲，最先到的就是佐治亚。

我们路过一家酒馆时，一个衣着不整的女服务员端着一盆泔水出来。她看到詹米，然后站住，泔水盆支撑在髋部，然后给詹米使了个歪斜表情，并且噘嘴对他微笑。詹米专注于自己的目标，所以没有看她就走过了。她甩动脑袋，把泔水泼给睡在阶梯上的那头猪，接着又冲回酒馆里。

詹米停下来，用手遮着眼睛上方，朝那排高耸的桅杆看去。我走到他身边。他无意地拉了拉马裤前面，让马裤更舒适。

我抓住了他的胳膊。“传家宝还安全吧？”我低声说道。

“不舒服，但是安全。”他让我放心地说道，接着皱着眉头，拉了拉裤子前裆的系带，“把它们藏在屁股里会更好，我想。”

“我才不愿意呢，”我微笑着说道，“我宁愿冒被抢的危险。”

传家宝只是一些宝石而已。我们之前被飓风吹上佐治亚海岸，上岸时浑身湿透，衣衫破烂，而且一无所有——只有几颗珍贵的大宝石。

我希望“美人玛丽”号的船长对杰拉德·弗雷泽的评价会足够高，能够接受伊恩当服务员。因为如果评价不高的话，给伊恩安排旅程的事情就会有些困难。

理论上，詹米的荷包里和我的口袋里的宝石价值连城。实际上，这些宝石，就它们对我们的益处而言，有可能就像海滩上的鹅卵石。虽然用宝石来运送财富简单且不占空间，但问题在于要如何把它们换成钱。

南方殖民地的大多数生意都是以物易物，而非以物易物的生意则是通过交换由富商或银行家所写收据或账单进行的。富裕的银行家在佐治亚很少见，愿意把手里的资金长期投资在宝石上的银行家更少。在萨凡纳与我们同住的那位成功的稻农跟我们保证说，他自己很少摸到两磅的纯银。实际上，整个殖民地可能都没有十磅的金银。

我们也不可能再北上穿过那些无尽的盐沼泽和松林去卖掉一颗宝石。查尔斯顿是我们抵达的首个足够大的城市，这里或许有商人和银行家愿意花钱买下我们的部分冻结资产。

我心想，在查尔斯顿的夏天，并不是所有东西都能够长时间地保持在冻结状态。小股的汗液从我的脖子一直往下流，我连衣裙下的直筒亚麻衬裙已经打湿，皱巴巴地贴在我的皮肤上。即使是在离海港这么近的地方，此时此刻也没有风，只有炙热焦油、死鱼和流着汗的工人们的气味，几乎让人难以忍受。

此前因船只失事，我们流落到奥利维尔夫妇的住所旁，这对夫妇好心收留了我们。詹米不顾他们反对，坚持给了他们一颗宝石，感谢他们的款待。作为回报，他们则给我们提供了一辆马车、两匹马、干净的旅行衣服、北上路上的食物，以及少量现金。

这笔钱还剩六先令三便士，装在我的口袋里。它们是我们全部的可用财富。

“詹米舅舅，这边，”伊恩说道，转过身急切地朝詹米招手示意，“我有东西要给你看。”

“什么东西？”詹米问道，蜿蜒从一群流着汗的奴隶之间穿过，这些奴隶正在往停泊着的货船上装尘土飞扬的干木蓝块，“不管是什么东西，你是怎么得到的？你不是没有钱吗？”

“有，我玩骰子赢的。”伊恩跳着绕过一大堆谷物，声音变得飘忽，身体也被遮住。

“骰子！我的天哪，伊恩，你身上一分钱都没有，你不能去赌博！”詹米拉住我的胳膊，从人群中挤过，去追伊恩。

“你一直都是这样做的，詹米舅舅，”伊恩指出，然后停下来等我们，“你在我们待过的酒馆和旅馆里，你都是这样做的啊。”

“我的天哪，伊恩，我玩的是纸牌，不是骰子！而且我知道自己在做什么！”

“我也知道！”伊恩沾沾自喜地说道，“我赢了，不是吗？”

詹米把眼珠转向天上，乞求耐性。“天哪，伊恩，不过我很高兴在你的脑袋被砸碎之前，你就要回家了。答应我不去和那些水手赌博，行吗？你在船上可躲不开他们。”

伊恩并没有注意听，他走到一个有些破碎的柱桩边上，桩上绑着粗壮结实的绳索。他在那里停下来，转身面对我们，指着脚边的一个东西。

“看到没？一条狗。”伊恩自豪地说道。

我迅速往詹米身后退了半步，紧抓住他的胳膊。

“伊恩，”我说，“那不是狗，那是狼。那是一条该死的大狼。我觉得你应该离开它，免得它在你屁股上咬下一块肉来。”

那匹狼漫不经心地朝我这边伸出一只耳朵，无视了我，然后又把耳朵缩回去。它继续坐着，因为炎热而喘着气，黄色的大眼睛盯着伊恩，之前没有见过狼的人，可能会把它那种强烈的眼神错认为是忠诚。

“这些东西很危险，”我说，“它们动不动就会咬你。”

虽然我这么说，但詹米还是弯腰去细看那匹狼。

“它不完全是狼，是吗？”他听起来有些感兴趣，然后朝那条所谓的狗伸出没有握紧的拳头，邀请它来嗅自己的指关节。想着他的手很快就会断掉，我闭上了眼睛。没有听到尖叫，我又睁开眼睛，看到他蹲在地上，向上打量着那只动物的鼻孔。

“它是个英俊的家伙，伊恩。”他说着，熟络地挠着那东西的下巴。它那双黄色的眼睛稍微眯起来，它要么是对詹米的殷勤感到愉悦，要么是——我想，这种可能性更大——在打算咬掉詹米的鼻子。“但是它比狼要大，它的脑袋和胸脯更宽大，腿也长很多。”

“它的母亲是头爱尔兰猎狼犬，”伊恩蹲到詹米身边，热切地解释，同时抚摸着它那硕大的灰棕色后背，“它发情去了森林里，然后回来时怀了狗崽……”

“噢，是啊，我知道了。”詹米现在用盖尔语对那只动物哼唱，抬起它那巨大的脚掌，抚摸着它毛茸茸的脚趾。它那弯曲的黑色爪子长达两英寸。它半闭着眼睛，淡淡的微风吹皱了它脖子上的浓密软毛。

我看了看邓肯，他朝我皱着眉，轻微地耸了耸肩，然后叹了口气。他对狗没有好感。

“詹米……”我说道。

“帅小伙，”詹米用盖尔语对那匹狼说，“这么说你不是漂亮姑娘了？”

“它吃什么？”我问道，不知怎的声音稍微有些大。詹米停止抚摸那只动物。

“噢，”他说道，有些遗憾地看着那头黄眼睛的东西，“呃。”他站起来，不情愿地摇了摇头，“恐怕你舅妈说得不错，伊恩，我们怎么喂它呢？”

“噢，詹米舅舅，这不是问题，”伊恩保证道，“它自己知道找吃的。”

“在这里？”我看了看四周的仓库，以及仓库外面那排拉毛粉饰的商店，“它找什么吃的？小孩子吗？”

伊恩看上去稍微有些受伤：“当然不是小孩，舅妈，是鱼。”

看到身边三张怀疑的脸庞，伊恩跪到地上，双手抓住那只动物的嘴筒子，把它的嘴掰开。“它真的吃鱼！我发誓，詹米舅舅！来，你来闻闻它的口气。”

詹米怀疑地看了看那两排让人印象深刻的明亮犬齿，然后揉搓着自己的下巴。“我……啊，我应该相信你的，伊恩。但即使这样——看在老天的分上，注意你的手指，小伙子！”

伊恩松开手，它的嘴巴猛地闭上，把几滴口水溅到了石码头上。

“我没事，舅舅。”伊恩欢欣地说着，在马裤上擦手，“它不会咬我。我能肯定。它的名字叫洛洛。”

詹米用指节擦了擦上嘴唇：“唔。好吧，不管它叫什么名字，也不管它吃什么，我不觉得‘美人玛丽’号的船长会好心到让它出现在船员区。”

伊恩没有说什么，但是他脸上开心的表情并未减弱。实际上，他的神情变得更开心了。詹米看了看他，看见了他那容光焕发的面容，然后便僵住了。

“不，”他惊恐地说，“噢，不。”

“没错。”伊恩说道，干瘦的脸上露出了愉悦的微笑，“舅舅，‘美人玛丽’号三天前就起航离开了。我们太迟了。”

詹米用盖尔语说了些我们听不懂的话，邓肯则露出一副震惊的表情。

“该死！”詹米换成英语说道，“真他妈该死！”詹米脱下帽子，用手狠狠地擦拭了整张脸。他看上去很热，衣衫凌乱，十分不开心。他张开嘴，但是不管他原本打算说什么，他都改变了注意。他闭上嘴，然后用手指粗鲁地从头发里抓过，弄松了绑头发的丝带。

伊恩看上去有些窘迫：“舅舅，对不起。我会努力不让你担心的，我真的会的。我能够干活，我会自己挣钱吃饭的。”

詹米看着伊恩，脸色柔和下来。他深深叹了口气，然后拍了拍伊恩的肩膀：“不是我不想带着你，伊恩。你知道的，我很想让你留在身边，但是你母亲会说什么呢？”

伊恩的脸上又有了光彩。“我不知道，舅舅，”他说，“但是她也只能在苏格兰念叨，不是吗？而我们在这里。”他伸出双臂，搂住洛洛，然后抱着它。那匹狼对伊恩这个动作似乎稍微有些吃惊，但片刻过后，它伸出粉红的长舌头，文雅地舔了舔伊恩的耳朵。这是在尝尝他的味道如何，我挑剔地想。

“而且，”伊恩补充道，“她很清楚我是安全的，你在佐治亚写信跟她说了我和你一起。”

詹米努力苦笑起来：“我可不敢说那点信息能让她放心，伊恩。她可认识我很久了。”

他叹了口气，把帽子扣到头上，然后转向我。“我特别需要喝杯酒，外乡人，”他说，“我们去找那家酒馆。”

柳树酒馆光线不好，如果人不多，酒馆里倒是很凉快。结果我们去的时候，酒馆的长凳和桌边挤满了从绞刑场来的观光客和从码头来的水手，酒馆变得如汗蒸房一般。踏进酒馆时，我吸了口气，然后又很快地吐了出来。那感觉就像是透过许多浸泡过啤酒的脏衣服呼吸。

洛洛立即证明了自己的价值，它穿过酒馆，咬着嘴唇，持续发出低沉的嚎叫，把人群分开。它显然不是酒馆里的陌生顾客。在清理出角落里的长凳后，它满意地蜷缩到桌下，似乎准备睡上一觉。

没了日晒，加上面前摆着一大杯微微冒泡的麦芽啤酒，詹米很快就恢复了一贯的沉着。

“我们有两个选择，”他说着，把汗湿的头发从太阳穴上拨到后面，“我们在查尔斯顿多待些时间，这样或许就能找到宝石买家，或许还可以给伊恩找到另外一艘船回苏格兰。或者，我们北上去开普菲尔，或许在那里能给伊恩找艘从威尔明顿或新伯尔尼始发的船。”

“我选择北上，”邓肯毫不犹疑地说，“你们在开普菲尔有亲戚吗？我不想在陌生人中间待太久。你的亲戚肯定不会欺骗或抢劫我们。这里……”他抬起一边肩膀，意有所指地指着我们周围那些非苏格兰，因而也显然不诚实的人。

詹米还没来得及回答，伊恩就迅速说：“我们北上吧，舅舅！”他用衣袖抹掉沾在上嘴唇的些许泡沫，“路途上可能会遇到危险，你需要多的人手来提供保护，是吧？”

詹米把头埋在杯子里，但我坐得离他足够近，能够感受到有股不易觉察的颤动穿过他的身体。詹米其实很喜欢他的外甥，但事实是，伊恩是那种麻烦事不断的人。通常不是他的错，但他就是麻烦事不断。

去年，伊恩被海盗绑架，为了救他，我们才通过迂回而且很危险的途径来到美洲。最近虽然没有发生什么事情，但我知道，詹米急切地想要在事情发生之前，安排他这个十五岁的外甥回苏格兰，回到他母亲身边。

“嗯，当然了，伊恩。”詹米放下杯子说，并小心地避开我的注视，但我能看到他嘴角的抽动，“你会帮我不少忙，这我能确定，但是——”

“我们可能会遇到印第安人！”伊恩睁大双眼说，原本被太阳晒成红棕色的脸现在又因愉快的期待而泛着红光，“或者野兽！斯特恩博士跟我说过，卡罗来纳的荒野里全是野兽——熊、野猫和凶猛的黑豹，还有种被印第安人称为臭鼬的恶心小动物！”

我被啤酒呛到了。

“你没事吧，舅妈？”伊恩担心地从桌子那边俯身过来。

“没事。”我喘息着，用手帕擦拭被打湿的脸。我擦干洒到胸前的啤酒，谨慎地把连衣裙从皮肤上拉开，希望能够透点空气。

我瞥到詹米的脸，他脸上那种想笑又极力忍住的表情，现在被担忧的轻微蹙眉取代了。

“臭鼬很危险。”我把手放在他的膝盖上，低声说。詹米在家乡苏格兰是个技艺超群的无畏猎手，可能会谨慎看待新世界的陌生动物群。

“哦。”詹米蹙着的眉头放松了，但眉间仍有一条细细的皱纹，“或许很危险，但其他东西呢？我可不想在遇到一头熊或一群野人时，手里只有这个东西。”他摸了摸那把插在鞘中、挂在他腰带上的大刀。

在从佐治亚北上的路上，缺少武器的事情让詹米很担心。伊恩说的关于印第安人和野兽的话，再次勾起了詹米的这种担心。除了詹米的那把刀以外，菲格斯还有把小一些的刀，适合用来割绳子和劈小树枝来生火。这就是我们全部的武器——奥利维尔夫妇没有多余的枪和剑。

在从佐治亚到查尔斯顿的路上，与我们同行的有一群种植水稻和木蓝的农场主。他们全副武装，带着刀、手枪和火枪，运送农产品去港口，然后这些产品再被船运到宾夕法尼亚和纽约。如果我们现在动身去开普菲尔，我们会没有同伴，没有武器，基本上没法防备从茂密森林里出来的任何东西。

同时，因为某些急迫的原因，我们又不得不北上，而缺少可用的资金就是原因之一。开普菲尔是苏格兰高地人在美洲殖民地的最大居住地，有好几个镇的居民是在卡洛登起义后的这二十年里移居到那里的。这些移民中有詹米的亲戚，我知道他们会乐意给我们提供庇护，提供栖身之所、床铺，以及让我们在新世界立足的时间。

詹米又喝了杯酒，然后朝邓肯点了点头。

“必须得说，我的想法和你相同，邓肯。”他向后倚靠着酒馆的墙壁，漫不经心地扫视着拥挤的酒馆，“你没觉得有眼睛在背后看你们吗？”

我后背上感觉到寒意，尽管还有汗液从背上往下流。邓肯稍微睁大双眼，然后又眯起来，但他并没有回头。

“哦。”他说。

“谁的眼睛？”我问道，很紧张地往四周看。我没有看到有人特别关注我们，尽管任何人都有可能在秘密地观察。酒馆里喝醉酒的人群在涌动，嘈杂的说话声很吵，足以淹没稍远地方的所有谈话。

“任何人的，外乡人，”詹米回答道，斜眼看了看我，然后笑了，“别表现得这么害怕，好吗？我们没有危险。在这里没有。”

“还没有危险。”邓肯说着，身子前倾，又倒了一杯麦芽啤酒。

“麦克杜大喊让绞刑架上的盖文注意，你看见没？这会引起一些人的注意——而且麦克杜本身就挺引人注目的。”他干巴巴地补充道。

“那些从佐治亚与我们同行的农场主现在已经卖掉了产品，正在这样的地方休息。”詹米说，同时聚精会神地研究着他酒杯上的花纹，“虽然那些农场主都是老实人，但是他们还是会好奇，外乡人。几个人被飓风吹上了岸——这是个好故事，不是吗？而且，有多大可能他们中至少有某个人知道一些关于我们身上的宝石的事情？”

“我明白了。”我低声说，而且我也确实明白了。我们与罪犯的联系，让公众对我们有了兴趣，所以我们不能再被当作不起眼的旅客。如果花时间寻找买家，那么我们就可能招来不诚实的人抢劫，或者可能招来英格兰官方的盘查。两种情况都不好。

詹米端起酒杯，喝了一大口，然后又叹着气把杯子放下。“不行，我觉得在城里久留不明智。看了盖文被体面地下葬，我们就在城外的树林里找个安全的地方过夜。明天我们再决定去留。”

不管有没有臭鼬，在树林里睡几晚的主意并不吸引人。我已经有八天没脱过衣服了，每次在溪边停下来时，我也只是洗洗脸和手脚。

我始终期待着能有一张真正的床，即使床上有跳蚤也行，还期待着能洗掉从上周旅途以来积累下来的污垢。但是，詹米说得有道理。我叹了口气，沮丧地看着我衣袖的褶边，它们已经被穿成灰色，变得肮脏不堪。

这时，酒馆的门突然被猛地推开，让我从沉思中分神。四个红衣士兵推撞着走进酒馆。他们穿着整齐的军装，手里的火枪上装有刺刀，显然不是来喝酒或玩骰子的。

两名士兵迅速巡视了酒馆，看了看每张桌下，另外那名士兵消失在远处的厨房。第四名士兵站在门边警戒，浅色的眼睛扫视着人群。看到我们这桌时，他的目光亮了起来，充满猜疑地盯着我们看了片刻，然后他的目光又开始移动，不安分地寻找着什么。

詹米外表很平静，小口喝着啤酒，表现出不在意的样子，但我看见他放在大腿上的那只手慢慢地握成了拳头。不那么能控制感情的邓肯，则埋下头掩盖自己的表情。有红衣士兵在场时，没人能感觉到放松，这是合乎情理的。

这几个士兵的出现，并没让其他人感到特别不安。烟囱角落里的那小群歌手继续没完没了地唱着《斟满美酒》，酒馆女服务员与两个学徒在大声地争吵。

那名去厨房的士兵回来了，显然一无所获。他粗鲁地穿过在壁炉前玩骰子的人群，回到了门边的同伴那里。在他们推撞着走出酒馆时，菲格斯的瘦小身子挤了进来，他紧贴着门框，避开士兵们挥舞的手肘和枪托。

一名士兵看到了金属闪光，于是好奇地盯着代替菲格斯断掉的左手的铁钩。他犀利地看了看菲格斯，但接着又挎起火枪，匆匆去追赶同伴了。

菲格斯挤过人群，重重地坐到长凳上的伊恩旁边。他看上去很热，而且很生气。

“该死的杂种。”他毫无预兆地说。

詹米皱起了眉头。

“那个牧师。”菲格斯解释道。他端起伊恩推给他的酒杯，干瘦的喉咙鼓动着，直到杯中的酒被喝干。他放下杯子，长出一口气，然后坐在那里眨着眼，看上去显然开心了一些。他叹了一口气，然后擦了擦嘴。

“他想要十先令，才答应把那个人埋在教堂墓地里，当然是圣公会的教堂。”他说，“这里没有天主教教堂。该死的，趁火打劫！他知道我们没有选择。尸体只能存放到日落以前。”他把一根手指伸进领巾，把被汗打湿的棉领巾从脖子上拉开，然后用拳头捶了几次桌子，吸引那个在客人催促下忙得不可开交的女服务员的注意。

“我给那个超级肥的猪崽说付不付钱由你来决定。毕竟，我们可以就把他埋在树林里。尽管我们得买把铲子。”他皱眉补充道，“这些贪婪的居民知道我们是外地人，会尽可能地榨干我们最后的一分钱。”

“最后一分钱”差不多就是实话。我们有足够的钱在这里吃顿像样的饭，以及买干粮北上，或许还有足够的钱住几晚上的旅店。但我们就只有这些钱了。詹米扫视酒馆，看有没有可能通过玩骰子或纸牌挣点钱。

跟士兵和水手赌钱最有把握，但现在酒馆里的士兵和水手很少。一个角落里，一小群男人正大声欢快地喝着几陶罐白兰地酒，其中两人在唱歌，或者说在尝试唱歌，他们的尝试惹得同伴大笑。看到他们时，詹米微不可察地点了点头，然后朝菲格斯转过身去。

“你暂时是怎么处理盖文的？”詹米问。

菲格斯耸了耸一边肩膀：“把他放在马车里了。我把他穿的衣服拿去跟一个收破烂衣服的女贩那里换了件寿衣，作为交易的部分，她还答应清洗遗体。”他对詹米淡然微笑。“别担心，大人。他看起来还算得体。”他补充道，把新倒的那杯啤酒端到嘴边。

“可怜的盖文。”邓肯·英尼斯端起自己的酒杯，大概算是对死去的朋友表示敬意。

“干杯。”詹米回答，然后端起酒杯以示回应。他放下酒杯，然后叹了口气。

“他不会喜欢被葬在树林里。”他说道。

“为什么？”我好奇地问，“我觉得埋在哪里对他来说都不重要。”

“噢，不行，我们不能那样做，克莱尔夫人。”邓肯断然摇头。

邓肯通常特别内向，因此看到他这样表达感情，我有些吃惊。

“他害怕黑暗。”詹米低声说。

我转身盯着他，他斜嘴对我微笑起来：“我与盖文生活的时间，和与你生活的时间差不多，外乡人，而且我和他同住的地方要小得多。我很了解他。”

“是的，他害怕独自待在黑暗里，”邓肯插话说，“他特别害怕鬼魂，是吧？”

他那张悲伤的长脸上露出沉思的表情，我知道他是在记忆里看见了他、詹米、盖文·海耶斯，以及其他四十个人，还有同住了三年之久的那间牢房。“麦克杜，你还记得他有天晚上是怎么给我们讲他遇到的鬼魂吗？”

“我记得，邓肯，而且我希望自己记不得了。”詹米不寒而栗，“在他给我们讲了那个鬼魂后，我半个晚上都没睡着。”

“什么鬼魂，舅舅？”伊恩睁大眼睛，把身子前倾到酒杯上方。他脸颊通红，流着汗，领巾也因为汗液而皱了起来。

詹米思考着，用手擦拭嘴巴。

“噢，那是苏格兰高地寒冷晚秋的一天，正好是季节交替，空气的那种感觉告诉你，在霜冻降临时，大地会颤抖。”他说。他安稳地靠坐在座位上，端着酒杯。他苦笑着，拉扯喉咙。“和这里不同，是吧？”

“是这样，盖文的儿子那晚把牛群赶回家后，发现有头牛不见了。于是这个小伙上山下坡地找，但一无所获。所以，盖文就让他去给另外两头牛挤奶，然后自己出发去找那头丢失的牛。”

詹米双手缓慢地转动白镴酒杯，低头盯着深色的麦芽啤酒，似乎在啤酒里看到了那些在夜晚显得黑暗的苏格兰山峰，以及在秋日的峡谷里飘动的雾气。

“他走了一段距离，身后的小房子消失了。他回头看时，已经看不见窗户里照出来的光线了，而且除了风的号叫以外，就没有其他声音了。天气寒冷，但他继续前行，从泥巴和石楠上踩过，听到脚下的冰块在噼啪作响。他在雾中看到一片小树林，觉得那头牛或许躲到树下去了，所以就朝树林走去。他说那是片白桦林，白桦树全都没有叶子，但树枝却长得很密，他必须低着头才能挤到大树枝下面。他走进树林，发现那完全不是树林，而是一圈树。有些树又高又大，特别匀称地围着他。还有些较小的树和小树苗，长在大树中间，形成一堵由树枝构成的墙。在树圈中心，立着一个锥形石冢。”

尽管酒馆里很热，但我感觉就好像有块薄冰在我脊柱上融化着往下滑。我在苏格兰高地见过古代石冢，在大白天也觉得它们足够恐怖。

詹米喝了一小口啤酒，然后擦掉沿着鬓角流下来的汗液。

“盖文觉得很奇怪，因为他知道那个地方——每个人都知道，所以从来都敬而远之。那是个奇怪的地方。在黑暗和寒冷时，它似乎比白天更奇怪。那是个古老的石冢，用石板垒成，周围全都堆着石头。他能够看见面前的墓穴入口。他知道没有强大魔法的人类是不该来那个地方的。他只有一个木头十字架挂在脖子上。所以，他用十字架画了十字，然后转身打算离开。”

詹米停下来呷了口啤酒。

“但是在离开树林时，”他轻声地说，“他听到身后有脚步声。”

我看到伊恩吞了口唾液，他的喉结上下滚动。他机械地伸手去拿自己的酒杯，眼睛则盯着詹米。

“他没有转身去看，”詹米继续说，“而是继续走。那个脚步跟着他的步伐，一步接着一步，始终跟着他。他穿过泥地，地里的水渗透出来，在寒冷的夜里凝结成薄冰。他能听到脚下的薄冰发出破裂声，还能听到身后那种冰块破裂的声音，咔嚓！咔嚓！他在寒冷的黑夜里走啊，走啊，看着前方，寻找自家窗户里发出的光线，他妻子已经点燃了蜡烛。但是那种光线始终没有出现，他开始害怕在石楠丛和黑暗的山中迷路。那个脚步声始终跟着他，在他耳中显得响亮。最终他忍无可忍，抓住他脖子上戴的十字架，尖叫着转身，去面对跟着身后的东西。”

“他看到了什么？”伊恩的瞳孔扩大，因为喝酒和惊讶而变成深色。詹米看了看他，然后又看了看邓肯，点头让邓肯接着讲这个故事。

“他说那是个像人一样的影子，但是没有身体，”邓肯安静地说，“整个影子是白色的，就像是雾组成的一样。但是它眼睛的地方是两个大洞，黑色的空洞，可能会用恐惧把他的灵魂从身体里吸走。”

“但是盖文把十字架举在脸前，大声向圣母马利亚祈祷。”詹米把故事接过来，专注地向前倾，暗淡的火光映出了他的金色侧影，“那个东西没有走近，而是停在那里看着他。所以他就往后退，不敢再转身。他往后退，跌跌撞撞，差点滑倒，每时每刻都在害怕会掉进火坑或掉下悬崖摔断脖子，但他害怕转身把那个冰冷的东西留在身后。

“他不知道自己走了多久，他的双腿疲惫得颤抖起来，最终他看到雾中有一丝光亮，而那就是他自己的小屋，烛光正从小屋的窗户透出来。他喜悦地喊出来，朝家门转过身去，但那个冰冷的东西很快从他身边掠过，站在了他和家门中间。

“他妻子一直在等他回来，听到他尖叫时，她立刻朝门口走来。盖文大喊叫她不要出来，叫她赶紧去拿驱邪的东西，把那个鬼魂赶走。她迅速从床下抓起水壶，以及她用来为牛祈祷的绑有红线和黑线的香桃木树枝。她把水泼到门柱上。那个冰冷的东西跳了起来，跳过了门楣。盖文从下面冲过去，把门闩住了，然后他妻子抱着他，直到天亮。他们让蜡烛亮了整个晚上，后来盖文 · 海耶斯再也不在日落后离开家——直到他去为查理王子打仗。”

即使是知道这个故事的邓肯，也在詹米讲完时叹了一口气。伊恩在胸前画了个十字，然后局促地往四周看了看，但是似乎并没有人注意到他。

“所以，盖文现在去了黑暗的地方，”詹米轻声说，“但我们不会让他长眠于随便选择的地里。”

“他们找到那头牛了吗？”菲格斯问，就像往常那样务实。

詹米朝邓肯扬起一边眉毛，邓肯回答了菲格斯：“找到了。第二天他们就找到了那头可怜的牲口，它的蹄子上满是泥巴和石子，眼神错乱，口吐白沫，身体两侧都快要破裂了。”他看了看我，看了看伊恩，然后又看了看菲格斯。“盖文确实说过，”他字斟句酌地说，“它看上去就像被骑着去了趟地狱。”

“天哪。”伊恩喝了一大口啤酒，我也喝了一大口。在角落里，那些喝酒的人在试着唱一轮《雷电船长》，每次中断时都发出无助的大笑声。

伊恩把酒杯放到桌上，表情不安地问："盖文的妻子和儿子出了什么事？"

詹米的眼神与我相遇，他的手触摸到我的大腿。不用说我也知道盖文·海耶斯一家出了什么事。要是没有詹米的勇气和不妥协，我和我们的女儿布丽安娜可能也会有同样的遭遇。

"盖文不知道，"他安静地说，"他再没有收到过妻子的消息——她或许已经被饿死，或许被赶到外面被冻死。他的儿子与他在卡洛登并肩作战。只要有参加过卡洛登战役的人到我们的牢房，盖文就会问：'你有没有见过一个叫阿奇·海耶斯的勇猛小伙，大概这么高，十四岁左右的小伙，披着绿色披肩，戴着不大的镀金饰针？'"詹米把手抬离地面五英尺，模仿海耶斯的动作，机械地比画着，"但是，没人见过他儿子，既没见他战死，也没见他安全逃走。"

詹米呷了口啤酒，眼睛盯着两个走进来坐到角落里的英格兰士兵。外面天色渐暗，他们显然是下班了。因为天气炎热，他们已经解开了皮领巾，而且只佩带着副武器，武器在他们的外套下面闪闪发光。他们在暗淡的光线里显得漆黑一团，只有部分身体被红色的火光照亮。

"有些时候，他希望儿子被抓住并流放，"他说道，"就像他弟弟那样。"

"肯定在某个地方有记录啊？"我说，"他们有没有记录名单呢？"

"他们保存过。"詹米说着，仍然看着那两个士兵，嘴角显现出苦涩的微笑。"在卡洛登战役后，就是这种名单救了我的命。他们要先问名字，然后再开枪杀人，以便把名字记到名单里。但是像盖文那样的人没法看到英格兰人的死亡名单。就算他能找到这种名单，我想他也不会去看。"他看了看我，"你会选择确切地知道自己的孩子在名单上吗？"

我摇摇头，他对我微笑，然后捏了捏我的手。我们的孩子毕竟还安全。他端起酒杯喝干，然后举手召唤女服务员。

端食物上来的女服务员为了避开洛洛，围着桌子绕了一大圈。洛洛一动不动地躺在桌下，脑袋伸到桌外，毛茸茸的硕大尾巴沉重地压在我的双脚上，但它的黄色眼睛大睁着，观察着一切。它的眼神专注地跟随着女服务员，让她紧张地往后退，提防着它，直到安全地走到它咬不到的地方。

见此情景，詹米怀疑地看了看这条所谓的狗。“它饿了？我得给它点条鱼吗？”

“不用，舅舅，”伊恩安慰道，“洛洛自己会捕鱼。”

詹米扬起眉毛，但只是点了点头，谨慎地看了看洛洛，然后从大托盘里盛起一盘炒牡蛎。

邓肯·英尼斯现在已经大醉。他弯着身子靠墙坐着，没有配武器的那只肩膀要比另外那只稍微高些，让他呈现出一种奇怪的驼背状。“哎，真遗憾。像盖文那样热心的人都落得这种下场！”他悲伤地摇头，脑袋在啤酒杯上前后摇晃，就好像丧钟的钟锤。

“没剩下家人来给他服丧，被独自流放到没开化的地方，被当作重罪犯吊死，然后被埋葬在不神圣的教堂里，甚至都没有人给他唱首正经的挽歌！”他端起酒杯，费力才送到嘴边。他大喝一口，又把杯子放下，撞击出很大的响声。

“好了，应该给他唱首盖尔语挽歌！”他凶狠地从詹米看向菲格斯，又看向伊恩，“为什么不呢？”

詹米虽没有醉，但也并非全然清醒。他朝邓肯咧嘴笑了笑，然后端起酒杯致敬。

“是啊，为什么不呢？”他说，“只是得由你来唱，邓肯。他们几个都不认识盖文，而我又不会唱歌。不过，我可以跟着你喊。”

邓肯庄严地点了点头，充满血丝的双眼打量着我们。毫无预兆，他向后甩头，大声号叫起来。我在座位上被吓了一跳，把半杯麦芽啤酒洒到了大腿上。伊恩和菲格斯显然听过盖尔语挽歌，所以纹丝未动。

整个酒馆里的人都把凳子往后推，警觉地猛然站了起来，伸手去拿手枪。女服务员从传递饭菜的窗口里探身出来，双眼睁得大大的。洛洛也醒过来，爆发出汪汪叫声，然后龇牙咧嘴，疯狂地四下扫视。

“Tha sinn cruinn a chaoidh ar caraid, Gabhainn Hayes!”邓肯用不流畅的男中音大声唱道。

我懂足够多的盖尔语，知道他唱的是：“因为朋友盖文·海耶斯的辞世，我们相聚于此，向上天哭泣和呼喊！”

“E'isd ris！”詹米打岔喊道。

“Rugadh e do Sheumas Immanuel Hayes agus Louisa N'ic a Liallainn an am baile Chill-Mhartainn, ann an sgire Dhun Domhnuill, anns a bhliadhnaseachd ceud deug agus a haon!”（赛莫斯·艾纽曼·海耶斯与路易斯·麦克莱伦之子，耶稣纪元一七〇一年，生于多达尼尔教区吉尔马丁村！）

“E'isd ris!”这次菲格斯和伊恩也加入合唱。这句话的意思大致是“聆听他”。

洛洛似乎既不喜欢主歌，也不喜欢副歌。它的耳朵软绵绵地搭在脑袋上，黄色的双眼也眯成了缝。伊恩安慰地挠了挠它的脑袋，然后它又趴下去，低声发出狼叫般的吠声。

酒馆的观众知道没有实际的威胁，无疑也是对角落里那群喝酒的人的胡乱哼唱感到厌烦，于是坐下来欣赏这场表演。邓肯开始唱海耶斯在跟随领主去卡洛登之前拥有的那些绵羊的名字，在周围酒桌边上坐着的许多人也热情地跟着合唱，叫喊“E'isd ris”，并用杯子敲击桌子，完全不管自己喊的话是什么意思，而这也是件好事。

比之前还要醉得厉害的邓肯，用威吓的目光盯着隔壁桌的那两个士兵，他脸上的汗水往下直流。

“A Shasunnaich na galladh, 's olc a thig e dhuibh fanaid air ba's gasgaich. Gun toireadh an diabhul fhein leis anns a bha's sibh,direach do Fhirinn!”(邪恶的异乡狗，死尸肉的吞食者！你们在勇士牺牲时嘲笑和欢呼，厄运会降临！希望恶魔在你们将死之时俯身，将你们直接带到地狱！)

听到邓肯这么说，伊恩的脸色稍微变白了。詹米严肃地看了看邓肯，但他们都跟着其他人坚定地喊“E’isd ris”。

菲格斯突生妙计，站起来把帽子往人群中传去，那些人因为啤酒和激动昏了头脑，欢喜地往帽子里扔铜币，感谢有幸加入到这场对他们自己的谴责当中。

我的酒量和大多数男人一样好，但是膀胱却比他们的小许多。酒馆里嘈杂声和气味就像酒精一样让我头晕，于是我站起来，从桌子后面挤着往外走，穿过人群，出去呼吸傍晚的新鲜空气。

尽管太阳早已下山，但天气仍然炎热和沉闷。不过，外面的空气很多，而呼吸的人则少很多。

排完体内的压力后，我端着自己的白镴酒杯坐到酒馆的劈柴桩上，深深地呼吸着空气。夜晚明澈，明亮的银白色半月在海港边沿露出来。我们的马车停在旁边，在从酒馆照出的光线中，我只能看到它的轮廓。被体面包裹的盖文 · 海耶斯的遗体，大概就躺在里面。我相信，他肯定喜欢刚才的盖尔语挽歌。

酒馆里面，邓肯的歌唱已经结束。一个清澈的男高音，因为醉酒而有些不稳定，但是悦耳动听，正在唱着熟悉的曲调，在嘈杂的谈话声中可以听得见。

满怀欣喜坐在天堂的阿那克里翁，
几位和谐之子给他寄去请愿书，
恳请他赋予灵感，提供资助！
这位欢欣的希腊老人答复：
“歌声、提琴和长笛，

自此不再无声！

我将借予你们名字，赋予你们灵感。”

在唱到“歌声、提琴和长笛”时，歌者痛苦地唱破了音。尽管听众嘲笑，但他仍然坚定地唱了下去。在他唱完最后两句时，我冷冷地微笑起来。

而且，我将教导你们如我这般，

用巴克斯的藤蔓缠绕维纳斯的香桃木！

我端起我的酒杯朝充当灵柩的马车致意，轻声重复歌者唱的那最后两句：

噢，你看星条旗不是还高高飘扬

在这自由国土，勇士的家乡？

我喝干杯中的啤酒，然后静静地坐着，等待酒馆里面的人出来。

CHAPTER 02

与鬼魂相遇的地方

“十、十一、十二……二、六，一镑，八先令，六便士，两法寻[①]！”菲格斯礼节性地把最后那枚硬币扔到布袋里，拉紧束带，然后递给詹米。“还有三颗纽扣，”他补充道，“但是我自己留下了。”然后，他拍了拍衣服的侧边。

“你把吃饭的钱付给房东了？”詹米问我，掂量着那个小钱袋。

“是的，”我告诉他，“我还剩四先令六便士，再加上菲格斯收到的钱。”

菲格斯谦逊地微笑着，整齐的白牙在酒馆窗户透出的微弱光线里闪闪发亮。

“那么我们就有足够的钱去办葬礼了。”他说，“我们现在把海耶斯先生送到牧师那里，还是等到明天早上再送呢？”

詹米对着马车皱着眉，沉默地站在酒馆庭院的边沿。“我觉得牧师这时应该已经睡了，”他看了看初升的月亮说，“而且……”

“我不愿带着他。”我说道。“不是我无礼，”我抱着歉意对着马车补充道，“但是如果我们要在树林里过夜，呃，那种气味……”虽然这会

① 英国旧时硬币，等于四分之一便士。

儿气味还不重，但是一旦我们远离了酒馆的烟臭味，这气味在马车周围就很明显。盖文的死并不温和，而天气又很炎热。

“克莱尔舅妈说得没错，”伊恩说，不起眼地揉了揉指关节，“我们可不想引来野兽。”

“我们肯定不能把盖文留在这里！”邓肯对这个提议很愤慨，抗议道，“什么？让他穿着寿衣躺在酒馆的阶梯上，就像个裹着布的婴儿？”他令人担心地摇晃起来，他喝进去的酒影响着他那种始终不稳的平衡。

我看到詹米的大嘴感到好玩地扭曲了一下，皎洁的月光照在他那棱角分明的鼻梁上。

“不会的，”他说，“我们不会把他留在这里。”他把那个小钱袋在手里抛来抛去，发出叮叮当当的响声，然后把钱袋塞到衣服里面，做了决定。

“我们亲手埋葬他。”他说，“菲格斯，你去那边的马厩，看能不能买把便宜的铲子。”

* * *

穿过查尔斯顿宁静的街道去教堂路程很短，这使得送葬仪式比起平常的少了几分庄严。邓肯坚持要把挽歌里比较有趣的部分当作送葬圣歌来反复诵唱，这使得这段路程变得更短了。

詹米缓慢地赶着车，偶尔喊两声催促马匹。邓肯摇摇晃晃地跟在队伍旁边，紧紧抓着一匹马的笼头，用沙哑的嗓子反复诵唱着挽歌。伊恩则抓住另外那匹马的笼头，以防它们脱缰。菲格斯和我殿后，体面得有些古板。菲格斯用持枪的姿势拿着他买来的铲子，嘟囔说些危险的预言，说我们有可能因为扰乱查尔斯顿的宁静而被关到监狱里过夜。

其实，教堂孤独地位于一条安静的街道上，离最近的住房也还有些距离。就避开人们的注意而言，这不失为好事，但也意味着教堂墓地会黑得吓人，没有火把或蜡烛的光线撕破黑暗。

巨大的木兰树从大门上方突出来，坚韧粗糙的树叶热得耷拉下来。边沿上的那排松树，在白天用作提供荫凉，让人休息，在晚上挡住了所有的月光和星光，让墓地黑得像……呃，像个地窖。

走在这种气氛中，就好像是推开黑丝绒的帘子，帘子上有股松树被日照而散发出的松脂香味，无终止地一层又一层，柔软、浓郁，又有些压抑。没有什么能够比这种闷人的南方气息更让人怀念苏格兰高地那种寒冷、干净的氛围。而且，黑暗的砖墙下还飘着些隐约可见的团团迷雾，而且我真希望自己没有那么生动地回忆起詹米讲的那个关于鬼魂的故事。

“我们去找个地方。你待在这里拉着马，邓肯。”詹米从马车座位上滑下来，然后拉住我的胳膊。

“我们或许要在墙边给他找个不错的地方，”他说着，带我朝大门走去，“伊恩和我挖坑，你给我们照亮，菲格斯放风。”

“邓肯呢？”我回头看了看，然后说，“他不会有事儿吧？”

我们现在看不见他了，他那瘦高的身形已经融入由马匹和马车组成的较大的黑影，但我们仍然能够清晰地听到他的声音。

“他要当主吊唁人。”詹米说，声音中有丝微笑的迹象，“注意脑袋，外乡人。”我在一根巨大的木兰树枝下自动地低头。我不知道詹米是真的能在漆黑中看见东西，或者只是能通过直觉感受到异物，但是不管环境有多黑，我都从没见他绊过脚。

“你不觉得有人会注意到新挖的坟墓吗？”

墓地里并非我想的那么黑，从木兰树下走出来后，我能够看清墓碑的形状了。它们在黑暗中看上去不大，底部的茂密草丛中升起薄雾，显得不祥。

我们从凹凸不平的路上穿过石碑，我的脚底感觉到了刺痛。我感到有一股股对我们这种不礼貌侵扰的无声责备从下面飘上来。我在一块墓碑上擦破了小腿，然后咬住嘴唇，压抑住了想要对墓碑主人道歉的冲动。

“应该会有人注意到的。”詹米放开我的胳膊，伸手到外套里翻找，“但是，如果牧师想要收钱才埋葬盖文，那么我不觉得他会不嫌麻烦地把盖文挖出来，同时又得不到什么东西。你说呢？”

小伊恩从黑暗中突然出现在我身边，把我吓了一跳。

“詹米舅舅，北墙那边有块空地。”他说。尽管没有其他人会听，但他说话的声音还是很轻。他停下来，然后稍微朝我靠近了一些。

“这里面很黑，是不是？”他的声音听起来有些不自在。他喝下去的酒，差不多能赶上詹米和菲格斯两人喝的量，但是酒精给了詹米和菲格斯阴冷的幽默，对伊恩的情绪则显然有种更为压抑的作用。

“是很黑。不过我这里有一截从酒馆带出来的蜡烛，等一会儿。”微弱的沙沙声说明詹米在找打火石和引火盒。

四周的黑暗让我感觉到游离，就好像我自己是鬼魂。我抬头看到了星星，它们在混浊的空气中若隐若现，没有在地上投下任何光芒，而只是给人一种无限的遥远感和久远感。

“这就像复活节守夜。”詹米的声音显得温柔，伴随着敲击打火石发出的微弱摩擦声，“我在巴黎圣母院见过复活节守夜。伊恩，注意，那儿有块墓碑！”碰撞声和沉闷的咕隆声说明伊恩这才为时已晚地发现那块墓碑。

“当时，圣母院里完全漆黑，”詹米继续说，“但去那儿守夜的人会从门口的老太婆那里买细长的蜡烛，就像这样——”我没看到，但能感觉到他挥手指了指天空，“空间很大，人们寂静无声，挤在四面八方。”

尽管天气炎热，但我在听到这些词时还是不自觉地颤抖了。这些词让我想起一幅画面：我们四周全是死人，他们肩并着肩，无声地挤在一起，期待着即将到来的复活。

“然后，就在我觉得无法再忍受那种寂静和那些人群时，门口传来了牧师的声音。‘基督之光！’他喊道，然后辅祭点亮他手里的大蜡烛。他们从这支大蜡烛上点燃自己的细长蜡烛，然后在过道里欢快地来回走，点燃信徒手中的蜡烛。”

我能够看到詹米的双手，它们被打火石的细小火花照亮。

“然后圣母院里就充满了上千支小蜡烛，但打破黑暗的确实是最初那支蜡烛。”

摩擦声停了下来，詹米把保护新生火苗的捧着的双手拿开了。火苗变大，从下面照亮了他的脸，把他高凸的颧骨和额头照得如金子般发光，在他深陷的眼眶里留下了黑影。

他抬起蜡烛，打量着阴森森的墓碑。这些墓碑立成圈，显得有些怪异。

“基督之光。”他轻声说，朝一根顶端立着十字架的花岗岩柱子低头，“安息吧，朋友。”他声音中没有了那种略带嘲笑的腔调，而变成极其严肃的语气，我立即感到一种奇怪的宽慰，似乎某种观察着我们的东西退下了。

然后詹米对我微笑，把蜡烛递给了我。

“看你能不能找点木头来当火把，外乡人，”他说，“伊恩和我去轮流挖坑。”

* * *

我不再紧张，但仍然感觉自己像盗墓者。我举着火把，站在松树下，看着小伊恩和詹米在越来越深的坑里轮流工作，他们裸露的后背在火把的光线下闪闪发亮。詹米从坑里爬上来，发出费力的声音。我把脏手帕递给他，说：“学医的学生过去经常付钱雇人到教堂墓地偷才埋下去的尸体，只有这样他们才能练习解剖。”

“他们那样做过？”詹米说，同时擦掉脸上的汗水，揶揄地迅速看了看我，“或者说他们现在这样做？”

幸运的是，尽管有火把，但光线依然太暗，伊恩看不到我脸红。这不是我第一次说漏嘴，也不可能是最后一次，但我的这种疏忽大意，如果被人注意到，一般情况下也只是引来别人诧异的目光。确实不会有人想到事情的真相。

“我想他们现在要这样做。”我承认道。想到面对新挖出来的死尸，上面还有坟墓被亵渎后留下的泥土，我就微微地颤抖了。被防腐处理过、放在不锈钢平板上的尸体，也并不特别讨人喜欢，但是它们被展示出来时的那种正式感，让人不那么关注人体在死亡后的腐坏。

我用鼻子使劲出气，试图让自己摆脱想象和回忆中的那些气味。在我吸气时，我的鼻孔里充满了湿润泥土的气息、松枝火把的松脂气味，以及头上松树的更为微弱和凉爽的生命香味。

“他们也从监狱里拿穷人和罪犯的尸体。”即使没听懂，小伊恩显然也听到了我们的对话。他借机停下来，擦拭额头，倚靠在铲子上面。

“爸爸跟我说过他有次被抓的事情，他被抓去爱丁堡关到监狱里。他的牢房里还有其他三个男人，其中有个人有肺痨，咳得特别厉害，让他们整日整夜地没法睡觉。有天晚上，他停止了咳嗽，他们知道他死了。可是爸爸说他们都太累了，什么也做不了，只能为他的灵魂念念《主祷文》，然后就睡着了。”

伊恩停下来，揉了揉发痒的鼻子。

“爸爸说有人抓着他的双腿，还有个人抓着他的双臂，把他抬起来，让他突然醒了过来。他又蹬又踹，大喊大叫，那个抓着他胳膊的人尖叫起来，把他扔了下去，他的脑袋一下子撞在了石头上。他坐起来，揉着头，看到医院来的一个医生，以及两个被医生带来把尸体搬去解剖室的人。”

回忆起这个故事，伊恩灿烂地咧嘴笑了，同时把被汗打湿的头发从脸上擦拭回去。

“爸爸说他不知道被吓得最惨的人是他自己，还是那些抬错尸体的人。他说医生的表情有些遗憾——医生说爸爸因为残腿什么的，本来会是个不错的样本。”

詹米大笑起来，伸展双臂，让肩膀放松。他脸上和身体上沾满一条条红色泥污，他用手帕围住额头，把头发绑到了后面，看上去就像盗墓贼一样不光彩。

“是的，我记得那个故事，”他说，“伊恩在那之后确实说过医生全都是盗墓的食尸鬼，不想与他们有任何瓜葛。”他朝我咧嘴笑了。我在自己的时代里曾经是医生，一位外科医生，但是在这里我仅仅被人们当作精于药草的神婆。

“还好，我不害怕小食尸鬼。”他说，然后弯腰快速地吻了吻我。他的嘴唇温暖，有股麦芽啤酒的味道。我能看到他卷曲胸毛上的细小汗滴，还能看到他的乳头，它们在昏暗的灯光里就是两个深色的萌芽。一阵颤抖沿着我的脊柱向下传去，这种颤抖既与寒冷无关，也与环境的怪异无关。他感受到我的颤抖，眼神与我相遇。他深吸一口气，我立即注意到了我紧身胸衣的贴身，以及汗湿胸衣里乳房的重量。

詹米稍微挪了挪，拉动马裤，让它没有那么紧身。“该死！”他轻声说。他低下头，转过身去，嘴巴上有丝沮丧的微笑。

我没有预计到，但我意识到了。虽说奇怪，但是在死亡面前有突如其来的欲望冲动也很常见。士兵们在战斗的间隙就会感觉到这种欲望，与血液和难事打交道的医生也会。伊恩说医生像食尸鬼，或许比我想象的更对。詹米的手触摸到我的后背，我吓了一跳，让燃烧着的火把上溅出许多火星。他把火把接过去，朝边上的石碑点了点头。“坐下，外乡人，你不该站太久。”他说。在船舶失事时，我的胫骨被撞断了。尽管它愈合得很快，但这条腿有些时候还是会疼。

“我没事。”不过，我还是与他擦身而过，朝那块石碑走去。他散发着热量，但汗液在他的皮肤上挥发了，让他裸露的肌肤摸上去冰凉。我能够闻到他的气息。

我看了看他，看到我所触碰到的他的白皮肤上出现了鸡皮疙瘩。我吞了口唾液，抑制住突然出现在脑中的那幅画面：我们在黑暗中翻滚到地上，在被压倒的杂草和新挖出的泥土中，热烈地摸黑交合。

他扶我坐到那块墓碑上，手逗留在我的手肘处。洛洛躺在墓碑边上喘着气，一滴滴口水在火把的光线里闪闪发亮。它朝我挤了挤斜着的黄色眼睛。

“你想都别想，你要是咬我，我就把这些塞到你的喉咙里，直到把你呛死。”我说，反过去向它挤了挤眼睛。

“呜——”洛洛很轻声地说。它把嘴放到爪子上，但那双毛茸茸的耳朵则竖着，以便听闻最轻微的声音。

随着轻微的啪嗒声，伊恩把铲子插到脚边，站直身子，用手掌抹掉脸上的汗水，在下巴上留下了一条黑色的泥污。他深深出了口气，然后抬头看了看詹米，舌头从嘴角伸出来耷拉着，无声地表示自己已精疲力竭。

“好，我觉得够深了，我去把盖文搬过来。”詹米点头回答了伊恩的无声请求。

菲格斯不安地皱起眉头，他的身形在火把的光线里很清晰。

“你搬那具尸体不需要帮忙吗？”他的不情愿很明显，不过他还是提出要帮忙。

詹米扭曲着对他淡然一笑：“我没有问题，盖文的身材不高。不过，你得把火把带过来照亮。”

“舅舅，我也要去！”小伊恩匆匆从坑中爬出来，干瘦的肩膀因为汗水而闪亮着。“以免你需要人帮忙。”他上气不接下气地补充道。

“害怕被留在黑暗里？”菲格斯讽刺地说。我觉得那里的环境肯定让他觉得不舒服。他把伊恩当作弟弟，尽管偶尔会开伊恩的玩笑，但很少会伤人。

“没错，我害怕，你不怕吗？”伊恩简单地说。

菲格斯张开嘴，扬起眉毛，然后又闭上嘴，没有说话便转身朝黑黢黢的停柩门走去。詹米已经消失在了那扇门里。

“你觉得这个地方可怕吗，舅妈？”伊恩在我身边不安地嘟哝道。在我们跟随着菲格斯的摇曳的火把，穿过那些阴森的墓碑时，他紧紧地靠着我。“我总是在想詹米舅舅讲的那个故事。现在我想，盖文已经死了，或许那个冰冷的东西……我是说，你觉得它会不会……来找他？”他问这个问题时，我能听到他咽唾液的声音，然后我感觉有个冰冷冷的手指在触碰我，触碰我脊柱的底部。

“不会，当然不会。”我有些过于大声地说。我抓住伊恩的胳膊，不是为了寻求支持，更多的是因为他身体的那种实在感能给我安慰。

他的皮肤因为正在蒸发的汗液而湿乎乎的，但我手下他干瘦强健的手臂，却让我感到安慰。他那有些明显的存在让我隐约想起了詹米——他和詹米差不多高，也差不多强壮，尽管还有着青春期那种不好看的瘦长。

我们感激地走进菲格斯的火把投下的那汪光线。摇曳的光线从马车轮中间照过去，在灰尘中投下蜘蛛网般的影子。路上和墓地里同样热，但是从闷人的树下走出来后，空气不知为何变得更加流通，呼吸起来更容易。

让我感到惊讶的是，邓肯仍然醒着，耷拉着头栖息在马车座位上，就像一只困乏的猫头鹰，头都耷拉到肩膀上了。他在低声哼唱，但是在看到我们时，他就停了下来。长时间的等候似乎让他清醒了一些，他足够平稳地从座位上下来，绕到马车后面帮助詹米。

我压制住了自己的哈欠。我很高兴我们能够完成这个悲伤的任务，然后去休息，即使我期待的那张床是由树叶堆成的。

“魔鬼的地狱！上帝，请帮助我们！”

“我的圣母！”

我猛然抬头。大家都在尖叫，那两匹马受到惊吓，也在嘶鸣，疯狂地蹬着束缚马腿的装置，让马车颠簸和前倾得像只喝醉了的甲虫。

“呜——”洛洛在我身边叫起来。

“天哪！”伊恩睁大眼睛看着马车说，“我的天哪！”

我朝他看的那个方向转过身去，然后尖叫出来。一个苍白的身形从马车厢里赫然耸现，跟着马车的摆动而摇晃着。我还没有来得及看得更清楚，一切就乱了套。

洛洛收紧后腿肌肉，嚎叫着冲进黑暗当中，伴随着它的嚎叫的，还有詹米和伊恩的喊叫，以及那个鬼魂发出的尖叫。在我身后，我能听到有人用法语咒骂，菲格斯跑回到教堂墓地，在黑暗中的墓碑上跌跌撞撞。

詹米扔下了火把，它在满是灰尘的路上摇曳着，发出嘶嘶声，有熄灭的危险。我跪下去迅速把它捡起来，然后朝它吹气，拼命让它不要熄灭。

喊叫声和嚎叫声逐渐增强。我拿着火把站起来，发现伊恩正奋力抓住洛洛，让它远离那些在灰尘中扭打在一起的模糊身影。

“别动，你个该死的！”菲格斯从黑暗中冲出来，挥舞着他跑去取来的铲子。他发现他的命令被忽视，于是走上前去，单手用铲子敲在那个不速之客的脑袋上，发出了沉闷的敲击声！然后他转身对着伊恩和洛洛。

“你也别吵！马上闭嘴，该死的畜生，不然我敲碎你的脑袋！”他对洛洛说，拿着铲子威胁它。

洛洛龇牙低吼，露出锋利的牙齿，在我看来那大概是说“你算老几”。但是伊恩慌乱地阻止了它，用手臂搂住洛洛的脖子，阻止它继续吼叫。“他从哪里来的？”伊恩吃惊地问，继续搂住洛洛，伸长脖子，尝试去看那个倒下的身影。

“从地狱来的，我要让他马上回地狱去。”菲格斯简洁地说，他因为震惊和费力而颤抖着。他把眼前那束浓密的黑发捋到后面，他的钩子闪耀出暗淡的光线。

“不是从地狱来的，是从刑场来的。你们不认识他吗？”詹米慢慢地站起来，掸着马裤上的灰尘。他沉重地呼吸着，身上被灰尘弄得脏兮兮的，但看上去并没有受伤。他捡起掉到地上的手帕，然后擦着脸，往四周扫视：“邓肯呢？”

“我在这里，麦克杜，”马车前一个低沉沙哑的声音说，“这些马本来就不是特别喜欢盖文，在看到盖文死而复生时，它们特别烦躁。盖文没有复生，”他确切地补充道，“我自己也有点被吓到了。”他冷淡地打量地上那个人，然后拍了拍一匹易受惊吓而难以驾驭的马的脖子。“噢，这只是个愚蠢的浑蛋，亲爱的，安静下来，好吗？”

我已经将火把递给了伊恩，然后跪下去检查我们的客人受到的伤害。他受到的伤害似乎很轻，已经在扭动了。詹米没说错，他就是这天早些时候逃掉绞刑的那个人。他年纪不大，三十来岁，身体强壮，块头硕大，金色的头发被汗水弄得蓬乱，被脏污粘成一团。他身上有一股监狱里的臭味，以及因为持久恐惧而散发出来的浓烈麝香味。

我伸手到他胳膊下，扶他坐了起来。他咕哝着，伸手去摸头，在火把的光线下眯着眼睛。

“你还好吗？”我问。

“感谢你的好意，夫人，我不是那么好。”他的声音轻柔且深沉，隐约有点爱尔兰口音。

洛洛抬起上嘴唇，刚好露出威胁的上犬齿，把鼻子伸到那个人的腋窝里嗅，然后猛地把头缩回来，狠狠地打了个喷嚏。大家都大笑起来，紧张的气氛暂时缓和了。

“你在马车里躲了多久？”邓肯问。

“下午三点过后就在里面了。”他笨拙地跪起来，因为被菲格斯打了那一下而微微摇晃着。他又摸了摸头，然后皱眉蹙额。“噢，天哪！我在那个法国佬把可怜的盖文装上去后就爬进去了。”

“那之前你在哪里？”伊恩问。

“藏在绞刑车下面。我觉得那是他们不会去找的唯一一个地方。”他费力地站起来，闭眼找回平衡后，又睁开眼睛。他的双眼在火光下是浅绿色的，就像浅海的颜色。他的目光从我们的脸上掠过，然后停在詹米身上。他保护着脑袋，鞠了个躬。

* * *

“我叫史蒂芬·博内，您好，先生。”他没有伸手致意，詹米也没有。

“博内先生。”詹米朝他点了点头，谨慎地面无表情。詹米只穿着一条沾有泥土的湿马裤，我不知道他到底是怎么让自己显得威严的，但他就是做到了。他上下打量那个人，观察他外貌的每处细节。

博内就是乡下人说的那种“大块头”，身材高大，胸肌发达，脸部的骨骼粗大，但看上去却有种粗糙的英俊感。他比詹米矮几英寸，站在原地不动，前脚掌着地保持着平衡，做好准备地半握着拳头。

从他那稍微扭曲的鼻子和嘴角边上的小伤疤来看，他应该打过不少架。这些小瑕疵并没有损害他整体上的那种对异性充满吸引力的印象。他是那种能够轻易吸引女人的男人。他揣测地看了看我，所以我修正了我的想法，他能够轻易吸引的是某些女人。

“你犯了什么死罪，博内先生？”詹米问。詹米站在原地，露出一副警惕的神情，让我猛地想起了博内本人。这种神情就像两只公犬在决定是否要在搏斗之前给对方展示那种竖起耳朵的表情。

“走私。”博内说。

詹米没有回复，而是稍微点了点头，扬起一边眉毛表示疑问。

“还有海上抢劫。”博内嘴边的肌肉抽动了一下。这是糟糕地尝试微笑，还是因为恐惧而不自觉地颤抖？

“你在犯罪过程中杀人了吗，博内先生？”詹米面无表情，只有警惕的眼神。三思，他的双眼说道，或者再三思。

“没有杀那些没有先想杀我的。”博内回答。他的话很简单，语气近乎轻率，却与那只在身边紧握成拳头的手相矛盾。

我开始明白，博内肯定觉得自己正在面对着法官和陪审团，就好像之前面对他们那样。他不可能知道我们也几乎和他一样，不愿意靠近那些守备士兵。

詹米看了博内很久，仔细地在摇曳的火把光线下打量着他，然后点了点头，向后退了半步。

“走吧，”他平稳地说，“我们不会拦你。”

博内大声地吸了一口气，我能看到他那庞大的身躯放松下来，廉价亚麻衬衫下的肩膀松了下来。

“谢谢你们。”他说。他用手擦了擦脸，然后又深吸了一口气。绿色的眼睛看了看我，看了看菲格斯，然后又看了看邓肯：“但是你们能帮我吗？”

在听到詹米的话后放松下来的邓肯，惊讶地哼了一声：“帮你？窃贼？”

博内朝邓肯那个方向转头。套在他脖子上的铁颈圈看起来像条黑线，给人一种奇怪的观感，就像他的脑袋被割断，飘在肩膀上方几英寸的地方。

“帮帮我，”他又说，“今晚路上会有士兵，抓我的士兵。”他指了指马车，“如果你们愿意，你们能帮我安全地避开他们。”他又转身对着詹米，然后站直身子，抬起肩膀，“求你帮帮我，先生，看在盖文·海耶斯的分上。他是我的朋友，也是你的朋友。他是窃贼，我也是。”

詹米他们默不作声地打量着他，消化着这一切。菲格斯看了看詹米表示询问，最终得詹米来做决定。

但是，在思考着观察博内很久后，詹米转身对邓肯说：“你觉得呢，邓肯？”

邓肯用詹米之前的那种神情看了看博内，然后点了点头。“看在盖文的分上。”他说，然后转身朝灵柩门走去。

“那好。”詹米说。他叹了口气，把一缕散落的头发捋到耳朵后面。“帮我们埋葬盖文，然后我们再走。”他对我们的新客人说。

* * *

一小时过后，盖文被埋葬好了，他的坟墓是一块盖着新翻泥土的光秃秃的长方形，在周围的灰色草丛里显得粗陋。

“必须给他留个名。”詹米说。他用刀尖在一块光滑的沙滩石头上刻下了盖文的姓名和生卒日期。我把火把上的黑灰搓到詹米刻的字上，做成了一块粗糙但可读的墓碑。伊恩把这块墓碑插到一小堆收集来的鹅卵石里。在这块小纪念碑上，詹米轻轻地放上了他从酒馆带出来的那截蜡烛。

大家尴尬地在坟墓边上站了片刻，不知道如何告别。詹米和邓肯紧挨在一起，向下看着。自卡洛登战役以来，他们永别了不少这种朋友，只是仪式通常没有如此隆重。

最终，詹米朝菲格斯点头。菲格斯拿着一根干的松树枝，从火把上把它点燃，然后弯腰用它去点燃烛芯。

“主啊，请赐予他们永恒的安息，让永恒的光辉照耀他们……”詹米安静地说。

“主啊，请赐予他们永恒的安息，让永恒的光辉照耀他们……”小伊恩轻声重复，面容在火把的光线下显得严肃。

我们一言不发，转身离开了墓地。在我们身后，那截蜡烛在静止、沉默的空气里燃烧着，丝毫没有摇曳，就像空荡荡教堂里的圣灯。

* * *

我们抵达城墙外的军事检查点时，月亮正高悬在空中，虽然只是半月，却洒下足够的光线，让我们能够看到前面马车道路上被压实的泥土。道路很宽，足够两辆马车并肩同行。

在从萨凡纳来查尔斯顿的路上，我们遇到过好几个这样的检查点。那些检查点大多都配备有厌倦的士兵，他们懒得检查我们从佐治亚获得的通行证，直接就挥手放我们通行。他们关心的，大多是拦截走私物品，抓捕逃离主人的陌生奴仆或奴隶。

即使外貌肮脏、不整洁，我们也很少引起注意，很少有赶路人像我们那样走运。菲格斯和邓肯有伤残，不可能是奴仆，而詹米的气场则超越了穿着，不管穿得是否破烂，都没人会把他当作奴仆。

不过，今晚却有所不同。那个检查点有八个士兵，而不是常见的两个，而且这八个士兵都配有武器，很警惕。他们在黑暗中大喊："停车！干什么的？报上姓名。"火枪的枪管在月光下闪了闪。前面六英尺远的地方，有人举起了灯笼，让我暂时看不见东西了。

"詹米·弗雷泽，前往威尔明顿，车上是我家人和用人。"詹米的声音平静，双手稳定，把缰绳递给我，然后伸手去外衣里摸通行证。

我始终低着头，试着表现出疲惫和漠然的样子。疲惫倒是没错——我能够倒在路上睡着——但远非漠然。我心想，要是抓住你帮其逃亡的死刑犯，他们会怎么对你呢。一滴汗珠从我颈子上面蜿蜒流了下去。

"你一路上有没有看到其他人，先生？"他的"先生"二字说得有些勉强。在灯笼的泛黄光线里，詹米的外衣和我的裙子的破烂显而易见。

"在城里的时候，有辆马车从我们边上路过了。你们应该也见到了。"詹米回答道。那个士官咕哝一声答复詹米，仔细地检查着通行证，然后朝黑暗中眯眼，数我们的人数是否符合。

“车上装的是什么？”他把通行证递回来，挥手示意一个手下去搜查马车。我不经意地扯了扯缰绳，马匹发出呼哧声，并且摇了摇头。詹米伸脚蹭了蹭我，但并没有看我。

“家用的小东西，”他仍然平静地回答，“半头鹿肉和一袋盐，用来在路上吃的。还有一具尸体。”

那个朝马车篷布走去的士兵突然停住，抬起头：“一具什么？”

詹米从我手里接过缰绳，漫不经心地将绳子挽在手腕上。我从眼角看到邓肯朝黑暗的树林缓缓移动，菲格斯利用扒手的技巧，已经消失于视野中了。“今天中午被绞死的那个人的尸体。我认识他，所以请求富兰克林上校让我把他带到他在北方的亲戚那里去。正因如此，我们才会在晚上赶路。”詹米小心地补充道。

“我知道了。”士官示意打灯笼的人走近些。他眯着眼睛，若有所思地看了詹米许久，然后点了点头。“我想起你了，”他说，“你在最后时刻喊他名字了。他是你朋友？”

“我见过他。几年前见过。”他补充道，并没有把目光从詹米身上挪走，同时朝手下点了点头，“格里斯沃尔德，去看一看。”

格里斯沃尔德大约十四岁，对于这个命令显然并无热情，但他还是顺从地掀开篷布，举起灯笼往车厢里面看。我努力让自己别回头看。

旁边那匹马发出呼哧声，甩了甩脑袋。如果我们不得不驾车猛冲，那么让马拉动马车也得花几秒钟。我听到伊恩在我身后挪动身子，把手放在那根放在座位后面的山核桃木棍上。“长官，没错，是一具尸体，用裹尸布包着的。”格里斯沃尔德汇报，并以解脱的神态扔下帆布，然后用鼻孔猛烈地呼气。

“装上刺刀，然后捅它一刀。”那个士官说，眼睛仍然盯着詹米。我肯定发出了些许声响，因为那个士官把目光转换到我身上。

“这样会弄脏马车的，”詹米反对道，“尸体在太阳下晒了一天，已经很难闻了，是吧？”

士官不耐烦地哼了一声：“那就捅腿。赶紧，格里斯沃尔德。”

格里斯沃尔德显然不情愿地装上刺刀，然后踮起脚，开始轻手轻脚地往车厢里乱捅。在我身后，伊恩开始低声地吹口哨。他吹的是一首盖尔语曲子，曲名翻译过来是《我们死去的那个早晨》，我觉得他吹这首曲子特别没有格调。

“没错，长官，他已经死了。”格里斯沃尔德放平双脚，听起来如释重负。“我狠狠地捅了，但是完全没有动静。”

“那就行。”士官挥手让格里斯沃尔德退下，然后朝詹米点点头，“那就走吧，弗雷泽先生。不过我建议你以后交朋友要谨慎些。”

我看到詹米的指关节被缰绳勒得发白，但他只是坐直身子，然后稳了稳头上的帽子。他咂了咂舌头，马匹迅速动起来，留下一缕缕苍白的灰尘飘浮在灯笼的光线里。

离开光线后，我们似乎被黑暗吞噬。尽管有月亮，但我几乎什么也看不见。黑夜包围着我们。我感觉像是一头被追杀的动物找到了避难处。尽管热得压抑，但我呼吸更畅快了。

我们驾车走了近四分之一英里，才有人开口说话。“博内先生，你受伤了吗？”伊恩低声问，在马车的嗒嗒声中，他的声音刚好能被听见。

“受伤了，他把我的大腿捅流血了，该死的蠢小子。不过谢天谢地，他没等血浸湿裹尸布就把刀抽回去了。死人可不会流血。”博内的声音不大，但很平静。

“伤得重吗？我要到后面给你看看吗？”我把身子扭过去。博内已经推开盖在身上的帆布坐了起来，在黑暗中就是个模糊的灰白身影。

“不用了，谢谢你，夫人。我可以用袜子把它包扎起来，想来这应该足够了。”我的夜视能力又恢复了，他埋头包扎伤口，我能看到他闪亮的金发。

“你觉得你能走路吗？”詹米让马匹减慢到步行，扭头检查我们的客人。虽然他的口气并非不友好，但显然他宁愿尽早摆脱这个危险的货物。

“有些困难。我很抱歉，先生。”博内也意识到了詹米想把他抛下。他有些困难地在马车厢里爬起来，用没受伤的那只膝盖跪在座位后面。他的下半身没在黑暗中看不见，但我能闻到他身上的血，血液的气味比盖文的裹尸布的恶臭更鲜明。“我有个建议，弗雷泽先生。再走不到三英里，我们就会到船痕路。十字路口过后一英里，就有条通往海边的路，差不多就是两条车辙，但可以通行。从这条路，我们可以去小河边，那里有条小路可以去海边。我的几位伙伴会在一周内靠岸停在那里。如果你们给我一点点吃的，我就能还算安全地在那里等他们，而你们可以继续上路，我不用再跟着你们了。”

“伙伴？你是说海盗？”伊恩的声音里有几分谨慎。他就是被海盗从苏格兰绑架过来的，所以没有十五岁的孩子通常对海盗抱有的那种浪漫想法。

“那取决于你们怎么看，小伙子。”博内听起来有些被逗乐了，“卡罗来纳的总督们肯定会说他们是海盗，威尔明顿的商人们或许会以其他名字称呼他们。”

詹米短暂地哼了一声：“走私者，是吧？那么你的这些伙伴经营的是什么呢？”

“经营任何能够卖到好价钱、值得冒险运送的东西。”博内先生的声音里仍然有种被逗乐的语气，但还夹杂着一丝愤世嫉俗，“你是想要提供帮助的报酬？这也没问题。”

“我不想要。”詹米的声音冷冰冰的，“我看在盖文·海耶斯和我自己的分上救你。我不会为这种事情要报酬。”

“我不是有意冒犯，先生。”博内朝我们稍微低了低头。

“没有关系。”詹米简短地说。他抖动松开缰绳，然后换手重新把缰绳绕起来。

在这次小争论过后，我们就没有再说话，尽管博内继续跪在我们后面，从我肩膀上方看着前面的黑暗道路，不过路上没有士兵了，也没有任何动静，连摇动树叶的微风都没有。没有东西扰乱夏夜的沉静，只有夜晚的鸟儿飞过时偶尔发出的微弱叫声或猫头鹰的鸣叫。

* * *

马蹄踩踏在灰尘中发出的有节奏的闷响，以及马车的嗒嗒声和嘎吱声，开始让我放松昏昏欲睡。我试着坐直，看着路边树木的黑影，却发现自己逐渐朝詹米倾斜，眼睛也不顾我的努力而往下闭。

詹米把缰绳换到左手上，然后用右手搂住我，让我倒下去靠在他肩膀上休息。照旧，碰到他时我就感到安全。我瘫软下来，脸颊一贴上他那满是灰尘的哔叽外套，立即不安稳地打起盹儿来。这种不安稳的睡眠是因为彻底的疲倦和无法躺下休息结合造成的。

我睁开过一次眼睛，去看邓肯·英尼斯的高瘦身形。他用不知疲倦的大步子跟在马车边，脑袋低着，就好像是在深思。然后我又闭上了眼睛，进入到飘忽的小睡里。在睡眠中，这一天的记忆与碎片化的梦境雏形混杂在了一起。我梦到一只巨大的臭鼬睡在酒馆的桌子下面，它醒过来，和人们合唱《星条旗永不落》，然后梦到一具摇摇晃晃的死尸，它抬起耷拉着的脑袋，咧嘴笑着，眼睛里空荡荡的……我醒了过来，发现詹米在温柔地摇我。

“你最好爬到后面去躺着，外乡人，”他说，“你睡觉时身子总在乱动，一会儿要摔下去的。”我困乏地同意了他的建议，笨拙地从座位靠背上翻过去，与博内换了位置，然后在车厢里睡着的小伊恩边上找了个地方。

马车厢里有一股霉味，而且味道很重。伊恩用一包粗糙宰割的鹿肉枕着脑袋，鹿肉是用未晒干的鹿皮包裹着的。洛洛的枕头要不错些，它把毛茸茸的嘴舒适地搭在伊恩的肚子上。而我则拿了一皮袋盐来做枕头。脸颊下的光滑的皮革虽有些坚硬，但是没有异味。

摇摇晃晃的马车厢怎么都说不上舒适，但能够把身子完全伸展开，就特别让人宽慰，而且我几乎没有注意到颠簸。我翻身躺着，向上朝南方天空那种朦胧的浩瀚无垠看去，空中布满了闪亮的繁星。基督之光，我心想。想到盖文·海耶斯在天堂的光亮里找到了安全回家的路，我感到宽慰，然后又深沉地睡着了。

在让人昏沉的炎热和疲倦中，我不知道自己睡了多久。马车行进的速度改变时，我醒了过来，满身是汗水，朝意识的表面游上去。

博内和詹米在说话，语调低沉且轻松，就像两个男人找到办法度过了相识初期的尴尬。

“你说你救我，是看在盖文·海耶斯和你自己的分上。你那么说是什么意思，先生？还请原谅我这么问……”说话的是博内，他的声音轻柔，在车轮的隆隆声里刚好可以听见。

詹米没有立刻回答。我几乎再次睡着，但他的答案最终来了，游离在温暖、黑暗的空气里。“我想，知道今天将会发生什么事情，你昨晚并没怎么睡吧？”

博内低声地笑了，却又不完全是被逗乐的笑。“太对了，”他说，“我应该不会这么快就忘了。”

“我也不会。”詹米用盖尔语轻声对两匹马说了些什么，然后它们放慢了速度，“我曾经也有过这样的夜晚，知道自己会在第二天清晨被吊死。但是我活了下来，幸得有人冒着极大的风险好心去救我。”

“我明白了，”博内轻声说，“这么说你是个半鬼？”

“啊？半鬼是什么？”

马车侧边剐擦树叶发出声音，树木的芳香气味突然变得浓郁起来。有些轻盈的东西触碰了我的脸，那是从上面掉下来的树叶。马匹放慢速度，车轮滚在不平的路面上，马车发出的有节奏的声音明显有了变化。我们已经转弯走上了那条通往博内所说的小溪的小路。

“半鬼是印第安人——山区里的切罗基人——用的一个词。我从一个向导那儿听来的。它指的是那种本应死了，但仍然留在世间的人；指那种熬过致命疾病而不死的女人，以及落入敌人手中却逃脱的男人。他们说半鬼一只脚在人世间，一只脚在灵魂世界，能够与鬼魂对话，能够看到小仙人。”

“小仙人？像小精灵那样的吗？”詹米听上去有些惊讶。

“差不多。”博内挪了挪，伸展身体，座位发出嘎吱嘎吱的声音，“印第安人说小仙人住在山中的石头里，会在战争或其他恶行发生时出来帮助人。”

“是那样吗？这就和苏格兰高地人当时说的有关老神仙的传说差不多。”

“确实。”博内听上去有些被逗乐了，“呃，从我听到的关于苏格兰高地人的故事来看，他们和印第安人差不多野蛮。”

“胡说，”詹米说，听起来丝毫也没有感到被冒犯，“印第安人要吃敌人的心脏，或者说我听说的是这样的。而我宁愿吃一碗不错的燕麦粥。”

博内发出声响，但又匆匆打住。

“你是苏格兰高地人？呃，我那么说指的是野蛮人，我觉得你特别文明，先生。”他安慰詹米道，声音中的笑声在颤抖。

“我特别感激你的友好看法，先生。”詹米同样礼貌地回复。

他们的声音逐渐消失在车轮的咯吱声中，我没有听到更多，便再次睡着了。

* * *

我们停下来时，月亮低垂地悬挂在树梢。伊恩困乏地从马车边上翻过去帮助詹米照料马匹，我被他的动作惊醒过来。我抬起脑袋，看到一段宽阔的河水沿着倾斜的黏土和泥沙河岸流动，一条亮闪闪的黑色溪流；岸边的急流从岩石上潺潺流过，闪耀着银色的光线。博内带着新世界人那种惯常的轻描淡写，可能会把它称作小溪，但是我想，对于大多数船夫来说，它算得上一条不小的河流了。

他们几人在阴影中来回移动，执行着他们的任务，只是偶尔才嘀咕一个字。他们的速度慢得反常，似乎要消失在夜晚当中。因为疲劳，所以我觉得夜晚显得有些虚幻。

“去找个睡觉的地方，外乡人。我必须给客人些吃的，帮助他上路，还要把马匹擦干净，然后拉它们去吃草。”詹米说。我从马车上下去，詹米停下来扶我。

天黑以后气温几乎没下降，但是水边的空气似乎要更加清新，我感到有了几分活力。

“没洗澡前我不能睡，我感觉很糟糕。”我说着，把汗湿的胸衣从乳房上拉开。我的头发被汗水粘在头部两侧，身上满是污垢，而且还发痒。深色的河水看上去凉爽、诱人。詹米渴望地看了看它，然后拉了拉皱巴巴的领巾。

“我理解你。不过要小心，博内说中间的河道很深，能够浮起双桅帆船，而且这是一条感潮的溪流，可能会有强劲的水流。”

“我就待在岸边。”我朝下游指了指，那里有一块能够说明河流拐弯的岬角，柳树在月光中反射出昏暗的银光。

“看到那块岬角没？那里会有个漩涡水坑。”

“是的，那就小心些。”他说，然后捏了捏我的手肘表示告别。我转身离开时，一个苍白的巨大身影赫然出现在我前面。那是博内，他马裤的一条裤腿上染着深色的已经干了的血液。

“尊敬的夫人，我能向您辞行吗？”他说，尽管腿上有伤，他还是朝我深深鞠了个躬。他站的地方离我有些近，让我觉得不太舒服，但我抑制住了想要往后退一步的冲动。

“好的，祝你好运，博内先生。”我说，然后朝他点头，把一束摆动着的头发捋到后面。

“感谢您的祝愿，夫人。”他温和地说，“但我已经发现，好运大多要靠自己创造。祝您晚安，夫人。”他再次鞠躬，然后转身离开。他走路时跛得很厉害，就好像一头跛脚熊的鬼魂。

湍急的溪流声掩盖了夜里大多数的平常声响。我看到一只蝙蝠从水上的一片月光中快速飞过，追逐小到看不见的昆虫，然后消失在黑夜里。如果有什么东西潜藏在夜里，那肯定是个寂静的东西。

詹米自顾自地轻哼了一声。“嗯，我对这个人有些疑惑，”他说，好像在回答我没有说出的问题，“希望我帮助他只是因为我心肠好，不是脑袋笨。”

“毕竟你不能让他被绞死。”我说。

“噢，不对，我能。”他说。这让我感觉到惊讶。他见我抬头看他，于是微笑起来，嘴巴的不悦扭动在黑暗中刚好可以看见。

“国王选人绞死时并不总是会选错，外乡人。”他说，“大多数情况下，被绞死的人罪有应得。希望我没有帮助恶徒逍遥法外。”他耸耸肩，然后把面前的头发甩到后面。

“好了，反正木已成舟了。去洗澡吧，外乡人，我会尽快来找你。”

我踮脚轻吻他。在我微笑时，我感到他也在微笑。我的舌头触碰到他的嘴，柔和地鼓励他。他温柔地咬了咬我的下嘴唇，以示回应。

“你能稍微晚点睡吗，外乡人？”

“多晚都行，”我安慰他说，“但是动作快些，好吗？”

* * *

柳树下的岬角边，有一块茂密的草地。我慢慢脱下衣服，享受着轻微的溪风从我湿润的直筒式连衣裙和长袜中吹过的感觉，享受着最后一丝衣服掉到地上、在夜晚中赤身裸体的那种自由。

我小心翼翼地走到水中。河水出奇地凉爽，比起夜晚闷热的空气，它可以说得上寒冷。我脚下几乎都是淤泥，但是在离岸不到一码的地方，淤泥就变成了精细的沙子。

尽管是条感潮的溪流，但我们所处的位置足够上游，溪水清淡、幽甜。我喝了一口溪水，往脸上浇水，洗掉脖子和鼻子里的污垢。

我往溪中蹚去，让水淹到我的大腿中部，想着詹米让我小心较深的河道和急流。在感受过白天那种令人沮丧的炎热，经受了夜晚那种窒息的拥抱后，裸露肌肤上的冰凉感觉让人极其放松。我捧起冷水，浇到脸上和乳房上。水滴流到我的肚子上，然后流到我的两腿中间，让我感觉到冰冷的痒。

我能感觉到潮水轻轻移动，温柔地推动着我的小腿，催促我回到岸边。但我还不想回去。我没有香皂，但还是跪下去，在黑色的清澈溪水里一遍又一遍地清洗我的头发，用细沙搓洗身体，直到感觉皮肤变得干净透彻。

最终，我出水爬上一块岩石，慵懒地躺着，就好像月光下的美人鱼。我现在身体冰凉，空气的热量和被太阳晒得温暖的石头让人感觉很舒服。我用手指梳顺浓密的鬈发，洒下许多水滴。石头上满是灰尘，躺在上面皮肤感到有些刺痛，石头被打湿后闻起来就像雨水浇透大地蒸腾而起的气味。

我感觉十分疲惫，但与此同时，我也感觉十分有活力，处于半清醒的状态中，思绪放慢了速度，而微小的身体知觉则被放大。我在岩石上慢慢地动了动裸露的脚，享受着那种轻微的摩擦，然后轻轻地伸手到大腿根部。在我的抚摸下，一阵阵鸡皮疙瘩荡漾开来。

我的乳房在月光下挺了起来，两个洁白且冰冷的浑圆肉球，清澈的水滴在上面闪闪发光。我轻拂一个乳头，看着它自己慢慢地变硬，似乎有魔法让它立起来似的。

它们真神奇，我心想。夜晚寂静无声，但空气却显得慵懒，就好像飘浮在温暖海面上的空气一样。在离海岸如此近的地方，天空明朗，众星犹如钻石般闪耀，燃烧出强烈、明亮的光芒。

微弱的落水声让我朝溪流看去。水面上没有动静，只有星光在上面微微闪动，就好像萤火虫被蜘蛛网粘住似的。

在我观察水面时，洛洛的大脑袋在溪流中部蹿了出来，溪水从它尖尖的嘴边潺潺流过。它咬着一条挣扎的鱼；它甩着脑袋，猛烈地咬断鱼背，鱼鳞短暂地闪现出微光。它慢慢地游上岸，短暂地抖了抖皮毛，趾高气扬地走开了。它嘴上叼着的晚餐软绵绵的，闪着微光。它在溪流远端停了片刻，看着我，浓密的后颈毛形成黑暗的阴影，框着黄色的双眼和闪亮的鱼。我心想，这像幅原始风格的绘画，像是亨利·卢梭的画作，极度的野蛮与十足的沉静形成对比。

洛洛离开了，远处的岸边什么也没有，只有许多树木，它们遮掩着藏在后面的东西。我心想，是什么藏在它们后面呢？更多的树，我的有逻辑的那部分大脑回答道。

“还有许多树。”我低声说着，朝神秘的黑暗看去。文明，即使是我已经习惯的原始文明，也仅仅是大陆边沿上的纤细新月。离开海岸两百英里，你就看不到任何城市和农场。而且，在两百英里以外，又有三千英里的……什么呢？当然是野蛮，以及危险。还有历险，以及自由。

这毕竟是个新世界，没有恐惧，充满欣喜，因为现在我和詹米在一起，因为我们以后会拥有我们的生活。离别和悲伤都已经成为过去。即使想到布丽安娜，我也不会特别后悔了——我很想念她，总是会想起

从我身体中穿过，粗糙的表面刮擦着我的后背和臀部，但我不在意。

“我等不及了。”他喘着气在我耳边说道。

“别。”我说，然后双脚紧紧钩住他的臀部，在疯狂的短暂荒淫中，肌肤紧贴着肌肤。

“我听说过爱到水乳交融，”我轻微地喘着气说，“但这太疯狂了。”

他把脑袋从我胸上抬起来，脸颊离开时，发出了微弱的黏黏的声音。他大笑起来，然后慢慢地滑到边上。

“天哪，太热了！这么热的天，人们怎么做爱啊？”他说。他把额头上汗湿的头发抹到后面，长舒一口气，胸脯仍然因为刚才的运动而起伏着。

“就像我们刚才那样做。”我指出道，我自己也沉重地呼吸着。

“不行，”他肯定地说，“至少不能一直那样做，不然他们会死的。”

“呃，或者他们做得慢些，”我说，“或者在水下做，或者等到秋天再做。”

“秋天？”他说，“或许我根本不想生活在南方。波士顿也很热吗？”

“这个时候也很热，”我告诉他，“而且冬天冷得讨厌。我保证你会习惯那里的炎热，还会习惯那里的虫子。”

他赶走一只在他肩膀上探索的蚊子，看了看我，然后又看了看旁边的溪流。

“或许会习惯，”他说，“或许不会，但是现在……”他双臂紧紧抱住我，然后翻身滚动。我们就像一根缓慢、优雅滚动的木头，从岩石的边上滚到溪水里去了。

* * *

我们浑身湿漉漉而凉爽地躺在岩石上，身体刚好挨着，肌肤上留下的水滴正在蒸发。在溪流对岸，柳条垂在溪水中，柳树的顶端飘动着，在逐渐落下的月亮里呈现出黑色。在柳树之外，是一英亩又一英亩、一英里又一英里的原始森林，现在的文明仅仅是大陆边缘上的一小块立足之地。

詹米跟随我的目光看去，猜测到了我的心思。

“现在这里的情况和你之前知道的大不相同，是吧？”他朝茂盛的黑暗树林点了点头。

“嗯，是有些不同。”我牵住他的手，大拇指漫不经心地爱抚着他那粗大、结实的指关节，“那时的路都被铺过，不是鹅卵石路，而是坚硬光滑的路。这种路其实还是一个叫约翰·马卡丹的苏格兰人发明的。”

他带着愉悦轻微地哼了一声：“这么说美洲也会有苏格兰人？不错。”

我没有理他，继续说下去，同时盯着那些摇曳的阴影，似乎我能把那些会在那里拔地而起的城市变幻出来。“那时候会有许多来自各个地方的人。从这里到西海岸，到一个叫加利福尼亚的地方的土地，全都会被开发。但是现在——”尽管空气温暖湿润，但我还是轻微地颤抖了，“它只是绵延三千英里的蛮荒之地，什么都没有。”

“是啊，除了好几千个嗜血的野人，什么都没有，”他务实地说，“肯定还有奇怪的凶猛野兽。”

“嗯，没错，”我同意道，“想来它们确实凶猛。”想到这里，我有些不安。我当然在理论上模糊地知道，树林中生活着印第安人、熊和其他动物，但这种笼统的概念突然就被一种特别且十分清晰的意识代替——我意识到，我们可能会轻易和出其不意地与这类人和动物面对面相遇。

“他们的结果如何，那些印第安野人？他们会被打败逼退，是吗？”詹米好奇地问，和我一样朝黑暗中看去，似乎想要从摇晃的阴影中猜测出未来。

我又轻微地颤动着，然后抓紧了脚趾。“是的，他们会被打败逼退，”我说，“许多被杀死，还有许多被俘虏，关了起来。”

“嗯，那样挺好。”

“我觉得这取决于你看这件事的角度，”我干巴巴地说，“我觉得印第安人不会这么认为。”

“没错，”他说，“但是如果有个该死的敌人拼命想要砍下我的脑袋，我可不会那么关注他看事情的角度，外乡人。”

“呃，你真的不能怪他们。”我抗议道。

“我很肯定这得怪他们，”他向我保证道，“如果哪个野人要割你的头皮，我一定会特别责怪他。”

“噢……嗯。”我说，然后清了清喉咙，尝试再次辩解，“假设有群陌生人到来，想要杀死你，把你赶出你长期生活的土地呢？”

“已经有人这么做了，”他十分冷漠地说，“如果不是他们，我现在就会在苏格兰，是吧？”

“呃……”我不知所措地说，“但我的意思是，在这种情况下，你也会反抗，不是吗？”

他深吸一口气，然后用力地从鼻子里呼了出来。“如果有个英格兰骑兵来到我家，让我不得安宁，”他谨慎地说，“我肯定会反抗他。我还会毫不犹豫地杀死他，但是我不会割下他的头发挥舞，我也不会吃他的私处。我不是野人，外乡人。”

“我没有说你是，”我抗议道，“我说的只是……”

“而且，”他逻辑缜密地说，“我并没有杀印第安人的打算。如果井水不犯河水，我丝毫不会去烦扰他们。”

“他们知道你这么想，肯定会很放心。”我低声说，暂时放弃了反驳。

我们轻轻相拥着躺在岩石的低洼处，被汗液轻微地粘着，看着星星。我感到十分开心，同时也感到有些恐惧。这种欢欣的状态能够持续下去吗？我曾经认为我们俩之间的“永远”理所当然，但我那时还比较年轻。

在上天的眷顾下，我们很快就会安定下来，找到地方定居和度日。我并无他求，但与此同时，我感到担忧。在我们回来后，我们只相识几个月。我们的每次触碰和每个词语，在带有回忆的同时，都是再次发现的新东西。我们会完全习惯于彼此，日复一日地过着日子，完成单调乏味的日常任务，到那时会发生什么？

“你觉得，在我们安定下来后，你会厌烦我吗？”他低声地问。

“我也在想你会不会厌烦我。”

“不会，我不会厌烦你，外乡人。”他说，我能听到他声音中的微笑。

“你怎么知道？”我问。

“我不知道。”他指出道。“以前，在我们结婚的那三年里，我自始至终都想要你。或许在最终还会变得比最初更想要你。”他补充道，和我一样回想着在他送我去石圈之前我们的最后一次交融。

我俯身亲吻他，他尝起来干净且清新，有些微弱的性欲气息。

“我也一样。”

“那么就不要胡思乱想，外乡人，我也不。”他抚摸着我的头发，把我前额潮湿的头发拨开，“我觉得，我会一辈子与你相知相识，始终爱你。而且，尽管我和你上床很多次了，但你有些时候还是会让我吃惊，就像今晚一样。”

“是吗？为什么？我做了什么？”我惊讶地低头盯着他。

“噢……好吧。我不是说……是因为……”

他突然变得害羞，身体里有种我不熟悉的僵硬。

“嗯？”我吻了吻他的耳尖。

“噢……在我过来找你的时候……你在那样做……我是说，你当时做的和我想的是一回事吗？”

我靠着他的肩膀，对着黑暗微笑了：“我想，那得看你想的是什么，不是吗？”

他用一只手肘撑着爬起来，皮肤从我身上离开时发出微弱的吮吸声。我身体上之前与他相连的地方突然感觉到凉爽。他侧着身，朝我咧嘴微笑。

“你很清楚我想的是什么，外乡人。”

我抚摸他的下巴，新长出来的胡须让他下巴的颜色变暗了。

“我清楚。你也很清楚我做的是什么。为什么还要问呢？”

“呃，我……我就是不知道女人会那样做。”

月亮足够亮，我能够看到他微微蹙起的眉毛。

“嗯，男人会那样做，”我指出道，“或者说，至少你会那样做。你给我讲过，你在监狱里的时候，你说……”

“那不一样！”我能看到他扭着嘴，斟酌该怎么说，“我……就是说，我当时别无选择。毕竟，我可能会被……”

“你在其他时候那样做过吗？”我坐起来，抖松潮湿的头发，侧头看了看背后的他。虽然在月光下看不出来，但我觉得他已经脸红了。

“呃，是的，”他低声说，“应该做过吧。”他突然想到什么，然后睁大双眼看着我。“你……那样做是……常事吗？”他说最后那个词时声音变得沙哑，所以不得不停下来，清了清嗓子。

“我觉得那要看你怎么定义‘常事’，我守了两年寡，你知道的。”我说，语气透出一种尖酸的味道。

他用指关节擦拭嘴唇，饶有兴趣地打量着我。

“是的，没错。只是……呃，我只是没有想到女人会那样做。”越发强烈的好奇胜过了他的惊讶，“你能够……做完，我是说，在没有男人的情况下？”

这让我大声笑了出来，我们周围的树林里传来轻柔的回声，并且伴随着溪流的声音。

“是的，但是和男人做要好很多。”我安慰他说。我伸手抚摸他的胸脯，能看到他胸上和肩膀上的鸡皮疙瘩。我用手指围着他的乳头轻轻地画圈，他轻微地颤抖了一下。“好很多。”我温柔地说。

“哦，”他用开心的语气说，“那样不错，是吧？”

他浑身火热，甚至比潮湿的空气还要热，我本能地想向后退，但我并没有。他把手放到我的皮肤上，汗立即冒了出来，一股股汗液沿着我的脖子往下流。

“我之前从来没有和你这样做过爱，”他说，“就像两条鳗鱼，是吧？你的身体从我手里滑过，就像海带那样滑溜溜的。”他双手沿着我的后背慢慢向下移动，大拇指按压着脊柱的沟壑，让我颈子底部的绒毛都舒服地立了起来。

“嗯，那是因为在苏格兰太冷了，没法像猪那样大汗淋漓，”我说，“不过说到这里，猪会流汗吗？我一直在想这个问题。”

“我说不准，我没和猪做过爱。”他低下头，用舌头触碰我的乳房，“但是，你尝起来确实像鳟鱼，外乡人。”

“像什么？”

“清新、芬芳，有一点点咸味。”他暂时抬起头，解释道。说完又把脑袋埋下去，继续向下游走。

“痒。”我说。我的身体在他的舌头下颤抖起来，但我并没有躲避。

“嗯，就是要让你痒。”他回答道，抬起汗湿的脸颊呼吸，然后又继续挑逗我，“我不觉得你在完全没有我的情况下能够做。”

“我不能，”我安慰他说，“噢！”

“啊？”他用嘶哑的声音发出疑问。我又躺到岩石上，弓起我的后背，天上的星星在令人眩晕地旋转。

“我刚才说‘噢’。”我无力地说。接下来一会儿，他没有说什么话，直到他喘着气躺下，把下巴靠在我的耻骨上。我伸手下去，把汗湿的头发从他脸上拂走，他转头轻吻了我的手掌。

“我感觉自己像夏娃，站在伊甸园边上的夏娃。”我温柔地说，看着月亮在他身后黑暗的森林上方落下去。

我肚脐边上传来微弱的哼笑声。“是啊，那我就是亚当，”詹米说，“站在天堂门口。我只想知道我是走进还是走出天堂？”他转过头，伤感地看着溪流对岸广袤的未知空间，把脸颊靠在我倾斜的肚子上。

我自顾自地大笑起来，这让他吃了一惊。然后，我拉住他的两只耳朵，让他温和地从我宽阔、滑溜的裸露肌肤上爬上来。

“走进天堂，”我说，“毕竟我没有看到拿着火剑的天使。”他趴到我身上，肌肤就像发烧一样滚烫，我在他身体下颤抖起来。

“没有看到？”他嘀咕道，“好吧，我想是你看得不够仔细。”

然后那把火剑割断了我与意识的联系，点燃了我的身体。我们俩熊熊燃烧起来，明亮得就像夏夜的星辰，然后我们又躺回去，身体被烧伤，四肢被熔化，灰烬消散到温暖、含盐的原始海洋里，混合到生命最初的悸动当中。

Part 02
过去未完成时

CHAPTER 03

神父的猫

波士顿，马萨诸塞州，1969 年 6 月

“布丽安娜？”

“啊？”她坐得笔直，心脏扑通跳动着，她名字的声音在耳中回响，“谁？怎么啦？”

“你睡着了。该死，我就知道算错时间了！对不起，我要挂掉电话吗？”

布丽安娜听到声音里的微弱小舌音过后，神经系统的杂乱联系这才有了头绪。电话，电话响了。她在深深的睡梦中下意识地接了电话。

“罗杰！”被惊醒时的那阵肾上腺素渐渐退去，但她的心脏仍在快速跳动，“别，别挂！没事，我醒了。”她用手擦了擦脸，试着理顺电话线，拉直皱巴巴的被子。

“是吗？你确定？你那里几点了？”

“我不知道。太黑了，看不到时钟。”她仍然迷糊地说。

罗杰用勉强、深沉的轻笑声回答了她：“抱歉，我试着算过时差，但肯定是算反了。我不是故意要吵醒你的。”

“没关系，反正我也要醒来才接电话。”她安慰他说，然后笑了

起来。

“嗯，好吧……”她能够听到他声音里那种回应的微笑，然后让自己放松地靠在枕头上，把眼前的杂乱头发撩开，慢慢地适应现在的情景。做梦的感觉还在，比卧室里被黑暗包裹的影子更真实。

“听到你的声音真好，罗杰。”她温柔地说。这种不错的感觉让她感到惊讶。他的声音尽管遥远，却比远处的警笛声和外面潮湿路面上的轮胎声要清晰许多。

“我也是。”他听上去有些腼腆，“是这样，我下个月有机会到波士顿开会。我打算去……该死，不知道怎么说才好。你想见我吗？”

她紧紧捏着话筒，心脏猛地一跳。

“抱歉。”他在她回答前紧接着说，“让你为难了，是不是？我……这样……你要不愿意就直接说出来。”

“我想。我当然想见你！”

“噢，那么你不介意了？只是……你没有回我的信。我以为是我做了什么……”

“没有，你没有。抱歉，我只是……”

“没关系，我不是故意要……”

他们同时开口说话，然后都十分害羞地停了下来。

“我不想强迫……”

“我不是故意要……”

他们再次同时开口说话，而这次罗杰笑了起来，他那低沉的苏格兰笑声穿越遥远的时间和空间传过来，让人感到舒适，就好像他抚摸她一样。

“那就好。”他坚定地说，“我理解了。”

她没有回答，而是闭上了眼睛，一阵说不出的宽慰感传遍了她的全身。在这世上，或许只有罗杰·韦克菲尔德能够理解，她之前没有完全意识到这种理解可能会有多重要。

“我刚才在做梦，”她说，“电话响的时候。”

“嗯？”

“梦到我父亲了。”每次说到这个词时，她就会有些哽咽，说“母亲”时也会这样。她仍然能够闻到梦中那些被太阳晒暖和的松树的气味，感觉到靴子踩在松针上发出的柔软声音。

“我看不到他的脸。我和他走在树林里，跟着他走上一条小路。他在对我说话，但我听不清他说的是什么。我加快步伐，想要跟上他，听清他在说什么，但我完全做不到。”

“但你知道那个人是你父亲？”

“是的。但我这么想，或许只是因为在山里徒步。我过去经常和爸爸在山里徒步旅行。”

“是吗？我也常常和我爸爸去山里徒步。如果你再来苏格兰，我就带你去收集门罗山。”

“带我去干吗？”

他笑了起来。布丽安娜突然回想起他的样子：把不常修剪的浓密黑发拂到后面，苔藓绿的双眼因为微笑而半闭着。她发现自己在用拇指尖慢慢擦拭下嘴唇，于是让自己停了下来。在他们分别时，罗杰亲吻过她。

“在苏格兰，高于三千英尺的山峰都叫门罗山。门罗山很多，有项运动是看你能够征服多少座。人们征服一座座门罗山，就好像收集邮票或纸板火柴那样。”

“你现在在哪儿，苏格兰还是英格兰？”她问。罗杰还没回答，她就抢先说：“等等，让我看看能不能猜到。你在……苏格兰。你在因弗内斯。”

“猜对了。”他声音里的惊讶很明显，“你怎么知道？”

她伸展身子，慢慢地交替活动被子下的双腿。

“你和其他苏格兰人说话时会发小舌音，”她说，“和英格兰人说话时却不那样。在我们……去伦敦的时候，我就注意到了。”她的声音里只有微弱的哽咽。她心想，气氛越来越轻松了。

“我还以为你能够通灵呢。”他说，然后笑了起来。

“我希望你现在在我这里。”她冲动地说。

“是吗？”他听上去有些惊讶，然后突然腼腆起来，“噢，好吧……挺好的，不是吗？”

“罗杰……我之所以没有回信……”

“那没关系的，”他迅速说，“我一个月内就会到你那里，我们那时候再说。布丽，我……”

“怎么了？”

她听到他吸了口气，然后生动地回忆起他随呼吸起伏的胸膛的触感，在她手下温暖而结实。

“我很高兴你答应了我。”

* * *

挂了电话，布丽安娜没法继续睡觉。她躁动不安，于是抬脚下床，蹑手蹑脚地走出卧室，到小公寓的厨房里去喝杯牛奶。在茫然盯着冰箱里面看了几分钟后，她才意识到她看到的不是一排排番茄酱瓶子和吃了一半的罐头。她看到的是站立着的石头，它们在黎明的苍白天空下显得漆黑。

她不耐烦地低声喊叫，伸直身子，然后用力关上冰箱门。空调的冷风让她感到寒冷，她打了个冷战，然后搓了搓胳膊。她一冲动，便伸手关掉了空调，然后走到窗边打开了窗，让夏天雨夜潮湿、温暖的空气进来。

她本应该给罗杰回信的。其实，她写过几次，每次都是受挫地半途而废。她虽然知道为什么，或者她觉得自己知道，但有条理地给罗杰解释为什么又是另外一回事。部分原因是她有受伤动物的那种简单本能——想要逃离和躲避伤害的冲动。去年发生的事情无论如何都不怪罗杰，但是与他密不可分。

他当时那么温柔，那么善良，像对待才失去亲人的人那样对待她——她当时确实才失去亲人。但那种丧亲是那么奇怪！她母亲永远离开了，但是肯定——她希望——没有死去。但是，从某些方面来看，这又和他父亲去世时一样，就好像相信幸福的来世，热切地希望你的爱人能够安全、开心，却不得不承受丧亲之痛和孤单。

一辆救护车驶过，穿过公园，红灯在黑暗中闪动，警笛声则因为太远而听不清。

她习惯性地在胸前画十字，然后用拉丁文低声说“怜悯我们吧”。玛丽·罗梅恩修女曾经给五年级的学生说过，逝者和将死之人需要她们的祈祷，她在班上用力灌输这个概念，学生们在有救护车经过时，总是会向沉默的上苍祈祷，帮助那些即将进入天堂的灵魂。

她每天都为他们祈祷，她的母亲、她的父亲——两位父亲。那又是事情的另外一部分。乔叔叔也知道她生父的真相，但只有罗杰能够真正理解发生了什么，也只有罗杰能够听到那些石头的声音。

有过那种经历的人都会被留下痕迹，包括罗杰，包括她自己。在克莱尔离开过后，罗杰想要她留下来，但是她不能。

她告诉他，她在波士顿有事情要做，有事情要料理，有学业要完成。这是真的。更重要的是，她必须离开，远离苏格兰和石圈，回到自己可以痊愈、可以再造生活的地方。

如果她留在罗杰身边，那就无法忘记已发生的事情，丝毫无法忘记。那是事情的最后部分，她的三边拼图游戏的最后一块图。

罗杰当时保护了她，珍惜了她。她母亲把她托付给罗杰，而他也并未辜负这份托付。但是，他之所以那么做，是为了信守他对克莱尔的承诺，还是因为他真的在意？不管是哪个原因，都不能作为他们共建未来的缘由，因为他们双方都背负有太多的责任。

如果他们俩有未来……她也不能写信跟他说，因为她怎么能够在说出口时不显得冒昧和愚蠢呢？

“离开，这样你才能回来处理好这件事。”她低声说，然后对这些话做了个鬼脸。雨还在淅淅沥沥地下着，空气顿时凉爽到让呼吸变得很舒适。她心想，黎明就要到了，但空气仍然足够温暖，她脸颊的冰凉皮肤上凝结了水汽，形成小颗小颗的水珠，不断从她脖子上往下滑，打湿了她穿着睡觉的棉T恤。

她本来想把去年十一月的事情全部抛诸脑后，做个干净的了断。然后，在足够长的时间过去后，她和罗杰或许会再见，不再充当父母生活戏剧中的配角，而是作为自己所选择的戏剧中的主角。没错，如果她和罗杰·韦克菲尔德之间要发生些什么，那肯定是要出于自己的选择。她现在似乎就要有机会进行选择了，这种可能性让她心底产生了微弱的、激动的震颤。她用手擦脸，抹去上面的雨水，将它们随意地抹到头发上，压平飞扬起来的发丝。要是不睡觉，去工作也无妨。

她让窗户开着，无视雨水在地板上聚集。空调的风太冷，而且她感觉到烦躁不安，没法把窗户关起来。

她咔嗒一声打开桌上的台灯，抽出并打开微积分课本。在换专业给她带来的不少好处中，有个不曾意料到的细微好处，那就是她才发现的、数学拥有的那种安慰作用。

在她独自返回波士顿、回到学校时，选择工程学似乎比选择历史学安全得多，它可靠，基于事实，永恒得让人安心。最重要的是，它还是可控的。她拿起铅笔，慢慢把它削尖，享受着这个准备过程，然后埋头阅读第一道题。

慢慢地，那些数字所拥有的沉着和永恒的逻辑，在她大脑里结下了网，网住所有随机的思绪，用丝线将蚊虫般的令人分心的情绪包裹起来。逻辑围绕着问题的中轴线旋转她的这张网；它整洁、漂亮，就像圆网蜘蛛的饰有珠宝的精致蛛网。只有一个小思绪游离在这张网之外，在她脑中盘旋，就像一只鲜艳的小蝴蝶。

罗杰刚才说“我很高兴你答应了我”，她也很高兴。

* * *

1969 年 7 月

“他说话像甲壳虫乐队吗？噢，要是他的声音像约翰 · 列侬那样，我会死的！你知道他说话的样子，简直让我受不了。”

“天哪，他的声音才不像约翰 · 列侬呢！”布丽安娜生气地低声说。她在一根混凝土柱子边上小心地看着，但国际航班到达口那里仍然空无一人，“你分辨不出利物浦人和苏格兰人之间的区别吗？”

“分辨不出，”她的朋友盖尔漫不经心地说，同时用手拨弄着金色的头发，“在我听来，英格兰人说话都那样，我听着就不想停下来。”

“他不是英格兰人！我跟你说过的，他是苏格兰人。”

盖尔看了布丽安娜一眼，显然是在说布丽安娜疯了。“苏格兰属于英格兰啊，我看过地图的。”

“苏格兰属于大不列颠，不属于英格兰。”

“不一样吗？”盖尔伸出脑袋，在柱子边上探着身子，“我们为什么站在这后面，他会看不到我们的。”

布丽安娜伸手把头发抚平。她们站在柱子后面，是因为她不确定自己想不想让他看见她们。但是，这没有多大用。凌乱的乘客拉着沉重的行李，开始缓缓穿过双开门。

她把还在喋喋不休的盖尔拉到主等候区。盖尔的舌头过着两种生活，尽管她在上课时能够冷静、理智地说话，但她的主要社交技巧是现在这样喋喋不休。这也是布丽安娜叫上盖尔来机场接罗杰的原因——聊天时不会出现尴尬的冷场。

“你和他做过了吗？”

她猛地朝盖尔转头，显得很吃惊：“做过什么？”

盖尔转动着眼珠：“当然是上床啊。老实说，布丽！”

“没，当然没有。”她感觉到血液涌到了脸颊上。

“好吧，打算做吗？”

“盖尔！”

“呃，我说，你有自己的公寓，其他东西应有尽有，而且没有人会去……”

就在这个尴尬的时候，罗杰·韦克菲尔德出现了。他穿着白色的衬衫和脏兮兮的牛仔裤。看到他时，布丽安娜的身体肯定僵住了。盖尔猛地转头，朝布丽安娜看的方向看去。

“噢，”她快乐地说，“那是他吗？看上去像个海盗！”

他确实像个海盗，布丽安娜的心又往下沉了一两英寸。罗杰就是她母亲说的黑色凯尔特人，他的黄褐色皮肤上毫无斑点，头发乌黑，“双眼好像是被沾满煤烟的大拇指按进去似的”——浓密的黑色睫毛围着眼珠，你本以为他的眼珠是蓝色的，但其实它们是令人惊讶的深绿色。他头发长及衣领，衣着凌乱，胡子拉碴，所以他看上去不只是放荡不羁，而且还有些危险。

看到罗杰时，她的脊柱里感到一阵刺痛的恐慌。她在刺绣的牛仔裤两边擦干流着汗的手掌。她不应该让他来的。

然后他看到了她，他顿时像蜡烛那样容光焕发。不由自主地，她感到脸上挂出了愚蠢的灿烂微笑表示回应。她没有多加思考，便躲开离群的孩子和行李车，跑着穿过了等候厅。

他在半路与她相遇，几乎对她一见倾心，紧紧地抱着她，几乎快压断她的肋骨。他轻吻她，停下来，然后又轻吻她，胡楂从她脸上刮过。他有股香皂味和汗味，吻他的味道就像喝了苏格兰威士忌，所以她不想他停下来。

然后他停下来，放开了她，两人都有些上气不接下气。

“呃嗯！”布丽安娜身边有人大声示意自己的存在。她迅速从罗杰面前转身，让盖尔站了出来。盖尔在金色的刘海下天使般地朝他微笑，把手挥得就像小孩挥手告别那样。

“你好啊，”她说，“你肯定就是罗杰了，因为你要不是罗杰，那么罗杰出现时肯定会大吃一惊的，是吧？”她带着明显的赞赏，上下打量着他，“这么看来，你也会弹吉他？”

布丽安娜甚至没有注意到罗杰的手提箱掉了下去。他弯腰把它捡起来，搭到了肩膀后面。

“呃，我这次就靠弹吉他吃饭。”他朝盖尔微笑着说。盖尔伸手抓在心脏前面，表现出狂喜的样子。

“噢，再说一遍！”她乞求道。

“说什么？”罗杰看上去有些迷惑。

“说你刚才说的话。”布丽安娜告诉他，同时把他的一个袋子提到了肩膀上，“她还想听你发小舌音。盖尔喜欢英国口音。噢，这是盖尔。”她无奈地指了指盖尔。

“是的，我猜是的。呃——”他清了清嗓子，敏锐地盯着盖尔，然后把声音降到八度音阶，说了一句有很多小舌音的绕口令，“这怎么样？”

盖尔夸张地晕倒在边上的塑料椅子上，布丽安娜生气地看着她说：“你够了！”

“别管她。”她对罗杰说着，转身朝门口走去。罗杰小心翼翼地看了看盖尔，听从了布丽安娜的意见，拿起一个用带子捆绑的箱子，跟着她走出了大厅。

“你说靠弹吉他吃饭是什么意思？”她问，试着让对话变得正常。

他大笑起来，有些局促不安：“是这样的，这次的历史学会议会报销机票，但不管其他费用，所以我打了几个电话，找了个小工作来解决这个问题。”

“弹吉他的工作？”

“在白天，温和的历史学家罗杰·韦克菲尔德是个无害的牛津教师。但是在晚上，他穿上别人不知道的苏格兰格呢盛装，变成风度翩翩的……罗杰·麦肯锡。”

“谁？”

见她有些惊讶，他微笑起来：“嗯，在苏格兰高地运动会之类的节日和同乐会上，我会唱些苏格兰民谣。这个周末我要去山里的一个凯尔特会演节上表演小节目，就是这样。”

“唱苏格兰歌曲？你唱歌的时候会穿短裙吗？”盖尔从罗杰的另一边冒出来。

“要穿，不然他们怎么知道我是苏格兰人？”

“我超喜欢毛茸茸的膝盖，”盖尔像在做梦似的说，“快给我说说，苏格兰人真的……”

“上车去！”布丽安娜命令道，赶紧把车钥匙塞给了盖尔。

* * *

盖尔把下巴靠在车窗沿上，看着罗杰走进酒店。“哇，希望他来和我们吃晚饭前不要刮胡子。我好喜欢男人留点胡子的样子。你觉得他那个大箱子里面装的是什么？”

“他的宝兰鼓。我问过他。”

“他的什么？”

“宝兰鼓，一种凯尔特人战鼓。他唱有些歌曲的时候要用。”

盖尔把嘴唇噘成了猜疑的小圈：“我觉得你不想让我开车送他去这个会演，是不是？我是说，你肯定有很多事情要做，而且……”

“哈哈，你觉得我会在他穿着短裙时让你靠近他？”

盖尔伤感地叹息，然后在布丽安娜发动汽车时把脑袋收了回来。“好吧，或许还有其他穿短裙的男人。”

“我觉得很有可能。”

“可是他们肯定没有战鼓。”

“或许没有。”

盖尔向后躺在座位上，看了看布丽安娜：“那么，你打算和他做吗？”

“我怎么知道？”但是血液在她皮肤下奔涌，她感觉到衣服变得很紧了。

“呃，如果你不，”盖尔绝对地说，“那么你就是疯了。”

* * *

“牧师的猫[①]是只……雌雄同体（androgynous）的猫。”

“牧师的猫是只……愁眉苦脸（alagruous）的猫。”

布丽安娜暂时把目光从路上移开，皱着眉头看了看他：“又用苏格兰词？”

“这本来就是个苏格兰的游戏，”罗杰说，“该你了，从字母B开始。”

她透过挡风玻璃，眯眼看着狭窄的山路。早晨的太阳照着他们，把车里照得通亮。

“牧师的猫是只斑纹（brindled）猫。”

---

① 牧师的猫（The Minister’s Cat）是一种室内游戏，参加游戏的人需要依次用相同字母开头的不同形容词来描述一只牧师的猫，每转一轮就按字母表顺序更换一次首字母。

“牧师的猫是只漂亮的（bonnie）猫。”

“好吧，这是我们俩的软肋。平局。好了，牧师的猫是只……”他能够看到她动脑筋，然后她眯着的蓝色眼睛在灵感来临时亮了起来，“……尾骨疼痛（coccygodynious）的猫。”

罗杰眯起眼睛，试着想这个词是什么意思。“一只旁边是黑色的猫？”

她大笑起来，前面有个急转弯，她稍微踩了踩刹车。“一只屁股痛的猫。”

“真有这个词吗？”

“啊哈。”转弯结束后，她熟练地加快了速度，“我妈妈的医学术语，就是尾骨区域疼痛。她以前总是说医院行政人员是尾骨疼痛的人。”

“我还以为是个工程学术语呢。好吧，接着来。牧师的猫是只难管教的（camstairy）猫。”他扬起眉毛，朝她咧嘴笑起来，“也就是喜欢争辩的意思。尾骨疼痛的人本质上就是难以管教。”

“好吧，算个平局。牧师的猫是……”

“等等，”罗杰插话道，然后指着外面，“就在这里转弯。”

她降低速度，把车开下狭窄的公路，驶上一条更窄的路。一个红白相间的小箭头标牌写着“凯尔特节”。

“开这么远送我来这里，你真好，”罗杰说，“我不知道有这么远，不然我就不叫你开车来了。”

布丽安娜颇觉好笑地看了看他：“也没有那么远。”

“一百五十英里啊！”

她微笑起来，但笑容中有种揶揄的意味。“我父亲总是说美国人和英格兰人有区别。英格兰人觉得一百英里的路程很远，美国人觉得一百年的时间很长。”

罗杰惊讶地大笑起来：“太对了。那么你应该是个美国人？”

“应该是。”但是她的微笑不见了。

他们的对话就这样止住了。他们又沉默地驾驶了几分钟，没有声音，只有轮胎和风的急促声。这是个漂亮、炎热的夏日，他们蜿蜒上山，进入山区那种更清澈的空气中，波士顿那种闷热被留在了遥远的山下。

“牧师的猫是只遥远（distant）的猫，”罗杰最终轻柔地说，“我说错什么话了吗？”

她半噘着嘴唇，用蓝色的眼睛迅速看了看他。“牧师的猫是只在做白日梦（daydreaming）的猫。不是的，你没说错什么。”她紧闭嘴唇，在另外一辆车后面减速，然后放松下来，“不对，是你说了些什么，但不怪你。”

罗杰挪了挪身子，在座位上转身面对着她：“牧师的猫是只难以捉摸的（enigmatic）猫。”

“牧师的猫是只尴尬（embarrassed）的猫。我不该说什么的，抱歉。”

罗杰足够明智，没有追问。相反，他向前俯身，去座位下面翻找装着热柠檬茶的真空瓶。

“要喝点吗？”他把杯子递给她，但她轻微地做了个鬼脸，然后摇了摇头：“不喝，谢谢。我讨厌喝茶。”

“你绝对不是英格兰女人。”他说，然后就后悔这么说了。她双手将方向盘握得紧紧的，但并没有说话。他看着她，沉默地喝茶。

尽管有那样的家世，眼睛、头发、皮肤等有那样的颜色，但她看上去并不像英格兰人。他说不准这是否不只是着装上的区别，但他觉得是这样的。美国人似乎更加……更加什么？更有活力？更热切？更大块头？只是更胜一筹。布丽安娜·兰德尔绝对更胜一筹。

到达举办会演节的度假村的入口时，车流量变大了，减慢成一排缓慢行进的车流。

“罗杰，我得解释。”布丽安娜突然说，但并没有朝他转身，而是透过挡风玻璃盯着前面那辆车的新泽西车牌。

“不是对我解释。”

“除了你还有谁？”她扬起红色的眉毛，短暂地生了气。她闭紧嘴唇，然后叹了口气说：“好吧，还有我自己。但是我必须得解释。”

罗杰能够感受到柠檬茶里的酸，它在喉咙里让人觉得不舒服。她要在这里告诉他不该来波士顿吗？在飞跃大西洋，挤坐在狭小的飞机座位上时，他自己就是这么想的。后来，他在机场大厅里见到她，然后他的疑虑瞬间就消失了。

在中间这个星期里，他也再没有什么疑虑。他每天至少都要和她短暂见面，甚至还在周四下午设法与她去芬威球场看棒球比赛。他看不懂棒球比赛，但是觉得布丽安娜对比赛的热情让人高兴。他发现自己在计算他在那里还要待多久，但又期待着这个会演节——这将是他们能够在一起的唯一完整的一天。

这并不意味着她也这么想。他迅速看了看那排汽车。大门已经可以看到，但还有四分之一英里的距离。他大概有三分钟的时间来说服她。

“在苏格兰的时候，”她说，“在我母亲发生那些事情时，你做得很棒，罗杰，真的很棒。”她没有看他，但是他能够看到她浓密睫毛上方有些闪着微光的湿润。

“也没有什么了不起的，”他说，把手掌握成拳头，克制自己不去触碰她，“我当时感兴趣而已。”

她短暂地大笑：“是的，你肯定感兴趣。”她放慢速度，转头热切地看他。即使大睁着，她的双眼也有些猫眼似的轻微倾斜。

“你又去过石圈吗？去过纳敦巨岩吗？”

“没有。”他简短地说。然后他咳嗽了一下，假装漫不经心地补充道：“我没那么频繁地去因弗内斯，我要在学校里面工作。”

“牧师的猫不会是只胆小的猫吧？”她问，但是在这么问时，她淡淡地笑了。

“牧师的猫非常害怕那个地方，”他坦白地说，“如果那上面没有特别多的沙丁鱼，它是不会去的。”

她直率地大笑起来，他们之间的紧张气氛也明显缓和了。

“我也是，”她说，然后深吸了一口气，“但是我记得，你为了帮忙所经历的那些麻烦，那个时候，在她……在她……在妈妈穿过……”她用力咬着下嘴唇，然后稍微用力地踩了踩刹车。

“你明白吗？”她小声地说，“在你身边超过半小时，我就会回忆起那一切。我已经有半年多没有谈论我的父母了。我们玩那个无聊的游戏才不到一分钟，我就提到他们了。这一个星期都是这样的情况。”

她把一缕散落的头发从肩膀上拨下去。激动或难过时，她的皮肤就会变成迷人的粉红色，而且她脸颊上的粉红色十分明显。

“在你没有给我回信时，我就觉得或许是因为那方面的原因。”

“不只是那样。”她咬着下嘴唇，似乎要把这句话咬回去，但为时已晚了。一阵明显的红色潮涌般从她白色 T 恤的深领里冒出来，让她变成了她坚持要用来就着薯条吃的番茄酱的颜色。

他从座位上伸手过去，温柔地把遮在她脸前的头发拨到后面。

“我很喜欢你，”她脱口而出，透过挡风玻璃盯着正前方，“但我不知道你对我那么好，是因为妈妈让你那么做的，还是……”

“不用说了，”他微笑着插话，而她则冒险迅速地看了看他，“绝对是后面这个原因。”

“噢，”她稍微放松下来，紧握着方向盘的双手也变松了，“嗯，很好。”

他想拉住她的手，但又不想把她的手从方向盘上拉下来，酿成事故。相反，他把手臂靠在椅背上，用手指轻轻抚摸着她的肩膀。

“不管了。我不觉得……我当时觉得……呃，我要么扑进你的怀抱，要么就果断逃避。所以我就逃避了，但我不知道怎么解释才不会显得愚蠢。后来你还给我写信了，然后就更糟糕了……看到了吧，我看上去就像个傻子！”

罗杰解开了安全带：“如果我吻你，你会撞上前面的车吗？”

“不会。”

“那就好。”他把身子伸到座位那边，一手稳住她的下巴，快速地轻吻了她。他们在泥路上缓慢颠簸，开进了停车场。她的呼吸变得缓和了，潮红也消退了一些。她熟练地把车停好，关掉发动机，然后直视着前方，坐了片刻。然后她解开安全带，朝他转过身去。

他们下车几分钟后，罗杰才意识到他不止一次提及她的父母，但真正的问题可能与那位她如此细心不去提及的父亲更有关。

在她弯腰打开大箱子时，他心不在焉地欣赏着她的屁股。好极了，他心想，她本来就在努力不去想詹米·弗雷泽，可看看你带她来的是什么地方啊。他看了看度假村的入口，英格兰国旗和苏格兰国旗在那里被夏天的和风吹得啪啪作响，而远处的山坡上则传来悲伤的风笛声。

CHAPTER 04

往事不如烟

罗杰习惯了在别人的大卡车车厢里或在酒吧男士卫生间里换衣服，所以后台那个分配给他独用的小房间看上去特别奢华。它很干净，有挂钩可以挂便服，而且还没有喝醉的客人在门口打鼾。当然，这里是美国，他心想着，解开牛仔裤，把它脱下来扔在地上。标准不同，至少在物质舒适度方面的标准不同。

他把身上那件喇叭袖衬衫拉到头上，思考着布丽安娜习惯怎样的舒适度。他不会评判女人的衣服——一条蓝色牛仔裤会有多贵？但是他对汽车却略知一二，她的车是辆全新的福特野马，让他手痒痒的想要去尝试。

显然她父母给她留下了不少资产。他相信克莱尔 · 兰德尔当时会确保做到这点。他只希望那笔钱不要太多，以免布丽安娜觉得自己对钱感兴趣。想到布丽安娜的父母，他朝那个棕色的信封看了看。到底该不该把这个信封给她呢？

他们穿过演员入口，与第七十八代弗雷泽氏高地人的风笛鼓乐队面对面，乐队在更衣间后面全力进行着演练。这时，牧师的猫几乎要从布丽安娜的皮肤里跳出来。罗杰在给她介绍老相识的主吹奏手时，她变得脸色苍白。不是说比尔 · 利文斯通本身吓人，让她脸色苍白的，是利文斯通胸上挂的那块弗雷泽氏族徽章。

那个徽章上写着“我已准备好”。准备得还不够充分，罗杰心想，然后因为带她来这里而想要踹自己。不过，刚才在他换衣服准备出场时，她安慰他说她自己去探索没有问题的。

他最好也集中精力做这件事，他想着，把短裙腰部和臀部的搭扣舒适地扣上，然后伸手去拿羊毛长袜。他在下午早些时候上场演出四十五分钟，然后在晚上的同乐会上要单独表演时间稍短些的节目。虽然他心中大致有了歌单，但还得把听众考虑进来。如果女性听众很多，那么民谣就不错。如果男人更多，那就多唱些战歌，《奇里克朗基》《蒙特罗斯》《枪炮与战鼓》之类的。如果听众的情绪被充分调动起来，还喝了点啤酒，那么低俗歌曲的效果最好。

他熟练地把袜子翻下去，然后把鹿角刀柄的匕首插了进去，紧紧地贴着右边的小腿肚。他有点着急，迅速把半高筒靴系上。他想再去找布丽安娜，和她散会儿步，给她买点吃的，给她安排个看表演的好位置。

他把方格花呢长披肩搭在肩膀上，别好胸针，把长匕首和毛皮袋系上，然后就准备好了。或许没有特别准备好。他在去门口的路上停了下来。

那条黄褐色的古老内裤是大约“二战”时期的军队版，是罗杰纪念父亲的几件物品之一。他平时并不那么爱穿内裤，但在穿苏格兰短裙时，他要把内裤搭配上，以免碰到某些特别大胆的女性观众。其他演员曾经警告过他，但若非亲身经历，他是不会相信的。德国女性最厉害，但他知道少数美国女性也差不多，在近距离接触时也很奔放。

他觉得在这里他不需要这些措施，人群看起来还算文明，而且他看到那个舞台在观众够不到的安全地方。而且，在台下时他有布丽安娜在身边，如果她选择大胆动手的话……他把内裤扔回包里，扔在了那个棕色信封的上面。

“祝我好运，爸爸！”他低声说道，然后去找她了。

* * *

“哇哦！”她瞪大眼睛，绕着他转，“罗杰，你太帅了。”她稍微撇嘴微笑着，“我母亲经常说穿短裙的男人让人无法抗拒。想来她没有说错。”

他看见她用力吞了口唾液，然后想要因为她的勇敢去拥抱她，但她已经转过身去，指着主用餐区那边。

“你饿吗？你换衣服的时候我去那边看了看，有章鱼串、巴哈鱼玉米卷、波兰狗肉……”

他抓住她的胳膊，把她转过来面对他。“嘿，”他温柔地说，“抱歉，要是知道这会影响你，我就不带你来了。”

“没关系的。”她的微笑这次要自然一些，“这里……我很开心你带我来了。”

“真的吗？”

“是的。真的。这里……”她无助地朝周围那些穿着苏格兰服饰的花花绿绿的嘈杂人群挥了挥手，“这里太像苏格兰了。”

听到她这么说，他想大笑。与这个充满旅游噱头、无耻推销不正宗民俗的地方相比，没有什么更不像苏格兰。同时，她说得也不错。这里确实很像苏格兰，以实例说明了苏格兰人那种古老的生存智慧，那种能够适应任何事物，并从中获利的能力。

然后，他确实拥抱了她。她的头发闻起来很干净，就像新长出来的青草。他能够感觉到她的心脏隔着她穿的那件 T 恤在跳动。

“你也是苏格兰人，你知道的。”他在她耳边说，然后放开了她。她的双眼仍然明亮，但其中的情绪却不同了，他心想。

“我想你说得对，”她说，然后又开心地微笑起来，“但那并不意味着我得吃苏格兰肚包羊杂，是吧？我看到那边有，我想我宁愿试试章鱼串。”

他以为她是在开玩笑，但其实不是。正如有个食物小贩解释的那样，度假村的唯一生意似乎就只有“民族集市”了。

“跳波兰舞的波兰人、用约德尔唱法歌唱的瑞士人——天哪，他们这里肯定有上千万个布谷鸟时钟！西班牙、意大利、日本的樱花节——日本人的照相机全都让人难以置信，简直难以置信。”卖食物的小贩愉悦地摇了摇头，滑过去两个装满汉堡和薯条的纸盘。

“反正，每两个星期就会不太一样。从不让人觉得无聊。但我们这些卖食物的只管做生意，不管是哪种食物。”那个摊贩饶有兴趣地看着罗杰的长匕首。

“你是苏格兰人，还是只是喜欢穿裙子？”

罗杰听过十几次这种套话，所以给了他一个和蔼的表情。

“嗯，我的老爷爷经常说，”他用加重了许多的口音说，“穿上短裙的时候，小伙子，你就知道自己是男人了！”

那个摊贩感激地弯了弯腰，而布丽安娜则翻了个白眼。

“关于短裙的笑话，”她嘟哝道，“天哪，你要是开始讲短裙的笑话，我就开车走了，丢你在这里，我发誓会那样做的。”

罗杰朝她咧嘴笑了：“噢，好了，你不会那样做的，是吧，姑娘？突然离开，丢下一个男人，就因为他要告诉你他短裙里面穿的是什么。”

她把眼睛眯成了蓝色的三角形。“噢，我敢打赌那条短裙里面什么都没穿，”她说着，朝罗杰的毛皮袋点了点头，“那下面的东西肯定全都处在完美的运行状态了，不是吗？”

罗杰被吃着的薯条呛住了。

“你应该说‘把手给我，姑娘，我让你看看’，”卖食物的摊贩提醒道，“如果说她的那句话我只听过一次，那么我刚才让你说的那句话我这周听过上百次了。”

“如果他现在说，”布丽安娜威胁地插话说，“那么我会开车离开，把他丢下，让他困在这座山上。他可以待在这里吃章鱼，我才不在乎呢。”

罗杰喝了一大口可口可乐，明智地没有说话。

* * *

还有时间在摊位中间的巷道上下闲逛，那些摊位出售的东西应有尽有，从苏格兰格子呢领带，到六孔小笛、银首饰、苏格兰氏族地图、奶油硬糖、黄油甜酥饼干、形如双刃大刀的拆信刀、高地人铅像、书籍、唱片，再到印有氏族标志或格言的任何可以想象到的小物件。

罗杰几乎没有吸引来别人的注意，尽管他的服装质量上乘，但在这里并不奇特。而且，人群中的大多数人都是游客，他们穿着短裤或牛仔裤，但到处都会露出些花格布，就像疱疹一样。

布丽安娜在展示着氏族标志钥匙链的摊位边停下来，问道：“为什么你要用麦肯锡这个姓？”她指了指一个银色光盘，上面印着拉丁文的“我闪耀，但不灼伤”——麦肯锡氏族的格言，围在一个看似火山的图案周围。“韦克菲尔德听上去不够有苏格兰特色，还是你觉得牛津的人们会不喜欢你——这样做？”她挥手指了指朝四周的场地。

罗杰耸了耸肩：“部分是因为这样。但麦肯锡也是我的姓。我父母都在战争中去世了，然后我姨公收养了我。他让我跟着他姓，但我受洗时的名字是罗杰·耶利米·麦肯锡。”

“耶利米？”她没有笑出来，但她的鼻尖红了起来，就好像她在忍着不笑，“《旧约》里的那个先知？”

“别笑，”他拉着她的胳膊说，“这个名字是为我父亲取的——他们叫他杰里。小时候我妈妈叫我杰米。这是个古老的姓。但这不是最差的。我受洗时还有可能被取名叫安布罗斯或柯南。”

布丽安娜发出咻咻的笑声，就像可乐气泡那样。“柯南？”

“在落到幻想家手里之前，它是个特别好的凯尔特姓氏。反正，耶利米似乎正该被选中。”

“为什么？”

他们转过身，慢慢地朝舞台走去。在舞台那里，一群拘泥得严肃的小女生在十分整齐地跳着苏格兰高地舞，衣服的每个褶边和她们的每个鞠躬都恰到好处。

“噢，那是我爸爸——也就是牧师，我总是这么叫他——在浏览族谱、解释族谱上的人物时经常给我讲的一个故事。”

安布罗斯·麦肯锡，那是你的曾祖父，罗杰。他在丁瓦尔造木船。那是玛丽·奥列芬特，她是你的外曾祖母——我认识她，我给你说过没有，她活到了九十六岁，到咽气前都犀利得像颗大头钉。厉害的女人。她结过六次婚——配偶全都是自然死亡的，她安慰我说——但我只把耶利米·麦肯锡放在族谱里，因为他是你的祖先。他只和她生过孩子，这确实让我很吃惊。

我问过她，然后她闭上一只眼睛，对我点头，说了句盖尔语的谚语：“龙虾不会比老公好。”她说有些人你适合与他结婚，但只有耶利米是个帅到你愿意每天晚上带他上床的小伙子。

“我在想她是怎么说其他那几位丈夫的。”布丽安娜若有所思地说。

“呃，她并没有说她不会偶尔与他们上床，”罗杰指出道，“只是不会每晚都那样。”

“一次就足够怀孕，”布丽安娜说，“至少我母亲在我高中健康课上是这么说的。她会在黑板上画图，画中的精子全都面带淫笑、争先恐后地冲向一个巨大的卵子。”她又脸红了，但显然是因为被逗乐了，而不是因为不开心的回忆。

他们手挽着手，他能够隔着薄T恤感觉到她的温度。他短裙里面有动静，这让他觉得不该不穿内裤。

“撇开精子有没有脸的问题不说，这个话题与健康有什么关系啊？”

“在美国，健康就是任何与性有关的事物的委婉语，”她解释道，“他们把男生和女生分开上健康课，女生的健康课叫‘生命的奥秘’和‘拒绝男生的十种方法’。”

“男生的健康课呢？”

“呃，这个我不知道，因为我没有兄弟能够告诉我，不过我的一些朋友有兄弟——其中一个说他们学了十八个勃起的同义词。”

“那真的很有用。”罗杰说，心想谁会需要那么多同义词。幸运的是，毛皮袋可以掩盖许多罪恶。

“至少在某些场合下，这或许可以让人有话说。”

她的脸颊通红。他能够感觉到自己的喉咙逐渐变得火热，并且设想他们开始吸引到路人的好奇目光了。十七岁过后，他就再没有让女生使他在公共场合下觉得尴尬了，但她做得不错。不过，这是她开的头——那就让她结尾吧。

“嗯，在那种场合下，我没有见到太多对话。”

“我想你知道的。”这不算是个问题。他这才意识到她想要表达什么。他收紧手臂，把她拉靠近了些。

“如果你想问我有没有过，答案是有过。如果你问我现在有没有，答案是没有。”

“有什么？”她的嘴唇在轻微地颤抖，忍住想要大笑的冲动。

“你是问我在英格兰有没有其他女生，是吧？”

“我是在这样问吗？”

“我没有其他女生。更确切地说，我有，但都不是认真的。”他们走到了更衣室门前，差不多是时候去取他的乐器了。他停了下来，转身看着她：“你呢？我是说，你有没有其他男生？”

她的个子足够高，能够看到他的眼睛。他们挨得足够近，所以在她转身面对他时，她的乳房擦到了他的手臂。

“你曾祖母怎么说的来着？龙虾不会比……”

“……不会比老公好。”

“嗯，不错，龙虾不会比男朋友好。”她抬起一只手，然后抚摸他的胸针，“我和其他男生出去过，但我还没有一个帅小伙。”

他抓住她的手指，把它们拉到嘴边。“会有的，姑娘。”他说，然后亲吻了她的手指。

* * *

听众安静得出奇，完全不像是摇滚音乐会。当然，他们不可能闹腾起来，她心想，音乐会上没有电吉他和扩音器，只有台子上的那个小麦克风。但是，有些东西不需要扩音。比如她的心跳，此刻就在耳中反复回响着。

他之前带着吉他和战鼓突然从更衣室出来，然后对她说：“给你。”他把一个棕色的小信封递给她，“我在因弗内斯翻我爸爸的资料时找到的这些东西。我觉得你可能会需要它们。”

她能够看出信封里面是照片，但她当时并没有立即打开看，而是坐在那里听着罗杰的表演，让它们在她大腿上烧出一个洞。

他唱得不错——即使她心不在焉，也能听得出来他唱得很好。他拥有强烈、深沉得惊人的男中音，而且他知道怎么用。这不只是在音调和曲调方面，他有那种真正表演者的能力，能够拉开歌手与观众间的幕帘，能够目视人群，与观众进行眼神交流，然后让他们看到词曲后面的东西。

在唱《通往岛屿之路》时，他把观众带动了起来。这首歌节奏快、生动，适合边拍掌边唱，其中的副歌部分充满了激情。然后在观众合唱完这首歌过后，他又带动他们唱《加洛韦的群山》，接着又惬意地过渡到《刘易斯婚礼颂歌》。最后这首是盖尔语歌曲，它的那段副歌轻快活泼、优美动听。

他唱完一首歌，然后面带微笑。他是在对她微笑，她想。

“接下来是一九四五年的一首歌，”他说，“这首歌讲的是著名的普雷斯顿潘斯战役。在这场战役中，查尔斯·斯图亚特的高地军队，在乔纳森·柯普将军的指挥下，击败了强大许多的英格兰军队。”

人们发出欣赏的低语声。对于他们许多人来说，这首歌显然是首喜爱了许多年的歌。罗杰拨动吉他弦，唱出第一句时，人群迅速安静了下来。

柯普从丹巴[①]发来战书，
说：“查理，与我交战，
我要教你战斗的技巧，
如果你在清晨与我交战。”

他弯腰拨弦，朝观众点头，让他们合唱那段表示讥讽的副歌。

嘿，乔纳森·柯普，你动身没有？
你的战鼓敲响没有？
如果你还没动身，我会等你，
在清晨去煤场！

布丽安娜突然感觉到头发根部有些刺痛，这种痛与罗杰和观众都没有关系，而是因为这首歌本身。

---

① 丹巴（Dunbar），苏格兰东南部县区，位于爱丁堡以东，濒临北海。

查理读完柯普的战书，

从剑鞘里拔出宝剑，

走，跟我走，高昂的同胞，

我们在清晨去与乔纳森·柯普交战！

“不要。”她低声说，手指在光滑的棕色信封上感觉到冰凉。走，跟我走，高昂的同胞……这其中就有她的父母。在普雷斯顿潘斯的战场上，正是她父亲拿着阔剑和圆盾冲锋的。

……

因为这将是个流血的清晨！

嘿，乔纳森·柯普，你动身没有？

你的战鼓敲响没有？

观众开始合唱副歌，轰隆隆的赞扬歌声在她周围升腾起来。她突然有种短暂的惊慌感，想像乔纳森·柯普那样逃走，但这种惊慌的感觉最终消失了，像音乐那样让她深受冲击。

相信我，柯普说，我看到了那种

印有双刃刀和短褶裙的旗帜，

如果我再见到它们，魔鬼会让我断腿，

所以我祝你们早上好！

嘿，乔纳森·柯普，你动身没有？

……

他醒了，而且只要这首歌持续下去，他就会醒着。过去的事情有人努力维护，有人则努力逃避。这显然是她自己和罗杰之间的最大不同。她为什么之前没有看出来呢?

她不知道罗杰是否看到了她那短暂的悲伤，但罗杰唱完了这首有关詹姆斯党的危险歌曲，开始唱《麦克弗森的挽歌》。他几乎是在清唱这首歌，只是偶尔拨动吉他弦。布丽安娜身边的那个女人长叹一口气，眼神天真无邪地看着舞台上。

他变得如此愤怒，如此恣意，如此令人胆怯，
他在绞刑架下弹着曲调，手舞足蹈！

她拿起那个信封，用手指掂量着它。她或许应该等到回家再看，但是好奇心在与不情愿相互较劲。罗杰之前不确定是否该把这个信封给她，她从他的眼神里能够看出来。

“……宝兰鼓，”罗杰在台上说。那个鼓只是个木圈，宽几英寸，正面拉着直径十八英寸的鼓皮。他用一只手平稳地拿着鼓，另一只手则拿着两头用的鼓棒。“这是一种特别古老的乐器，在公元前五十二年，凯尔特人部落就是用这种鼓把尤利乌斯·恺撒的军队吓坏的。”观众哧哧地笑了，然后他用鼓棒敲了敲宽大的鼓面，节奏柔和而迅速，就像心跳一样。

“接下来是《谢里夫缪尔战役》，这首歌讲的是一七一五年的首次詹姆斯党起义。”

罗杰变换击鼓的位置，鼓声的音调随之降低，变成了骁勇好战的调子，在罗杰的话语背后轰隆隆的，好似雷声。观众仍然行为端庄，但现在却坐直了，身体前倾，专心地聆听着那些描述谢里夫缪尔战役和所有参战氏族的歌词。

……他们不断突袭，鲜血喷涌，许多人英勇就义，伙计……

他们又砍又劈，阔剑相互碰撞……

歌曲结束时，布丽安娜把手指伸到信封里面，抽出一组相片。那是些老照片，黑白的颜色已经变成了棕黄色。照片上是她的父母——弗兰克·兰德尔和克莱尔·兰德尔。他们看上去年轻得不像样，而且特别开心。

他们在某个花园里，草地上有椅子和桌子，桌上摆着饮料，背景是树叶的斑驳光点。不过，他们的面容都很清晰，他们在大笑，面容因为年轻而容光焕发，眼睛里只有彼此。

他们摆着正式的姿势，手挽着手，嘲笑着他们自己的那种正式。克莱尔半弯着腰，因为弗兰克说了些什么而捧腹大笑。她往下按住被风吹起来的宽大裙摆，却任由卷曲的头发在风中飘动。弗兰克把杯子递给她，她向上看着他的脸，从他手里接过杯子，眼神里充满了希望和信任。看到这里，布丽安娜的心紧了一下。

布丽安娜看着最后一张照片，意识到她看的是什么。在那张照片上，弗兰克和克莱尔站在桌边，共同用手握着一把刀，边笑边切一个显然是在家里制作的蛋糕——一个婚礼蛋糕。

“最后唱一首你们都听过而且很喜欢的老歌。据说有位詹姆斯党囚犯在被押解去伦敦绞死的路上，把这首歌寄给了他在苏格兰高地的妻子……”

布丽安娜把双手平摊在那些照片上，似乎不想让别人看到它们。她感到一阵冰冷的惊愕。婚礼的照片，结婚那天的快照。当然了，他们是在苏格兰结的婚。韦克菲尔德牧师不是天主教牧师，所以主持婚礼的不会是他，不过他却是与她父亲相识最久的朋友，婚宴肯定是在牧师的住宅里举行的。

没错。从指缝看去，布丽安娜能够在背景里分辨出那幢老房子的熟悉部分。然后，她不情愿地把手挪开，又看了看她母亲的年轻面孔。

十八岁。克莱尔在十八岁时嫁给了弗兰克·兰德尔——或许这能够解释一切。这么年轻的人怎么能够有定见呢？

傍着青青的山，依着碧绿的水，
太阳照耀在罗梦湖上。
我和我的爱人时常来游逛
……

但是照片中的克莱尔沉着自信，或者说她觉得是这样。她那宽大、干净的额头，以及纤细的嘴巴，都没有表现出疑虑；那双明亮的大眼睛紧盯着她的新婚丈夫，丝毫没有疑惑和顾虑的痕迹。可是……

但我和我爱人永不能再相见，
在那最美丽的罗梦湖岸上。

无视她踩到的别人的脚趾，布丽安娜跌跌撞撞地逃出人群，没有让别人看到她的泪水。

* * *

“在氏族点名时，我能陪着你，但氏族点名的末尾与我有些关系，所以我得丢下你。这样你没问题吧？”罗杰说。

“没问题，当然没问题。我很好。别担心。”她坚定地说。

他有些担忧地看着她，但没有再说什么。他们两人都没有提及她之前突然离场的事情。在他穿过表示祝贺的人群找到她时，她已经找到了洗手间，用冷水让自己冷静了下来。

下午的其他时间里，他们都在会演节上闲逛，买点小东西，出去看风笛鼓乐队比赛，听到耳朵都快被震聋了，然后回来时看到一个年轻人在地上交叉放着的两把剑中间跳舞。那些照片在她手袋里，安全地在视线之外。

现在天已经快黑了，人们正在离开用餐区，朝外面山脚下的露天看台走去。

她之前以为那些带有小孩子的家庭会离开，也确实有些离开了，但在看台上的大人中间，仍然还有些睡眼惺忪、耷拉着脑袋的小孩子。一位父亲带着他的小女儿朝看台的上排走去，这个小女孩在父亲的肩膀上柔软地熟睡着。在露天看台的前方有片平坦的空地，一大堆木头堆在那里。

“氏族点名是什么？”布丽安娜听到前排有个女人问她的同伴。她的同伴耸了耸肩，然后布丽安娜看着罗杰，想要他解释，但他只是微微一笑。

“待会儿你就知道了。”他说。

天完全黑了，月亮还未升起来。在星光点点的天空的映衬下，本来就是黑色的巨大山体耸立起来，显得更加黑暗。人群中的某个地方传来惊呼声，紧接着是更多的惊呼，然后空气中传来一支风笛的微弱曲调，一切都安静了下来。

山顶附近出现一丝光线。它在人们的注视下向下移动，然后它后面又冒出另外一丝亮光。音乐声越来越大，山顶上又出现了一股光线。在十分钟的时间里，音乐声越来越大，光亮的线条变得越来越长，在山坡上变成一条耀眼的链条，人们的预期也变得越来越高。

在山坡底部附近，一条小路从上面的小树林中延伸出来。在之前探索时，布丽安娜就注意到了它。现在，一个男人从树林中走出来，头顶举着明亮的火把。这个人身后跟着风笛吹奏者，笛声现在足够大，甚至淹没了人群的惊叹声。

在这两个人从小路走下来、朝看台前面的空地走去时，布丽安娜能够看到他们身后还有人，很长一排人，每个人都举着火把，穿着苏格兰高地族族长的华丽服饰。他们的服饰原始且华丽，饰以松鸡羽毛，银制的长剑和匕首在火光下反射着红光，在花格布衣服中间能够被识别出来。

风笛声突然停下来，走在前面的那个人大步走进空地，在看台前面停了下来。他将火把举过头顶，然后大喊："卡梅伦氏族在此！"

看台上传来愉悦的欢呼声，然后他把火把扔到浸过煤油的木材上，火焰呼啸着蹿起来，变成了十英尺高的火柱。

在耀眼火焰的映衬下，另外那个男人站出来喊道："麦克唐纳德氏族在此！"

人群中与麦克唐纳德氏族有亲属关系的人们尖叫和呐喊起来，然后……

"麦克拉克伦氏族在此！"

"麦吉利夫雷氏族在此！"

布丽安娜深深地陶醉在这场面当中，只是隐约地察觉到罗杰的存在。然后，另外又有个男人走出来喊道："麦肯锡氏族在此！"

"图拉哈德！"罗杰大喊道，把她吓了一跳。

"这是什么？"她问。

"这个是麦肯锡氏族作战时的口号。"他咧嘴笑着说。

"听上去确实像。"

"坎贝尔氏族在此！"看台上姓坎贝尔的人肯定很多，整个看台都被他们的回应声震动着。这似乎是罗杰一直在等待的信号，他站起来，把披肩搭到肩膀上。

"待会儿结束后我们在更衣室旁边见，好吗？"

她点了点头，他突然埋下头亲吻了她。

"先跟你说，弗雷泽氏族的口号是'唐尼城堡'。"他说。

罗杰就像只山羊那样爬下看台，布丽安娜看着他离开。木柴燃烧散发出的烟味弥漫在夜晚的空气中，混杂着人群抽烟散发出来的比较轻微的烟草香味。

“麦凯氏族在此！”

“麦克劳德氏族在此！”

“法奎森氏族在此！”

烟雾和情绪让她感到胸脯一紧。这些氏族在卡洛登阵亡了——或者说他们阵亡了吗？是的，他们阵亡了；这不只是回忆，不只是招魂；在这里喊出氏族名字的人，彼此之间并无亲属关系，也不再依靠地主和土地而生存。

“弗雷泽氏族在此！”

布丽安娜感到十分惊慌，她的手紧握着手袋的扣子。

不，她心想，噢，不是，我不是。

然后这个瞬间结束了，她能够再次呼吸，但肾上腺素仍然在她血液里奔腾。

“格雷厄姆氏族在此！”

“英尼斯氏族在此！”

奥格维氏族、林赛氏族、戈登氏族……最终，最后一个氏族名字的回响消失了。布丽安娜把包放在大腿上，紧紧抓着，似乎不想让手袋里的东西像妖魔从神灯里逃走那样跑掉。

她怎么能那样，她心想。然后，看到罗杰走进光线，举着火把，手里拿着宝兰鼓，她又心想：她怎么能忍得住？

CHAPTER 05

两百年以前

“你没有穿你的短裙？”盖尔失望地撇着嘴。

“年代不对啊，”罗杰低头对她微笑着说，“穿短裙走太空步太透风了。”

“你得教我。”她踮起脚，朝他倾斜着身体。

“教你什么？”

“像你那样发小舌音。”她皱起眉头，真诚地说，听上去就像低挡位上的摩托艇。

“非常好。一直练，熟能生巧。”罗杰发了个小舌音，忍住没笑。

“好吧，那你至少带吉他来了吧，或者带了那个好玩的鼓？”她踮起脚尖，试着往他身后看。

“没在车里，我们要从这里去机场。”布丽安娜说着，收好车钥匙，走到罗杰身边。

“噢，真是的。我还以为我们能玩会儿，然后开个民间歌舞会来庆祝呢。你知道《这是你的土地》吗，罗杰？还是说你更喜欢抗议歌曲？但我猜你不会喜欢，因为你是个英格兰……噢，苏格兰人。你们没有什么要抗议的东西，是吧？”

布丽安娜有些生气地看了看盖尔：“乔叔叔在哪里？”

“在客厅里抱怨那台电视呢，”盖尔说，“你去找他的时候，我能够招待罗杰吗？”她眨着眼睛，热切地伸手挽住了罗杰的胳膊。

“麻省理工学院半个工程学院的人都在这里，难道就没有人能修好这个该死的电视吗？”乔瑟夫·艾伯纳西博士用责备的眼神怒视着那群零散坐在客厅里的年轻人。

“爸爸，那是电力工程学，”他儿子傲慢地对他说，“我们都是学机械工程的。让机械工程师来给你修彩电，就好像是叫妇科医生给你看头——啊！”

“噢，对不起，”他父亲说，从金边眼镜上方和蔼地往外看，“那是你的脚吗，莱尼？”

在大家的笑声下，莱尼像鹳一样跳着在房间里转，抓着一只穿着拖鞋的大脚，表情痛苦得有些夸张。

“布丽，亲爱的！”乔瑟夫·艾伯纳西医生看到了布丽安娜，于是眉开眼笑地撇下了电视机。他热情地拥抱了布丽安娜，无视布丽安娜比他高大概四英寸这个事实，然后放开她，看着罗杰，表情变成了小心谨慎的热情。

“这就是那位男朋友？”

“这是罗杰·韦克菲尔德，”布丽安娜说，微微眯眼看着医生，“罗杰，这是乔·艾伯纳西。”

“你好，艾伯纳西医生。”

“叫我乔就行。”

他们相互评估着握了手。乔用棕色的双眼迅速打量了他，眼神热情，但是有些狡猾。

“布丽，亲爱的，你想去碰碰那个垃圾，看能不能弄好它吗？昨晚还好好的，今天就……噗呲！”他用大拇指指着那台放在电视机架上无声反抗着的二十四英寸 RCA 电视机。

布丽安娜怀疑地看着那台大彩电，伸手到牛仔裤口袋里摸索，然后掏出一把瑞士军刀。

“好吧，我或许可以看看是不是接触不良。我们有多少时间？”她把螺丝刀刃抽了出来。

“大概有半个小时，画面还在休斯敦的航天控制中心。离预计到达时间还有三十四分钟。”厨房门口一个剪平头的学生说，并看了看那群围在桌上小黑白电视机周围的人。电视解说员的模糊的激动声音，变成了观众更加清晰的阵阵呼声。

“好，好。”艾伯纳西医生说，伸手搭在罗杰肩膀上，“时间还足够，可以喝杯东西。你是苏格兰人，韦克菲尔德先生？”

“叫我罗杰就行。”

艾伯纳西医生倒了一大杯琥珀色的饮料，然后递给了罗杰。

“你应该会喝酒吧，罗杰？”

“是的。”杯子里是拉加维林酒，在波士顿很少见。他品尝地喝了一小口，艾伯纳西医生微笑了起来。

“布丽的妈妈克莱尔送给我的。她是一位能够品尝出优质威士忌酒的女人。”他怀旧地摇了摇头，然后举杯致意。

“祝好。”罗杰轻声说，稍微倾斜杯子，然后才开始喝酒。

艾伯纳西医生闭着眼睛，无声地赞赏着。罗杰不知道他是在赞赏威士忌酒，还是在赞赏克莱尔。“生命之水，哈？我相信有些东西能够起死回生。”他用充满敬意的动作，把酒瓶放回到酒柜里。

克莱尔对艾伯纳西医生讲过多少呢？罗杰心想，讲得足够多。艾伯纳西医生端起自己的玻璃杯，用评估的眼神看了一会儿罗杰。

“既然布丽的爸爸去世，那么这件事就得我来做。在登月舱着陆之前，应该有足够多的时间拷问你，或者我问得简短些？”

罗杰扬起一边眉毛。

“拷问你的意图。”艾伯纳西医生解释道。

“噢，我的意图绝对正派。”

“是吗？昨晚我打电话给布丽，想问她今晚过不过来。她没接电话。”

“我们去参加了一个凯尔特会演节，在山里面。”

“嗯，我在晚上十一点又打了一次，半夜又打了一次，都没人接。”艾伯纳西医生的眼神仍然精明，但是少了许多热情。他把杯子放下，杯子在桌上碰出轻微的声响。

“布丽昨晚一个人，她感觉孤单。再说，她还很迷人。我不想有人乘虚而入，韦克菲尔德先生。”他说。

“我也不想，艾伯纳西医生。如果你那样想，我——”罗杰喝干酒，用力把杯子放下。他的脸颊火辣辣的，但这不是因为喝了拉加维林酒。

“这里是休斯敦，”电视机发出轰隆隆的声响，“静海基地，我们将在二十分钟内着陆。”

厨房里的人涌了出来，挥舞着可乐瓶欢呼。因为用力而满脸通红的布丽安娜则在笑着打发走他们的祝贺，同时收起瑞士军刀。艾伯纳西抓住罗杰的胳膊，让他别走。

“听我说，韦克菲尔德先生，我不想听到你让她不开心，绝对不想。”艾伯纳西说，他的声音足够低，那边的人群不会听见。

罗杰小心地把胳膊从艾伯纳西的手里挣脱。“你觉得她看上去不开心吗？”他尽可能礼貌地问。

“没有，但是，正是看到她今晚这个样子，才让我想或许我应该替她父亲在你脸上揍一拳。”艾伯纳西让他惊讶地说，同时眯眼狠狠地盯着他。

罗杰不禁回头看布丽安娜。没错，她有黑眼圈，几缕头发从马尾辫里散落下来，肤色也发黄得像燃过的蜡烛。她看上去像一个熬了夜，而且还享受熬夜的女人。

似乎装有雷达一样，布丽安娜把脑袋转了过来，从盖尔头顶上看过来，盯着他看。她继续在和盖尔说话，但她的眼神却在直接与他对话。

艾伯纳西医生大声地清了清嗓子。罗杰猛地把注意力从她身上移开，发现艾伯纳西医生正若有所思地看着他。

“噢，”艾伯纳西换了种口气说，“就像那样，是吧？”

罗杰并没有扣衣领，但他觉得像是打了一条很紧的领带。他径直与艾伯纳西医生对视着。

“是的，”他说，“就像那样。”

艾伯纳西医生伸手取出拉加维林酒瓶，然后倒了两杯酒。

“克莱尔说过她喜欢你。好了。祝好！”他无奈地说，端起了酒杯。

* * *

“反过来转，沃尔特 · 克朗凯特成橘黄色了！”莱尼 · 艾伯纳西顺从地转动旋钮，把沃尔特 · 克朗凯特变成了绿色。克朗凯特没有被肤色的突然变化影响，在继续解说。

“还有大约两分钟，尼尔 · 阿姆斯特朗指挥官以及‘阿波罗’十一号全体人员将创造历史，首次实现载人登月……”

客厅里光线暗淡，挤满了人，大家的注意力都集中在大电视机上，电视上开始重播“阿波罗”号发射时的画面。

“你真厉害，你怎么修好的？”罗杰在布丽安娜的耳边说。他靠着一个书架的末端，然后拉她紧贴着自己，双手放在她凸起的臀部上，下巴靠在她的肩膀上。

她的眼睛盯着电视，但他感觉到她的脸颊贴着他的脸颊在移动。

“有人把墙上的插头踢松了，”她说，“我只是把它插紧而已。”

罗杰大笑起来，亲吻了她脖子的侧面。空调在嗡嗡运作，但房间里还是闷热，她的皮肤湿湿的、咸咸的。

“你的屁股是世界上最圆的。”他低声说。她没有回答，而是故意把臀部往他身上靠。

电视里传来激动的说话声，屏幕上是宇航员即将插到月球上的国旗的画面。

罗杰看了看房间那边，乔·艾伯纳西现在和其他人一样入迷，表情在电视机屏幕的映照下显得全神贯注。因为在黑暗中很安全，所以他搂住了布丽安娜，前臂上感觉到她柔软乳房的重量。他深深叹了口气，然后放松地靠着她，抓着她的手，紧紧捏着。

如果有危险的话，他们两人都不会有这么大胆。但是，他还有两个小时就要离开，所以他们没有机会更进一步了。前一天晚上，他们都知道自己在玩火，所以比现在更加谨慎。他在想，要是他刚才承认布丽安娜昨晚是在他床上睡的，那么艾伯纳西是否真的会在他脸上揍一拳。

他昨晚开车下山，布丽安娜靠在他身上，所以他一边要保证车行驶在道路右侧，一边又要忍受布丽安娜的柔软重量带来的激动。他们停下来喝了杯咖啡，然后又聊天到后半夜，不断地相互接触，手和头都紧挨着。他们在短短两个小时里开车到了波士顿，对话逐渐停下来，布丽安娜的头沉重地靠在他肩上。

罗杰没法再清醒地在不熟悉的街道上寻路去布丽安娜的公寓，所以把车开到了他入住的那家酒店，偷偷把她抱上楼，让她躺在他的床上。她在床上很快就睡着了。

他在冰凉、坚硬的地板上度过了夜晚余下的时间，肩膀上搭着布丽安娜的毛线衣取暖。黎明时，他爬起来坐到椅子里，沉浸在她的香味里，沉默地看着光线照在她熟睡的脸庞上。

是的，就像这样。

“静海基地……猎鹰着陆成功。”一阵异口同声的深沉叹息打破了房间里的沉默。罗杰感到后颈上的毛发都竖了起来。

“……个人的一小步，……人类的一大步。”电视里那个尖细的声音说。电视画面模糊不清，但这不是因为电视机有毛病。大家伸着脑袋，看着电视里那个巨大的身影小心翼翼地走下梯子，在月球上踏下人类的第一步。泪水在一个女孩的脸颊上闪亮，在电视屏幕的光线下呈现出银色。

连布丽安娜也忘记了其他的所有事情，她的手已经从罗杰的胳膊上落下来，身体向前倾，全神贯注地关注着这一刻。

在这天做美国人很不错。

看到他们全都如此专注、如此自豪，看到她那么深切地融入其中，罗杰感到一阵短暂的担忧。当时是个不同的世纪，是两百年以前。

历史学家和工程师会有共同点吗？他面对着过去的未知之事，而她面对着未来及其耀眼的闪光。

房间里的气氛放松下来，人们开始欢呼和说话。她在他怀里转身，用力亲吻他，然后紧抱着他。他心想，他们虽然面对着不同的方向，但只要他们面对着的是彼此，那么这或许并没有什么关系。

Part 03
海 盗

CHAPTER 06

偶遇疝气患者

1767年6月

“我讨厌坐船，我恨坐船。我特别讨厌坐船。”詹米咬牙切齿地说。

詹米的姨父赫克托·卡梅伦住在一个叫河场的种植园里，就在十字溪上面。十字溪在威尔明顿上游两百英里的地方。有人告诉我们，在每年的这个时候，根据风力大小的不同，坐船去十字溪可能需要四天到七天。如果我们选择走陆路，那么计算上路被冲坏、路况泥泞和车轴断裂之类的情况，旅程就需要两周甚至更多的时间。

“河上没有浪，”我说，“一想到我们要在泥泞的路上跋涉两百英里，我就觉得厌烦。”

伊恩灿烂地咧嘴笑着，但是詹米把怒视的目光移到他那边，他的笑容很快就变成无动于衷的超脱。

“再说，如果你晕船，我还带着针。”我说，并拍了拍衣服口袋，里面的象牙盒子里装着我用来针灸的金针。

詹米用鼻子狠狠地呼气，但没有再说什么。这个小事情解决过后，就只剩下解决船费这个大问题了。我们不富有，却有些小钱，这源于路上的些许好运气。我们像吉卜赛人那样流浪着从查尔斯顿北上，在夜里远离路边扎营，因此在森林里发现了一个废弃的农庄，新长出的植物几乎覆盖了农庄的空地。

棉白杨小树像标枪一样，从农庄坍塌的屋顶的横梁中间生长出来。炉石的巨大裂缝里长着一株蜀葵。农庄的墙壁半数已倒塌，腐烂成了黑色，覆盖着绿色的苔藓和黄褐色的蘑菇。我们不知道这个地方已经废弃多久，但小屋和空地显然在几年时间里就会被植物淹没，除了烟囱倒塌下来堆成的石堆以外，再无其他东西标示这个地方的存在。

然而，在涌入这个地方的树林中，一块残留下来的小桃园茂盛得不协调，果实熟得裂开了，引来一群群蜜蜂。我们尽可能多地吃了许多，在废墟的遮掩下睡了觉，然后在黎明前起来，往马车上装了一堆堆汁多肉滑、香醇的金色果实。

我们边赶路，边卖桃子。所以，在我们到达威尔明顿时，我们收获到一袋钱币——大多是面值一便士的硬币。双手也变得黏黏的，头发、衣服和皮肤上全是发酵的香味，就好像我们全都在桃子白兰地酒里浸泡过。

“你拿着这个，去买你能买到的供给品，别买桃子，或许还可以买点针线，让我们去见我亲戚时不至于看起来太像乞丐。”詹米给我建议说，并把装着我们财产的那个小皮袋递给我，同时扬起眉毛，朝菲格斯外衣上那条从桃树上掉下来时撕出来的大裂缝点了点头，“邓肯和我去转转，看能不能把马车和马匹卖掉，然后去打听买船得花多少钱。如果这里有金匠之类的，或许我可以去打听下他买不买宝石。”

“小心些，舅舅，可不要被占便宜，或者在街上被抢。”伊恩建议道，皱眉看着那些来往于附近港口的形形色色的人。

詹米冷着脸，安慰伊恩说他会多加小心。

“带上洛洛，”伊恩劝他说，“它会保护你。”

詹米低头看了看洛洛，它正在打量着路过的人群，喘着气，面带警惕的神情，这种神情所暗示的，与其说是社交上的兴趣，倒不如说只是有节制的食欲。

“噢，那好，跟我来，小狗。”他说，看了看我，“或许你最好也买几条干鱼。”然后他便转身离开了。

* * *

威尔明顿是一个小镇，但是因为它刚好是个位于可通航河流入海口的海港，所以它不仅有农作物市场和船运码头，还有几家出售欧洲进口奢侈品和日常生活必需品的店铺。

“大豆不错，”菲格斯说，“我喜欢大豆，即使数量很多也喜欢。”他挪了挪肩上的粗麻布袋，平衡着布袋难以控制的重量，“还有面包，我们必须要有面包。还有面粉、盐和猪油。腌牛肉、樱桃干、新鲜苹果，都很不错。当然还有鱼。我觉得针线肯定也需要。还有发梳。当然还要去药商那里买药。但是买不买饰带呢？”他补充道，同时侧眼看了看我的头发。因为湿热的天气，它们正不断往我的宽檐帽外面跑。

“饰带。”我坚定地说。我把那个装着三码布鲁塞尔饰带的纸袋放到他拿着的那个大篮子里。“还有丝带，每种款式都来一码。”我对柜台后面那个满头大汗的年轻姑娘说。

“红色的是你的，别抱怨；绿色给伊恩，黄色给邓肯，那种很深的蓝色给詹米。没问题，这不是铺张浪费。詹米不想我们在见到他姨父和姨妈时穿得衣衫褴褛。”

“那你呢，舅妈？”伊恩笑着说，“你肯定不会让我们几个男的穿得漂漂亮亮的，而你自己却朴素得像只麻雀吧？”

菲格斯微微张嘴吐气，既是因为生气，也是因为被逗乐。

“那个——”他说着，指着一卷深粉色的宽丝带。

“那种颜色是小姑娘用的。”我抗议道。

“女人什么年纪穿粉色都不嫌老，”菲格斯坚决地说，“我听小姐们说过很多次。”我之前听菲格斯说过小姐们的观点。他很小的时候是在妓院里度过的，而且从他的回忆来看，他稍大些的时候也是。他现在已经娶了詹米的继女，我特别希望他能够克服这种习惯。但是，玛萨丽现在仍然在牙买加等着生第一个孩子，所以我还是怀疑他克服不了。毕竟，他是在法国出生的。

“我想小姐们说得对，”我说，“那好，粉色的也要了。”

我们扛着篮子和食品袋，出门走到了街上。天气闷热、潮湿，但是吹着微微的河风，而且在从密闭、闷人的店铺里出来后，空气似乎变得甜甜的，令人神清气爽。我朝海港看了看，几艘小船的桅杆竖立在那里，随着水流的冲击而轻轻摇摆。我看见詹米的高大身影从两栋房子间大步走出来，洛洛紧跟在他身后。伊恩挥手大喊，洛洛跳着沿街跑下来，因为看到主人而疯狂摆动尾巴。在白天的这个时候，外面的人不多，那些在狭窄街道上做生意的人，都精明地紧贴着附近的墙壁，避开洛洛和伊恩的这次狂热重聚。

“我的天哪，”我上面有个声音慢吞吞地说，“这是我见过的最大的狗。”我转过身，看到了一位男士。他从一家酒馆走出来，礼貌地向我脱帽致意：“夫人，您好。我真诚地希望，它不会喜欢吃人肉吧。”我抬头，然后再抬头，去看那个对我说话的男人。我忍住没有说在所有人当中，他最不应该觉得洛洛有威胁。他几乎是我见过的最高的人，甚至比詹米还要高几英寸。他瘦高而笨拙，硕大的双手悬在我的手肘边上，缀着豪华珠子的皮腰带和我胸部一样高。要是有冲动，我或许能把鼻子塞到他肚脐里，不过幸好我没有那种冲动。

“不，它吃鱼。”我安慰他道。见我仰着头，他有礼貌地蹲了下来，往下蹲时膝关节发出咔咔的声音，就像步枪射击一样。如此一来，我可以看到他的脸了，然后我发现他的面貌仍然被浓密的黑胡子遮掩着。不和谐、短平而上翘的鼻子从胡须中伸出来，鼻子上面是双温和的、浅褐绿色的大眼睛。

“嗯，听到你这么说我很感激。不用担心大清早就让腿上的肉被咬一块下来。”他那顶邋遢的帽子耷拉着，帽檐插着一根破烂的火鸡羽毛。他脱帽朝我鞠躬，几缕松散、卷曲的黑发向前落到他的肩膀上。“我是约翰·昆西·梅耶斯，夫人，您好。”

“克莱尔·弗雷泽。”我说，优雅地伸出手去。他眯眼看了片刻，然后把我的手指拉到鼻子边闻了闻，然后又抬起头，灿烂地笑起来，但是只半露着牙齿，所以笑得令人着迷。

“啊，你将来或许是位女药师？”

“将来？”

他轻轻地把我的手翻过来，观察着我指甲根部被叶绿素染绿的表皮。

“女士的手指呈绿色或许刚好是因为打理过玫瑰花，但是手上有檫树根和金鸡纳树皮气味的女士，应该不只是因为照料鲜花。你不觉得是这样吗？”他友好地盯着伊恩问。伊恩则毫不掩饰好奇心地打量着梅耶斯先生。

“噢，是的。克莱尔舅妈是个有名的医师，是个神婆！”伊恩对他说，自豪地看了看我。

“是那样吗，小伙子？太好了。”梅耶斯先生饶有兴趣地睁大眼睛，然后转过来看着我，“真是好运气！我还以为我得等到进了山才能找到萨满来看病呢。”

“你生病了吗，梅耶斯先生？”我问。他看上去不像有病，但这很难说，因为他胡须、头发都特别浓密，而且还有层油腻腻的棕色污垢，似乎是要掩盖他那件破烂鹿皮衣服未能掩盖的所有地方。他的额头是仅有的例外，它通常被黑色毡帽保护着没被太阳晒，现在露了出来，看起来就像一块平坦、纯白的宽木板。

“我觉得说不上是生病，反正不是淋病和法国天花，因为我之前见过这两种病。”他回答道。他突然站起来，笨手笨脚地把鹿皮衣服的下摆往上翻。他腿上穿的东西，我最先以为是裤子，但其实是长长的鹿皮裹腿，裹腿顶端是围腰布。

梅耶斯先生一边拉着系住围腰布的皮带，笨手笨脚地尝试解开上面的结，一边继续说："不过它却是个该死的东西，这个巨大的肿块突然就出现在我的睾丸后面。你可以想到，这特别不方便，尽管它只在我骑马时才会让我觉得疼。或许你可以看看，告诉我我该拿它怎么办，嗯？"

"噢……"我说，慌张地看了看菲格斯，而他只是挪了挪那袋大豆，一脸被逗乐的表情，真是的！

"我能有幸结识约翰·梅耶斯先生吗？"我身后有个苏格兰口音说道。

梅耶斯先生停止折腾他的围腰布，好奇地抬头看了看。"不好说是不是您的荣幸，先生，"他礼貌地回答，"但是如果你要找梅耶斯，那么我就是。"

詹米走到我旁边，得体地挤到我和梅耶斯先生的围腰布中间。帽子夹在腋下，他正式地鞠了个躬。

"我是詹米·弗雷泽，您好，先生。有人告诉我在介绍自己时要提及赫克托·卡梅伦先生的名字。"

梅耶斯先生饶有兴趣地看着詹米的红头发："你是苏格兰人？是高地人？"

"没错，我是苏格兰人，也是高地人。"

"你是老赫克托·卡梅伦的亲戚？"

"他是我姨父，先生，但我还没有见过他。有人告诉我，说你和他是老相识，说你或许会同意带领我们去他的种植园。"

他们两人都在直白地打量着对方，一边说话，一边从头到脚迅速观察彼此，评估着彼此的仪态、穿着和武器。詹米的目光赞赏地停留在梅耶斯先生腰带上的带鞘短刀上，而梅耶斯先生的鼻孔则好奇地张得大大的。

“他们像两条狗，很快就会去互嗅对方的屁股了。”菲格斯在我身后用法语小声地说。

梅耶斯先生朝菲格斯看了一眼，我在他那淡褐绿色的深邃眼睛里看到了一丝被逗乐的神情，然后他又回头去打量詹米。他虽然像个没有文化的山民，但显然懂得基本的法语知识。

考虑到梅耶斯先生的嗅觉倾向和自我意识的缺乏，如果看到他趴下去像菲格斯说的那样做，我或许并不会觉得惊讶。实际上，他不仅细心地检视了詹米，还审视了伊恩、菲格斯、我和洛洛。

“好狗。”他漫不经心地说着，把硕大的指关节朝洛洛伸了出去。洛洛在被邀请后，也进行了自己的检视，在大家说话时努力地从梅耶斯先生的莫卡辛鞋嗅到围腰布。

“你姨父，呃？他知道你们要去吗？”

詹米摇了摇头：“我说不准。一个月前我从佐治亚给他写了信，但我不知道他有没有收到。”

“应该没有收到。”梅耶斯若有所思地说，目光在詹米的脸上逗留，然后又迅速地转移到我们身上。

“你的妻子我已经认识了。那位是你的儿子？”他朝伊恩点了点头。

“我的外甥伊恩。我的养子菲格斯。”詹米挥手介绍大家，“我的朋友邓肯·英尼斯，他目前跟我一起。”

梅耶斯点着头发出哼声，然后做了决定。

“好吧，想来带你们去卡梅伦家没问题。刚才是想确保你是他亲戚，不过你的脸上有卡梅伦寡妇的神情。那个男孩也是。”

詹米突然把头抬起来：“卡梅伦寡妇？”

一丝狡诈的微笑从梅耶斯先生浓密的胡须里掠过：“老赫克托喉咙病痛，去年冬天去世了。不管他去的是天堂还是地狱，想来都不会收到什么信件。”

因为更关乎个人利益的事情，梅耶斯先生撇开了卡梅伦一家的事情，又继续去试着解开围腰布。

“一个发青的大东西，”他给我解释着，笨手笨脚地倒腾着松开的皮带。“差不多和我的睾丸一样大。你不会觉得我是突然又多长了个睾丸出来吧？”

“呃，不会的，”我咬着嘴唇说，“不会多长一个的。”他动作特别缓慢，但几乎快把皮带的结解开了。街上的人们开始驻足观看了。

“请别麻烦了，我想我知道那是什么了。那是腹股沟疝气。”我说。

他那双浅褐绿色的眼睛睁得更大了，面露钦佩，对这个消息丝毫没有感到不悦：“那是什么？”

“我得看看，我是说，在室内看，”我匆忙补充道，“然后才能确定，但从你的描述来看，这就是腹股沟疝气。做手术很容易就治好了，但是……”我犹豫了一下，抬头看了看他这个巨人。“我其实没办法——我是说，你需要睡着，变得没有知觉，”我加以解释道，“我需要给你开刀，然后再给你缝上。不过，要是有疝气带——吊带——或许会更好。”

梅耶斯先生沉思着，慢慢地挠着下巴。“不，我试过那东西，没用的。至于开刀……你们在这里要待一段时间才去卡梅伦家吗？”

“不会待太久，”詹米坚决地插话道，“只要安排好航程，我们就要乘船往上游去我姨妈的庄园。”

“噢。”梅耶斯先生思考了片刻，然后笑容满面地点头，“我刚好认识你需要的人，先生。我现在就去把约什·弗里曼从水手之家酒馆里拉出来。现在还早，他应该还没有醉到不能做生意。”他把破烂的帽子放在腰部，轻快地朝我鞠躬，“然后能不能请你善良的妻子和我去那边的酒馆——那里要比水手之家体面一些——帮我看看这个……这个……”他动着嘴唇，试着说出“腹股沟疝气”这几个字，然后放弃努力，放松了下来，“……这个碍事的东西。”

他把帽子扣回头上，朝詹米点点头，然后离开了。詹米看着这个山民步态僵硬地朝街道下边走去，因为他热情地跟路过的每个人打招呼，所以走得并不快。

“外乡人，我在想你为什么——”詹米漫不经心地说，双眼仍然注视着梅耶斯。

“什么我为什么？”

他转过身，眯眼看着我：“为什么你遇到的每个男人，都会在遇到你的五分钟内想要脱下马裤呢？”

菲格斯稍微被呛了一下，伊恩脸红了起来，我则尽可能地显得端庄。

“呃，如果你不知道，亲爱的，那么就没有人知道了。我似乎给我们找到了一条船。你今早都忙了些什么？”我说。

* * *

詹米勤奋如常，找到了潜在的宝石买家。而且，不仅找到了买家，他还获邀去与总督用餐。

“特赖恩总督正好在城里，”他解释道，“住在利林顿先生家里。我今早和一个叫马克伊齐恩的商人聊天，他把我介绍给一个叫麦克劳德的人，麦克劳德又……”

“又把你介绍给麦克尼尔，麦克尼尔又带你去和麦克格雷格喝酒，麦克格雷格又跟你讲了关于他侄子贝休恩的事情，而贝休恩又是某个给总督擦鞋的男仆的隔代表亲。”我猜测道，现在我已经熟悉了苏格兰人做生意的那种拜占庭式路径。

让两个高地苏格兰人坐在一起，不出十分钟，他们就会了解彼此家族过去两百年的历史，并且发现不少共有的亲戚和熟人。

詹米咧嘴笑了起来。“是总督夫人的秘书，他姓默里。”他纠正我说。然后他又对伊恩补充道：“他是你爸爸的堂妹玛吉的大儿子。他父亲在起义过后就移民了。”

伊恩漫不经心地点了点头，大概是在把这些信息记录在自己的基因百科全书中，以便在某一天能够用上。

总督夫人的秘书埃德温·默里，把詹米当作亲戚——尽管只是姻亲，热情地接纳了，而且还让我们获邀在当晚去利林顿家用餐。我们表面上是去那里与总督讨论西印度群岛上的贸易事务，实际上，我们是打算结识彭茨勒男爵。他是一位富有的德国贵族，晚上也会在那里用餐。他不仅有钱，而且有品位，是一位有名的精品收藏家。

“好吧，听起来是个好主意，”我没有把握地说，“但我觉得你最好单独去。我这个样子可不能和总督们用餐。”

“噢，你看上去很……”他看着我，声音逐渐弱下来。他缓慢地上下打量我，观察着我肮脏、不整洁的裙子，以及我蓬乱的头发和破烂的帽子。

他皱眉看着我：“不，我想你去，外乡人，你或许可以分散他们的注意力。”

“说到分散注意力，你喝了多少品脱的酒才弄来参加晚宴的邀请？”我问道，担心着我们越来越少的钱。詹米没有眨眼，而是拉着我的胳膊，让我转身对着那排商店。

“六品脱，但埃德温付了一半的钱。跟我走，外乡人，晚宴在七点开始，我必须给你找套像样的衣服。”

“但是我们的钱……”

“这是投资，”他坚定地说，“而且，埃德温已经预付了一点钱，想要买一颗宝石。”

* * *

从牙买加的国际性标准来看，这条裙子已经过时两年了，但是它干净，而这才是我主要关注的事情。

“夫人，你的头发在滴水。”女裁缝的声音冷冰冰的。她是位矮瘦的中年妇女，是威尔明顿出色的裁缝，而且我猜想，她习惯于让别人毫无疑问地遵守她在着装方面的指令。我才洗干净头发，不愿意戴褶边软帽，她对此的反应不友好，而且还预测我会患胸膜炎。我执意要用较轻的骨架内衣替换沉重的束身衣，骨架内衣的顶部有扇形饰边，可以在不夹疼乳房的情况下把它们抬起来。见我固执己见，她嘴里含着的那些大头针像豪猪的刺一样竖立着。

“抱歉。”我把那缕烦人的湿头发塞到我头顶上围着的亚麻头巾里。

利林顿先生家的豪宅会客区里全是跟着总督来的人，所以我被降级安排到埃德温在马厩楼房上的小阁楼里。在我试穿那条裙子时，阁楼下面传来沉闷的马蹄声和咀嚼声，这些声音中间穿插着马倌打扫畜栏时发出的单调哨声。

不过，我并不打算抱怨。利林顿先生家的马厩比我和詹米把同伴留下来住宿的那家旅馆干净许多，利林顿夫人很好心地让人给我送来一大盆热水，以及一个薰衣草香味的肥皂球——这点甚至比干净衣服还要重要。我希望再也不要看到桃子了。

我轻轻地踮起脚尖，想看看窗外，以免詹米走进来，但女裁缝在试着调整我裙摆的缝边，发出抗议的哼声，制止了我。

裙子本身并非一无是处，它是由奶油色的丝绸制成的，半袖，款式简单，但是在臀部有深红色的条纹丝质裙撑，还有两条暗红色的丝质绲边连着腰部和胸部。在把我买的布鲁塞尔花边缝到袖子上过后，我觉得还算过得去，即使裙子面料的质量并不是特别好。

裙子的价格特别低，起先让我觉得惊讶，但是现在我注意到裙子的面料要比一般面料更粗糙，上面偶尔有些粗线条的糙粒反射着微光。我有些好奇，于是用手指捏着搓了搓。我不太会看丝绸，但在一艘船上，威洛比先生曾花了大半个空闲的下午给我解释关于蚕的传说，以及各种蚕丝之间的细小差异。

“这种丝绸是哪里产的？它不是中国产的，是法国产的吗？”我问。

女裁缝抬起头，她的不开心暂时被好奇缓解了。“不是，不是法国产的，是南卡罗来纳州产的。那里有一位女士，平克尼夫人，把一半的土地都种上了桑树，然后在桑树上养蚕。这丝绸虽然不如中国产的质量好，”她不情愿地承认道，“但是它比中国丝绸便宜一半多。”

她眯眼向上看我，慢慢地点了点头。“穿着还算合身，那点绲边也不错，衬托出你脸颊的颜色。但是，我很抱歉，夫人，你的头上得戴点什么，不然看上去太简陋了。如果你不戴帽子和假发，那或许你可以扎条丝带？”

“噢，丝带！”我说道，回想起了丝带的事情，“不错，真是个好主意。你去那边我的篮子里找找，里面有条丝带应该可以。”

我们两人努力将我的头发盘起来，然后用那条深粉红色的丝带松垮垮地绑起来。几缕卷曲的湿头发掉了下来，遮在我耳朵和眉毛周围，我没法把它们绑上去。

“这个打扮没有太显得装嫩吧？”我突然有些担心，于是问道。我用一只手向下抚摸裙子上身的正面，裙子紧贴我的腰部，显得很修身。

“噢，不会的，夫人，”女裁缝安慰我说，“十分合适，我保证。”她朝我蹙眉审视着，“只是胸部上面还有些过于简单。你没有什么珠宝吗？”

“用这个。”我们惊讶地回头，詹米低头走进门来。我们俩之前都没有听到他走过来。

他已经到某个地方去洗了个澡，弄来干净的衬衫和围巾。此外，还有人给他梳了头，把头发编成了整洁的辫子，用蓝色的新丝带系起来。他那件还能穿的外套不仅刷洗过，还加了一组镀银的纽扣，每颗纽扣的中心都刻有一朵小花。

我摸着一颗纽扣说：“很好看。”

“从金匠那儿租来的，”他说，“但它们还行。这个也还不错。”他从口袋里拉出一张肮脏的手帕，从手帕里拿出一条纤细的金项链。

“他没时间，只能做最简单的镶嵌，但我觉得这样就很好，你觉得呢？”他说，同时专注地皱着眉，把那条项链戴到我的脖子上。

那颗红宝石闪闪发光，就挂在我乳沟上方，在我的白皮肤上投下暗淡的粉红光亮。

“我很高兴你选的是这颗，比蓝宝石或绿宝石更配这条裙子。”我轻抚着那块宝石说，宝石上还存有他的体温。

女裁缝微微张开嘴，看看我，又看看詹米。她对于我们社会地位的印象显然提高了许多。

詹米最终有时间观察我其他的穿着。他慢慢地从头到脚观察我，脸上露出了微笑。“你戴上珠宝真好看，外乡人，很能分散别人注意力。”他说。

他朝窗外看了看，傍晚朦胧的天空中点缀着淡粉色，然后又转身对着我，右脚缩到后面，深深地鞠了个躬：“我能有幸邀请您陪我参加晚宴吗，夫人？”

CHAPTER 07

充满危险的美好前景

只要是能够被打倒、拉到餐桌上的东西，十八世纪的人们都愿意吃。对于这点，我虽然熟悉，但不赞成他们在上野味菜品时的那种热情——他们表现得就好像那些野味在被高雅地呈现在餐盘上之前，并没有经过屠杀和烹饪这些中间环节。

我面前这条硕大的鲟鱼就是这样。我与它面对着面，表现得明显毫无食欲。它身长三英尺，不仅眼睛还在，而且鳞片、鱼鳍、鱼尾都还在，漂浮在波浪般的鱼子肉冻上，旁边装饰有大量的加香小螃蟹，全都是被整个烹煮，然后精美地散开放在大平盘上的。

我呷了一大口葡萄酒，转身面对我的晚宴同伴，试着把目光从手肘边上那条鲟鱼鼓起怒视的眼睛上挪开。

“……最没有礼貌的家伙！”斯坦诺普先生正在说话，描述着他从自己在新伯尔尼附近的庄园去威尔明顿时，在一家驿站里遇到的一位绅士。

“啊，就在我们吃饭的时候，他开始讲他的痔疮，说马车不断颠簸，痔疮让他受了不少苦。该死的，这家伙后来从口袋里掏出沾满血迹的手帕，证明给他的同伴看！夫人，不骗你，那真是毁了我的食欲。”他对我说，同时叉起一大块炖鸡肉。他慢慢地咀嚼着炖肉，用鼓起的浅色眼睛看着我，让我不舒服地想起了那条鲟鱼的眼睛。

在餐桌对面，菲利普·怀利那张大嘴开心地抿着。“注意你的话，免得带来同样的效果，斯坦诺普，”他说着，朝我未动过的餐盘点了点头，“不过我承认，旅伴的粗鲁是平民旅行中的危险之一。”

斯坦诺普哼了一声，把领巾上的食物碎屑掸掉。“没必要摆架子，怀利。不是每个人都能够养得起马车夫，尤其是在要负担那些新增税种的情况下。要我说，经常会有新税要缴！”他愤怒地挥了挥叉子，“烟草税、红酒税、白兰地税，都说得过去，但报纸也要征税，你听说过吗？还有，我妹妹的大儿子去年从耶鲁大学拿到学位——”他下意识地吹了口气，说话的声音稍微大了一点，“只是在学位证书上盖章，他就得交半先令。”

“但现在已经不用缴了啊，”埃德温耐心地说，“自从《印花税法案》废止过后……”

斯坦诺普从大平盘里拿起一只小螃蟹，然后责备地拿着螃蟹朝埃德温挥舞。

“这种税没了，那种税又冒出来代替，就好像蘑菇一样！”他把螃蟹扔到嘴里，我们听见他模糊不清地嘟哝说接下来要是收空气税，他也不会觉得奇怪。

“弗雷泽夫人，我听说你们最近才从西印度群岛过来？”坐在我另一边的彭茨勒男爵抓住短暂的机会插话，“我不知道你是否了解这类充满乡土气的事情，或者说会对这类事情感兴趣。”他补充道，同时朝斯坦诺普点点头，表示善意的不予理会。

“噢，当然大家都会对征税的事情感兴趣，”我说着，稍微侧身，展示出最好的胸部效果，“或者说，你不觉得我们缴税是为了建设文明社会？不过，在听了斯坦诺普先生的故事后，”我朝我的另一边点点头，“或许他会认为文明的程度和税收的程度不那么对等？”

“哈哈！”斯坦诺普吃着面包时被呛到了，喷了些面包屑出来，“噢，太好了！不那么对等——哈哈，当然不对等！”

菲利普·怀利给了我一个带有嘲弄的承认眼神。“你得尽量别逗笑，弗雷泽夫人，”他说，“可怜的斯坦诺普或许就是死在税收手上。”

“呃……你觉得现在的税率是多少？”我问，机智地把注意力从斯坦诺普气急败坏的话语上转移开。

怀利噘嘴思考着。他是一个好打扮的男人，戴着最时新的假发，嘴边有块星形的小色斑。不过，在他的扑面粉下面，我想我既看到了一张俊俏的脸庞，又看到了一个十分精明的大脑。

“噢，算上所有杂项费用，再把奴隶税算进去，我看税率可能高达全部收入的百分之二。如果加上土地税和庄稼税，或许会再多一点。”

“百分之二！”斯坦诺普被呛着了，捶打着自己的胸口，“不公正！简直不公正！”

我还清晰地记得我上回签字的国税局表格，所以我同意百分之二的税率绝对是骇人听闻的。我心想，在这两百年的时间里，美国纳税人的火暴脾气去哪儿了。

看到餐桌上方的人们开始朝我们这边转头，于是我说：“或许我们应该换个话题，毕竟在总督的宴席上讨论征税就好像在死囚牢房里讨论绳索，不是吗？”

听我这么说，斯坦诺普先生吞下了整个小螃蟹，着实被呛住了。

他旁边的同伴好心地敲打他的后背，有人派那个一直在开着的窗边忙着打苍蝇的黑人小男生匆忙去取水。我看到鱼盘边上有把锋利、细长的刀，这只是以防万一，尽管我希望我不用被迫当场进行气管切开手术——我可不想这样来吸引注意力。

还好不用那样大张旗鼓。在别人的拍打下，斯坦诺普先生吐出了那个螃蟹，脸色发青，喘着粗气，不过并没有大碍。

斯坦诺普先生才从暴食中被这样解救出来，我就问：“有人提到过报纸，我们到这里的时间太短，还没有见到过报纸，威尔明顿有定期刊行的报纸吗？”

我之所以问这个问题，除了是想要让斯坦诺普先生有时间恢复以外，还有我自己不可告人的原因。在詹米拥有的为数不多的世俗物品中，就有一台目前存放在爱丁堡的印刷机。

威尔明顿似乎有两家印刷厂，但只有一个叫乔纳森·吉利特的先生在定期印刷报纸。“这份报纸或许很快就不那么定期地印刷了，”斯坦诺普悲观地说，“我听说吉利特先生被安全委员会警告了，那……啊！”他短暂地惊呼，丰满的脸庞皱起来，表现出痛苦的惊讶神情。

“你特别感兴趣吗，弗雷泽夫人？”怀利礼貌地问，同时低调地朝他朋友看了看，“我听说你丈夫在爱丁堡与印刷业有些联系。”

“噢，是的，”我说，很惊讶他竟然知道这么多关于我们的事情，“詹米在那里拥有一家印刷厂，但他没有发行报纸，也没有印书籍、小册子、剧本之类的东西。”

怀利那精巧的拱形前额皱了起来：“那么，你丈夫没有政治倾向？做印刷的人经常被那些想要通过印刷品表达热情的人买通，但是做印刷的人并非都会赞同这些热情。”

这敲响了警钟。怀利真的知道詹米在爱丁堡的政治关系吗？詹米在爱丁堡认识的政治方面的人，大多数都在极力煽动叛乱。或者怀利的话只是餐桌上的普通对话而已？从斯坦诺普的话来看，在人们心中，报纸和政治显然是相互关联的——考虑到当时那个时代，这也并不奇怪。

* * *

坐在餐桌远端的詹米听到我们说他的名字，稍微转头对我微笑，然后又转回去非常真诚地与坐在他左边的总督说话。我不确定宴会的座位是不是利林顿先生安排的，他坐在总督的左边，倾听着詹米与总督的对话，聪明且有些忧伤的表情就像一只巴吉度猎犬。或者座位是埃德温安排的，他坐在我对面，两边分别是菲利普·怀利和怀利的妹妹朱迪思。

“噢，手艺人。”朱迪思现在用意味深长的口气说。她朝我微笑，小心翼翼地不露出牙齿。我心想，她可能有蛀牙。“这个丝带——”她轻微地摇了摇头，对比着我头上的丝带和她那出色、精美的假发——“是爱丁堡的款式吗，弗雷泽夫人？真是……好看。”

菲利普·怀利瞪了她一眼。“我想我也听说过弗雷泽先生是河场种植园卡梅伦夫人的外甥，”他和善地说，“我听说的没错吧，弗雷泽夫人？”

埃德温无疑是这条信息的来源，此时他正专心致志地在面包圈上抹黄油。他看上去很不像秘书，身材高挑，长相俊俏，一双棕色的眼睛生动有神——其中一只眼睛现在只是特别微弱地朝我眨了眨眼。

彭茨勒男爵对报纸和缴税的事情都感到厌烦，在听到卡梅伦这个名字时，稍微振奋了一些。

“河场？”他说，“你和乔卡斯塔·卡梅伦夫人是亲戚？”

“他是我丈夫的姨妈，”我回答道，“你认识她吗？”

“噢，我认识！她是一位迷人的女人，十分迷人！”男爵的松垂脸颊上挂起灿烂的笑容，“我和卡梅伦夫人，以及不幸去世的卡梅伦先生是多年的挚友。”

彭茨勒男爵开始热情地讲述在河场的快乐时光，我趁着这个间隙接受了一小块鱼肉馅饼，饼里面不仅有鱼肉，还有油腻腻的蚝酱和虾酱。为了给总督留下深刻的印象，利林顿先生肯定不遗余力。

在我向后靠，让男佣往我的碟子里再舀些调味酱时，我看到朱迪思·怀利正看着我，她双眼眯着，一副厌烦的表情，甚至都懒得掩饰。我和蔼地对她微笑，露出我整齐洁白的牙齿，然后再次有了自信，朝彭茨勒男爵回过头去。

埃德温的住处没有镜子，尽管詹米之前安慰我说我看上去不错，但他的标准与时尚标准有所不同。确实，在餐桌上我得到不少男士的赞扬，但那或许只是习惯性的礼貌——过度的殷勤在上层阶级男士中很常见。但怀利小姐比我小二十五岁，穿得又时髦，还戴着珠宝，就算不是特别美丽，也不会平庸。她的嫉妒比任何镜子都更能反映我的外貌，我心想。

“真是一颗漂亮的宝石，弗雷泽夫人，我能够更近地看看吗？”彭茨勒男爵朝我埋头，短胖的手指微妙地停留在我乳沟上方。

“噢。当然可以。”我欣然同意，然后迅速松开项链，让那颗红宝石落到他湿润的大手掌里。我没有让他在我胸前看那颗宝石，他看上去有些失望，但还是抬起手掌，以行家的风范眯眼看着那颗闪亮的宝石。他显然是一位行家，因为他伸手到表袋里，掏出一个由光学镜片组成的小器具，包括放大镜和珠宝商的高倍镜。

见他这样，我放松了下来，接下管家从玻璃盘里递过来的一份好闻的热食物。在气温至少三十摄氏度的房间里，是怎样着迷的人才会呈上热的食物呢?

“漂亮，十分漂亮！”彭茨勒男爵低声说着，轻轻地在手掌中翻动那颗宝石。

在许多事情上面，我都不会信任吉莉丝·邓肯，但我相信她对珠宝的品位。“这肯定是颗最优质的宝石，不仅大，还毫无瑕疵。”在向我解释通过宝石进行时间旅行的理论时，她曾对我说。

那颗红宝石确实很大，几乎和餐柜上那只还插满羽毛的野鸡四周的腌鹌鹑蛋那么大。至于它的毫无瑕疵，我也很有把握。吉莉丝当时相信这颗宝石能够带她去未来，我觉得它或许至多可以带我去十字溪。我吃了一口盘子上的食物。是某种蔬菜炖肉，我心想，十分细腻可口。

“这个真好吃，这是什么菜？你知道吗？”我又叉起一叉子，对斯坦诺普先生说。

“噢，这是我最喜欢的食物之一，夫人。”他说，幸福地在盘子上面吸气，“阉公猪脸肉，美味可口，是不是？”

* * *

我把埃德温房间的门关上，然后倚靠在门上，让我的嘴巴微微张着，感受着彻底的解脱，不用再努力微笑了。现在，我可以脱下贴身的裙子，解开紧固的紧身内衣，蹬掉汗湿的鞋子。

宁静、独处、裸体和沉寂。除了些许新鲜空气以外，我想不到其他能够让我的人生在此时圆满的东西。我脱掉衣服，只穿着直筒内衣，然后走过去打开窗户。外面的空气太混浊，我觉得我都能够踏出窗户，从空气中慢慢飘浮下去，就好像一颗鹅卵石被扔到一罐糖浆里那样。嗜光、嗜血的虫子瞬间飞到我的蜡烛火焰边上。我吹灭蜡烛，在黑暗中坐在窗边的座位上，让温暖、柔软的空气从我身上流过。

那颗红宝石仍然挂在我的脖子上，黑暗得就像贴在我皮肤上的一滴血。我摸了摸它，让它在我的乳房中间轻微地摆动。它就像我的血液一样温暖。

外面，宾客们开始离去，等候着的马车在车道上排成一排。道别声、谈话声和低弱的笑声断断续续地向上飘到我的耳中。

“……很机智，我觉得。”怀利那慢吞吞的说话声传了上来。

“噢，机智，当然是机智！”朱迪思说话时的音调高，所以她说的话可以听得很清楚——她觉得聪明是一种社交属性。

“嗯，女人只要好看，那么机智也可以忍受，亲爱的。同样地，好看的女人或许也可以不机智，只要她足够懂事，知道通过闭嘴来掩盖机智的缺乏。”

怀利小姐或许不能因为机智而被指责，但她肯定有足够的头脑，能够体会到怀利话中的讽刺。她很不淑女地哼了一声。

“她至少有上千岁了。”她回答道。“确实好看。不过我说的是她脖子上戴的那个漂亮的小首饰。”她不情愿地补充道。

“噢，十分漂亮，不过在我看来，引人注目的不是那颗宝石，而是镶嵌宝石的底座。”一个更为深沉的声音说，我听出来那是劳埃德·斯坦诺普的声音。

“底座？”怀利小姐听上去迷惑不解，“没有底座啊，那颗宝石只是靠在她胸上而已。”

“是吗？”斯坦诺普沉稳地说，“我没有注意到。”

怀利大笑起来，然后在门被打开、更多客人出来时，他的大笑突然停了下来。“好吧，如果你没有注意，老头，那么其他人肯定注意到了。”他用狡诈的语调说，“来，马车来了。”

我又碰了碰那颗红宝石，看着怀利兄妹的灰色马车离开。是的，其他人注意到了。我仍然能够感觉到彭茨勒男爵的目光停留在我胸上，其中有种心照不宣的贪婪。我尤其觉得他不只是鉴赏宝石方面是行家。

那颗宝石在手里很温暖，它甚至比我的肌肤还温暖，不过这肯定是幻觉。除了我的两枚婚戒以外，我从来不戴任何珠宝，也很少关注珠宝。我们拥有的危险宝藏，能够摆脱至少一部分也会是种解脱。我坐在那里拿着那颗宝石，把它握在手里，直到我几乎觉得自己感觉到它像一个独立的心脏那样，在跟随着我的血液跳动。

下面只剩下一辆马车了，马车夫站在马头边上。二十分钟过后，乘车的人出来了。他踏进马车，在道别时还额外用德语愉快地说了句“晚安”。那是彭茨勒男爵。他等到了最后，现在正带着好心情离开。这看上去是个好征兆。

其中一个脱掉了制服的男仆，正在车道上用脚熄灭火把。他在黑暗中走回房子，我能够看到他衬衫的微弱、模糊光影，还看到在门打开让他进去时，突然照到门口的闪耀光亮。然后，这点光亮也消失了，夜晚的寂静降落到了庭院里。

我本以为詹米会立即上来，但时间流逝，我并未听到他的脚步声。我看了看床，但没有去躺下的欲望。

最后，我站起来，又把裙子穿上，但是没有费神去穿鞋和袜子。我离开房间，赤着脚，悄悄地沿着走廊走去，走下楼梯，穿过通往主屋的有顶过道，然后从花园的侧门走近主屋。那里黑黢黢的，只有月光透过窗框照在地上形成苍白的方形，大多数用人肯定都跟着主人和宾客离开了。不过，有微弱的光亮透过楼梯井的扶手照过来，楼梯井那边的餐厅里仍然点着蜡烛。

我轻手轻脚地走过抛光的楼梯，能够听见两个男人的声音在喃喃细语，詹米低沉的苏格兰口音与总督的英语腔调交替出现，在亲密私语中抑扬顿挫。

烛台中的蜡烛燃得不旺。空气因为蜂蜡融化而甜甜的，许多带有芳香的雪茄烟雾低低地飘浮在餐厅门外。

我轻轻地移动，就在门前停下来。在这个不错的地方，我能够看到总督。他背对着我，脖子向前伸着，从桌上的烛台上新点燃一支雪茄。

詹米就算看见了我，也没有表现出任何迹象。他的脸上是平常那种平静、愉悦的表情，不过最近因为劳累而出现在他眼睛和嘴巴周围的皱纹变少了。他倾斜着的肩膀，我可以看出来他很放松和宁静。我的心情立即缓和下来，看来他成功达到了目的。

“一个叫河场的地方，”他对总督说，“在十字溪那边的深山里。”

“我知道这个地方，”特赖恩总督有点惊讶地说，“我和我妻子去年在十字溪待过几天。当时我刚好上任，所以我们去巡视殖民地。不过，河场在很深的小山里，没有在市镇里——啊，我想它坐落在去山里的半路上。”

詹米微笑起来，喝了一小口白兰地。

“是啊，”他说，“先生，我家人都是苏格兰高地人。山就是我们的家。”

“确实。”一小团烟雾从总督的肩膀上面飘上去。然后，他把雪茄从嘴里拿出来，亲密地朝詹米倾身。

“既然这里只有我们俩，弗雷泽先生，还有件事情我想要跟你说。再给你倒杯酒，先生？”他不等詹米回答就拿起酒壶，给他加了白兰地。

“谢谢你，先生。”

总督猛烈地抽了会儿雪茄，吐出一团团蓝色的烟雾，然后坐了回去，雪茄在他的一只手里漫不经心地冒着烟。

“小埃德温告诉我，说你最近才来殖民地。你熟悉这里的状况吗？”

詹米微微耸了耸肩。“我在尽量地去了解，先生，”他回答道，“你指的是哪方面的状况？”

“北卡罗来纳是个很富饶的地区，”总督说，“但它发展得不如邻近地区好，主要是因为缺少工人来开发它的潜力。你知道的，我们这个城市没有港口，所以奴隶必须通过陆运从南卡罗来纳或弗吉尼亚送过来，代价巨大。在契约劳工方面，我们不指望与波士顿和费城比高下。弗雷泽先生，长久以来，国王和我都在鼓励智慧、勤劳和高尚的家庭来北卡罗来纳殖民地开拓土地，促进大家的发展和安全。”他拿起雪茄，抽了一大口，然后慢慢地吐出来，并且在中间停下来咳嗽。

“出于这个目的，先生，殖民地制定了赠予土地的政策，向有钱的绅士提供大面积的土地，这位绅士则需要说服许多移民来到殖民地，并在他的资助下定居下来。这项政策在过去三十年获得了成功，许多来自苏格兰岛屿的苏格兰高地人和家庭被劝说来到这里定居。啊，在我到这里时，发现开普菲尔河的河岸上有许多姓麦克尼尔、布坎南、格雷厄姆和坎贝尔的人，我还感到很惊讶。”

总督又尝了尝雪茄，但这次他只是抽了一小口，他急于说明自己的想法。

“但是往内陆更远的山里还有大片的好土地等着开垦。有些偏僻，但是如你所说，对于适应了苏格兰高地偏远地方的人们来说——”

“我确实听说过这种政策，先生，”詹米插话说，“但不是说享受这种政策的人应该是白人男性、新教徒、三十岁以上吗？这种说法有法律效力吗？”

“是的，法案就是这么说的。”特赖恩先生转过身，现在我能看到他的侧影。他把雪茄上的烟灰抖到一个小瓷碗里。他的嘴角期盼地扬起来，表情就像是钓鱼的人第一次感觉到有鱼咬拽钓线。

“这是个益处很多的提议，”詹米正式地说，“但是，我必须得说，我不是新教徒，我的大多数亲戚也不是。”

总督不赞同地噘起嘴，抬起了一边眉毛。

“你既不是犹太人，也不是黑人。绅士之间可以这样说吧？坦白说，弗雷泽先生，法律是一回事，执行又是一回事。”他微笑着端起酒杯，对鱼下钩，“我相信你和我同样清楚。”

“可能比你更清楚。”詹米低声说，同时礼貌地微笑着。

总督犀利地看了他一眼，但接着却发出响亮的笑声。他端起白兰地酒杯，表示承认，然后喝了一小口。

“我们都了解彼此，弗雷泽先生。”他说，满意地点了点头。詹米也轻微地点了点头。

“那么，对于可能接受你提议的人，在个人资格方面不会有问题？”

“完全没有问题，”总督说着，把酒杯放下去，杯子碰在桌上发出轻微的闷响，“只要他们身体健全，能够在地里工作，我就不要求更多了。没有问题的事情就不必说了，是吧？”他扬起一边稀疏的眉毛，表示询问。

詹米用双手转动着酒杯，似乎是在欣赏着酒水的浓郁色彩。

“大人，不是所有经历了斯图亚特起义的人都像我这样幸运，”他说，“我的养子就失去了一只手，我的另外一位同伴也缺了一只胳膊，但他们都是品格良好的勤劳人。一份不能把他们包含在内的提议，凭良心讲我不能接受。”

总督大度地挥手，表示这点无所谓。“只要他们能够养活自己，不给大家添麻烦，那么他们就会受欢迎。”然后，似乎是担心自己慷慨得过于鲁莽，他坐直身子，让雪茄支在烟灰缸边沿上自己燃烧着。

"既然你提到詹姆斯党人，这些人如果没有宣誓忠于国王的话，那么就需要宣誓。容我冒昧询问，先生，你暗示你是教皇党人……那么你自己……"

詹米的双眼或许只是因为烟熏而眯了起来，但我不这么觉得。特赖恩总督也不这么觉得，他虽然才三十几岁，但在看人方面并不平庸。他转身又面对着桌子，我只能看到他的后背，但我知道他在专注地盯着詹米，就像钓鱼时目光紧跟着水下那条鳟鱼迅速移动。

"我不是要让你回忆过去的羞辱，"他安静地说，"也不是要冒犯你现在的尊严。但是，问这个问题是我的职责，你会理解的。"

詹米毫无情绪地微笑起来。"我想回答问题也是我的职责，"他说，"没错，我是被赦免的詹姆斯党人。而且我也宣过誓——就像其他那些为了活命而宣誓的人那样。"

很突然地，他放下仍然满着的酒杯，然后向后推动沉重的椅子。他站起来，朝总督鞠了个躬。

"天色不早了，大人，抱歉我得走了。"

总督靠着坐在椅子里，慢慢地把雪茄拿到嘴边。他用力地吸了一口，让雪茄头燃得很亮，同时抬头注视着詹米。然后他点了点头，让一缕稀薄的烟雾从噘起的嘴唇里飘了出去。

"晚安，弗雷泽先生，你会好好考虑我的提议，是吗？"

我没等着听詹米回答——我用不着。我快速沿着走廊走开，裙摆发出沙沙声，惊动了在黑暗的角落里打盹儿的那个男仆。

我在路上没有遇到其他人，回到我们借住的马厩上的阁楼，然后坐了下来。我的心在猛烈跳动，不只是因为刚跑上楼梯，还因为我刚才听到的那些内容。

詹米会考虑总督的提议，确实。真是个好提议！一举就能重获他在苏格兰丢掉的所有东西，而且还能得到更多。

詹米并非生来就是拥有土地的领主，但他哥哥的去世让他成了拉里堡的继承人。从八岁开始，他就被教育要为庄园负责，要首先确保土地和佃户的安康。后来，查尔斯·斯图亚特出现了，疯狂地追寻荣耀；这次猛烈的磨难使得他的跟随者遭受了流血和死亡。

詹米没有责难过斯图亚特父子，也从未提及查尔斯·斯图亚特。他也很少提及那次冒险事业让他损失的东西。

但是现在……他要重获损失掉的东西。新的土地，可以耕种，遍地猎物，许多家庭在他的资助和保护下定居。我心想，这很像《约伯记》里的故事——儿子、女儿、骆驼和房子，全都被那么随意地摧毁，后来又以那么奢华的施舍来偿还。

我自己始终对《圣经》的这部分心存怀疑。骆驼和骆驼没有多少区别，但儿女又是另外一回事。约伯或许觉得用儿女来偿还儿女这件事是纯粹的公正，但我不禁觉得那位丧子丧女的母亲或许并不这么认为。

我坐不住，于是又走到窗边，茫然地盯着黑黢黢的花园。

让我心脏快速跳动和双手冒汗的不仅仅是激动的心情，还有恐惧。就苏格兰在起义过后的情况来看，要找到愿意移居的人并不难。

我见过船只驶进西印度群岛和佐治亚的港口，卸下船上的移民。那些移民在旅途中变得消瘦、疲惫，只让我想起了集中营中的受害者。他们都瘦骨嶙峋，犹如活着的死尸，在黑暗的船舱里度过两个月后，他们苍白得犹如蛆虫。

尽管旅途花费巨大，困难重重，尽管与朋友、家人和家乡永别会有伤痛，成百上千的移民还是带着孩子——那些在海上活下来的孩子，以及捆成破烂小包的财产，奔涌而来。他们逃离贫困和绝望，寻找的不是财富，而是不大的能够立足生活的地方，而是一个机会。

我之前的冬天在拉里堡住的时间不长，但我知道那里有些佃农的情况。农场上生产的粮食不能维持生活，而他们能够活下来，完全是依靠伊恩和小詹米的好心。这种好心尽管始终如一，却并非无穷无尽。我知道拉里堡的微薄资源经常会被消耗殆尽。

在拉里堡之外，詹米当时认识许多的走私者，还有许多非法酿造高地威士忌的人，他们为了养家糊口，不得不做违反法律的事情。是的，找到愿意移民的人对詹米来说不是问题。

问题是，要找到适合移民到这里的人，詹米将不得不去苏格兰。而我脑海中的场景是一块花岗岩墓碑立在高沼地和海洋高处小山上的一个苏格兰墓地里。墓碑上写着“詹姆斯·亚历山大·马尔科姆·麦肯锡·弗雷泽”，在这些字下面刻着的是我的名字——“克莱尔之爱夫”。

我会把他埋葬在苏格兰。但我在两百年后看到的石碑上没有日期，我不知道这个打击什么时候会来。

“还不到时候，”我低声说，在丝质的衬裙里紧握着拳头，“我才拥有他没多久——噢，上帝，求求你，现在还不到时候！”

似乎是在回应我，房门打开了，詹姆斯·亚历山大·马尔科姆·麦肯锡·弗雷泽端着蜡烛走了进来。

他朝我微笑，松开领巾。“你走路特别轻，外乡人。我看我必须得教你打猎，你悄悄接近猎物很厉害。”

我没有为偷听他们讲话而道歉，而是走上去帮他解开背心的纽扣。尽管天色已晚，尽管他喝了白兰地，但他仍然目光有神、思维敏捷，他的身体在我触摸时紧绷着，显得有生气。

“你最好吹灭蜡烛，”我说，“虫子会把你生吃掉的。”我从他颈子上掐下一只蚊子当作实例，蚊子的脆弱躯体在我的指尖被压碎成一小片血迹。

在白兰地和雪茄的气味中，我能闻道他身上夜晚的味道，以及那种微弱的带有麝香的烟草属植物香味——他刚才在花园的花丛中走过。他那样做，要么是因为烦恼，要么是因为激动——他看上去不像是烦恼。

我脱下他的外套，他叹了口气，活动了双肩。他外套下面的衬衫已被汗水打湿，他把衬衫从皮肤上拉开，发出厌恶的微弱哼声。

“不知道人们在这么热的天气里穿成这样怎么生活。裹着缠腰布，围着围裙到处跑，这让野人看上去很合理。”

“不穿衣服会方便很多，”我同意道，“尽管不那么好看。我说，你想想彭茨勒男爵裹着缠腰布的样子。”彭茨勒男爵大概重十八英石，面容苍白。

詹米大笑起来，他把衬衫从头上拉下来时，笑声变低了。

“而你……”我坐到窗户座位上，欣赏他脱下马裤，单腿站着把袜子向下卷的场景。

吹灭蜡烛后，房间里黑黢黢的，但是在我的双眼适应后，我仍然能够看到他，他修长的四肢在轻柔的夜里显得灰白。

“说到男爵……”我提醒他说。

“三百英镑。这很大一部分要归功于你，外乡人。”他回答道，口气显得极其满意。他站直身子，把卷起来的袜子扔到凳子上，然后弯腰吻我。

“因为我作为镶嵌宝石的底座很有价值？”我干巴巴地问，回想起怀利兄妹的对话。

“不是，”他很简短地说，“是因为在我和总督说话时，你让怀利和他的朋友专注于宴会。宝石底座……切！斯坦诺普的眼球都快挨到你胸上了，那个下流的色鬼。我本想因为这件事叫他出去，但是……”

“谨慎是勇敢的一部分，我还没遇到过有这个想法的苏格兰人。”我说，站起来回吻他。

“是啊，我祖父老西蒙，想来可以说他最终就是被谨慎害死的。”我在他的声音中既能听出笑意，也能听出挖苦。虽然他很少说起詹姆斯党人和起义的事情，但这并不代表他已经忘记了。他今晚与总督的对话显然让那些事情在他脑海中浮现出来了。

“要我说，谨慎和欺诈并不必然是一回事。你祖父起码自讨苦吃了五十年。”我刻薄地回答道。洛瓦特勋爵西蒙·弗雷泽在塔丘被斩首而亡，当时七十八岁，此前一生都在玩弄举世无双的诡计，他的诡计既有针对个人的，也有针对政治的。尽管如此，我还是十分遗憾这个老狐狸的离世。

“嗯……”詹米没有争辩，而是挪动到窗户边，站到我身旁。他深深地吸气，似乎是在闻夜晚的浓郁香气。

在昏暗的星光里，我能够清晰地看到他的脸庞。他的面容沉静、平稳，但是有向内的神情，似乎他的双眼看到的并不是面前的事物，而是其他完全不同的东西。我心想，他看到的是过去，抑或是未来？

“你宣誓的内容是什么？”我突然问道。

我感觉到，而非看到，他的肩膀动了动，那个动作并算不上是耸肩。“‘我，詹姆斯·亚历山大·马尔科姆·麦肯锡·弗雷泽，庄严宣誓，并且如我在最终审判日听从上帝那样，我现在且未来都不会持有枪、剑、手枪或其他任何武器，不会使用花格布料、花格披肩或其他任何苏格兰高地服饰，若有违反，愿我在事业、家庭和财产方面受诅咒，’”他深吸一口气，然后继续精确地说道，“‘愿我与妻儿、父母和亲戚诀别，愿我在战场上懦弱地被残杀，未经基督教葬礼就被埋葬于异乡，远离祖先和亲属的坟墓。若我违反誓言，愿这一切降临我身上。’”

片刻过后我问：“你很在意这个誓言吗？”

“不，”他轻声说，仍然向外看着黑夜，“不在意。有些东西值得你丧生或受饿，但言语不值得。”

“或许这些言语不值得。”

他转身看着我，面容在星光下显得朦胧不清，但他嘴角上的微笑迹象却明显可见。

“你知道哪些言语值得？”

那块墓碑上有他的名字，但是没有日期。我心想，只要我愿意，我能够阻止他回苏格兰。

我转身面对着他，倚靠在窗框上：“比如‘我爱你’这三个字？”

他伸出一只手，抚摸我的脸庞。一缕微风从我们中间吹过，我看见他手臂上的寒毛都立了起来。

“好了，”他低声说，“这样就行了。”

* * *

附近某个地方传来鸟叫。几声清晰的叫声，紧接着是回应的叫声，一阵短暂的叽叽声，然后寂静了下来。外面的天空仍然浓黑，但星星却没有之前那么明亮了。

我不安地翻了个身。我没有穿衣服，只盖着亚麻被单，但即使是在凌晨时分，空气也温暖、压抑，我躺着的那个低洼小床也有些潮湿。

我努力想要睡着，但是做不到。即使平时能够让我放松到柔软和满意的恍惚状态中的性交，这次也只是让我变得烦躁和不愉快。对于未来的种种可能，我既兴奋又担心，而且我无法吐露我的烦躁情绪，所以我之前觉得我与詹米是分开的——尽管身体紧挨着，却感觉到疏远和分离。

我又翻了身，这次翻过去对着詹米。他睡姿如常，仍然平躺着，双手叠着放在平坦的肚子上，臀部周围的被单皱巴巴的。他的脑袋在枕头上稍微偏着，面容在睡眠中放松下来。他那张大嘴因为熟睡而变得和缓，眼睛上的睫毛黑而修长，所以在这种昏暗的光线里，他看上去就像十四岁左右的男生。

我想碰他，尽管我不知道我是想要爱抚他，还是戳他。他让我在身体上得到释放，却带走了我内心的宁静。我特别嫉妒他那种毫不费力的睡眠。

但是，我既没有爱抚他，也没有戳他，而只是平躺着闭上双眼，不开心地数起绵羊——让我烦恼的是，那是一只苏格兰绵羊，它在一个墓地里欢快地小跑，从一块块墓碑上方轻率地跳过。

“有什么烦心事吗，外乡人？”我肩膀旁边有个困倦的声音说道。

我一下子睁开了眼睛。“没有，我没事。”我说，努力让自己听起来同样很困倦。

詹米发出轻微的哼声，然后翻过身来，填充着谷壳的床垫发出沙沙的声音。

“你真不会撒谎，外乡人。你思考得那么大声，我这里都能听得见。”

“别人思考你听不见！”

“我听得见。至少听得见你思考。”他轻笑起来，伸出一只手，慵懒地搭在我大腿上，“你怎么了？是那个加香螃蟹让你肠胃胀气吗？”

“不是的！”我试着把腿从他手上挣开，但他的手就像帽贝一样粘在我腿上。

“噢，那就好。那到底是什么——你最终想到该怎么机智地反驳怀利先生关于牡蛎的评论了？”

“不是，”我生气地说，“我就告诉你，我刚才在想特赖恩总督给你的那个提议。放开我的腿好吗？”

“噢，”他说，但没有放开我的腿，只是声音听起来没有那么困倦了，“好吧，既然说到这儿，我自己也在思考这个问题。”

“你怎么看他的提议？”我放弃挣脱他的手，然后翻身用手肘半撑起来，面对着他。窗外仍然黑暗，但白天在远处逼近，星光也已明显微弱了。

“我在想他为什么要给我这个提议，这是其一。”

“是吗？但他好像告诉你原因了啊。”

他短暂地嘟哝了一下。“嗯，我跟你说，他给我提供土地，并不是因为我有双好看的蓝眼睛。”他睁开他那双蓝眼睛，朝我扬起一边眉毛，“在我讨价还价之前，外乡人，我想知道他到底想要什么。”

“你觉得他跟你说的不是真相？说国王同意帮助开垦土地？但他说那个政策都推行三十年了，在这种事情上他肯定不能撒谎。”我抗议道。

“不是，到目前为止他说的是真相，”他同意道，“但是有些人口蜜腹剑，是吧？”他挠了挠头，把面前的头发捋到后面，然后叹了口气。

“你觉得呢，外乡人，他为什么要选我？”他问道。

“嗯，因为他想要一位有资产有权威的绅士，”我慢慢地说，“他需要一位好领袖，而埃德温显然跟他说过你就是，而且他还想要一位很有钱的人……”

“而我并不是。”

“不过他不知道。”我抗议道。

“他不知道吗？”他悲观地说，“埃德温肯定已经把自己知道的都告诉他了，而且他很清楚我是詹姆斯党人。确实，有些人在起义过后到西印度群岛挣回了财富，而我可能是其中之一，但他没有理由这么想啊。”

“他知道你有些钱。”我指出道。

“因为彭茨勒？是啊，关于我的事情，他还知道什么？”他若有所思地说。

“据我所知，他只知道你在晚宴上跟他说的那些。他没办法从其他人那里听说太多关于你的事情，毕竟，你进城还不到……什么，你是说就是因为这点？”

“是的，就是因为这点。我是卡梅伦夫妇的亲戚，而卡梅伦夫妇不仅有钱，而且在殖民地受人尊敬。但与此同时，我又是个新来的，在这里没有关系，也没有为人所知的忠贞。”

“或许这位给你提供大片土地的总督除外。”我慢慢地说。

他没有立即回答，而是翻身平躺着，那只手仍然抓着我的大腿。他的眼睛紧盯着上面昏暗、白色的石膏天花板，上面刻着花环和鬼魂般的丘比特。

“我这辈子认识一两个德国人，外乡人。”他沉思着说，大拇指开始慢慢移动，在我大腿内侧的柔软皮肤上上下移动，“无论是不是犹太人，我都没有见过他们花钱大手大脚。而且，虽然你今晚美丽得就像一朵白玫瑰，但我觉得，彭茨勒男爵给我的出价之所以比金匠的高出一百英镑，并不完全是因为你的魅力。”

他看了看我："特赖恩是军人。他知道我也是。两年前，北卡罗来纳改革者协会制造了一点小麻烦。"

我的心思集中在詹米话里的种种可能性上，没有察觉到他的手在我大腿中间带来的那种越来越熟悉的感觉。

"谁？"

"噢，我忘了，你没有听到我和总督的那部分对话，你那时在忙着应付爱慕者。"

我想知道改革者协会的事情，所以没有理他这后半句话。改革者协会貌似是一群组织松散的人，大多数来自北卡罗来纳殖民地粗野、偏远的地区，反对国王委任的官员、治安官、法官、征税官等人的在他们看来任性而不公正的行为。

他们觉得自己的抱怨没有得到总督和议会的充分解决，所以他们要亲自来解决问题。警官们受到攻击，治安官们被暴徒押着游街，被迫辞职。

改革者协会的一个委员会给总督写过信，请求他解决他们所遭受的不公，而特赖恩总督，作为有手段的实干家，给了他们令人安慰的答复，甚至更换了一两个特别腐败的治安官，并且就财产没收的事情向法庭官员发了行政公函。

"斯坦诺普说了些关于所谓安全委员会的事情，"我好奇地说，"但那听起来像是最近的事情。"

"这方面的麻烦事被抑制下来，但并没有解决，"詹米耸肩说，"而且外乡人，潮湿的火药时间长了也会闷燃，一旦燃开，就会爆炸得特别厉害。"

收买詹米这位老练军人的忠心为自己效劳，而自己则可以统率那些在詹米的资助下定居到殖民地遥远、多事区域的人，让他们效忠和服务自己，特赖恩会觉得这样的投资值得吗？

我自己会觉得这个机会很便宜，才花费两百英镑和国王的少许几英亩土地，而国王陛下拥有的土地毕竟很多。

“所以你在考虑。”我们现在面对着面，我把手放在他手上，不是表示约束，而是表示确认。

他慵懒地微笑了：“我能活这么久，不是靠相信别人说的所有事情，外乡人。或许我会接受总督的善意提议，或许不会，但无论如何，我都想在做决定前知道更多信息。”

“是的，看上去是有些奇怪，他才认识你不久，就给你这样一个提议。”

“他这样接洽过的绝对不止我一人，”詹米说，“这没有大风险。你刚才听到我告诉他我是天主教徒了？他听到这点时并不觉得惊讶。”

“是的，不过他看上去并不觉得这是个问题。”

“噢，我敢说这不会是问题，除非总督选择把它弄成问题。”

“我的天哪。如果事情进展得不如他意，他需要做的就是把你的天主教身份公开，然后法庭就会以此为理由收回土地。然而，如果他选择不说出来……”我对特赖恩总督的评价正在迅速变化，尽管我不知道是变好还是变差。

“那么我就得按照他的意愿做事。”

“他比我想象的要狡猾，很像苏格兰人。”我有些赞赏地说。

听我这么说，他大笑了起来，然后把脸上的头发拨开。

窗户上的长帘一直都柔软地挂着，现在突然向内膨胀起来，让一缕风吹了进来，其中散发着泥沙、河水，以及远处鲜嫩松树的气味。黎明就要乘风到来。这似乎是个信号，詹米的手掌卷起来，凉风吹到他宽大的后背上，让一阵微弱的战栗从他身上传给了我。

“我刚才说能听到别人思考，真的不是夸自己，但如果你确定刚才没有什么烦心事的话……”他轻声地说。

“没有，什么烦心事都没有。”我说，看着窗外的微光在他头部和脖子的轮廓上显现出金色。他的嘴巴仍然宽大、温柔，但他看上去不再像是十四岁了。

CHAPTER 08

有价值的人

“天哪，我讨厌坐船！”

随着回响在耳中的这声衷心的告别，我们慢慢地摇晃着驶入了威尔明顿港口的水域。

我们进行了两天的采购和准备，最终出发驶向十字溪。我们卖掉了那颗红宝石，手里有了钱，所以不必把马匹都卖掉。我们派邓肯坐马车带着较重的物品，梅耶斯也跟着他同行指路，而我们其他人则与弗里曼船长同行，乘坐更快、更舒适的“萨利安”号。

“萨利安”号是一种奇特、无法描述的船，船梁是方形的，船身长，船舷低，船头不尖。船上有个小船舱，大概六英尺见方，两侧留下两英尺的狭小空间通行，前后留出的甲板面积则有些大，部分被包裹和木桶占据着。

桅杆上仅有的那张帆在船舱上面张开，“萨利安”号从远处看上去就像木瓦上的一只螃蟹，在挥舞着停战的旗帜。开普菲尔河的含有泥炭的棕色河水拍打着围栏下面四英寸的地方，船底的木板上因为轻微漏水而始终潮湿着。

不过我还是开心。不管挤不挤，在水上都不错，能够远离总督的诱人提议，即使只是暂时地远离。

詹米不开心。他确实憎恨坐船，而且憎恨得深沉、持久。他晕船晕得特别厉害，甚至看到水杯里的水打旋都会面色发青。

“河水很平静，”我评论道，“或许你不会晕船的。”

詹米怀疑地眯眼看着我们四周的棕色河水，然后在另外一艘船的尾流拍打到“萨利安”号船的侧面，让船剧烈摇晃起来时，紧紧闭上了眼睛。

“或许并不平静。”他说，口气在暗示，虽然河水很平静这个建议给人希望，但他也觉得这种可能性有些遥远。

“你想要针灸吗？我在你呕吐前给你针灸比较好。”我无奈地伸手到裙子口袋里摸索，我在里面放着那个装有中国针灸银针的小盒子。在我们穿越大西洋时，就是这些银针救了他的命。

他短暂地耸了耸肩，然后睁开了眼睛。“不用，”他说，“我或许能够挺过去。和我说话，外乡人，让我不去想肚子的事情，好吗？”

“好的，”我顺从地说，“乔卡斯塔姨妈长什么样？”

“我两岁过后就再没见过她了，所以我对她没有什么印象。”他心不在焉地回答道，眼睛盯着从上游过来的一个大木筏，如果不改变航向，它肯定会与我们相撞，“你觉得那个黑人能应付下来吗？或许我应该去帮帮他。”

“你最好还是不要去，”我说，谨慎地看着那个木筏，“他看上去似乎知道自己在做什么。”除了船长——一位名声不好、满身烟气的老废物，“萨利安”号上就只有一位船员，一位年老的自由黑人，利用一根巨大的篙竿，独自驾驶着我们的船。

他精瘦的肌肉有节奏地收缩和鼓起，毫不费力。他在劳作中埋着花白的脑袋，表面上没有注意到那个迎面而来的木筏，但是流畅地上下摇摆篙竿，让长长的篙竿看上去就像他的第三条胳膊。

“别管他。就是说，你对你姨妈了解得并不多？”我补充道，希望分散他的注意力。那条木筏缓慢、无动于衷地朝我们漂来。

那条木筏大概四十英尺长，吃水很深，上面压着许多木桶和一堆堆用网捆着的兽皮。麝香、血液和变质油脂的刺鼻气味先它而来，气味足够强烈，暂时盖过了河流上的其他气味。

“不了解。在我父母结婚前一年，她就嫁到艾拉科特的卡梅伦家，离开了理士城堡。”他心不在焉地说着，并没有看着我，他的注意力完全集中在那个迎面而来的木筏上。他的指关节变白了，我能够感受到他想要跳到前面去，从黑人水手那里把篙竿夺过来，阻挡那条木筏。我把手放在他胳膊上抑制住他。

“那她从来没有去过拉里堡？”

我能够看到阳光照在木筏边沿的暗淡铁桩上反射出微光，还能看到那三个水手半裸着的身影，即使是在清晨，他们也冒着汗。在他们漂过来时，其中一位水手挥动帽子，咧嘴笑着，大喊了些什么，听上去就像是：“嗨，你们好！”

“嗯，约翰·卡梅伦拉肚子拉死了，然后她嫁给了他的同胞，阿伯费尔迪的‘黑瘤’休·卡梅伦，然后……”那条木筏从边上迅速漂过，他条件反射般地闭上了眼睛。木筏与我们相隔至多六英寸，上面的水手友好地发出讥笑和喊叫着。前爪搭在低矮船舱顶上的洛洛，疯狂地吠叫着，直到伊恩轻轻拍它，让它不要叫。詹米睁开一只眼睛，看到危险已经过去，然后又睁开另外那只，放松下来，松开了抓着船舱顶部的手。

“嗯，黑瘤休——他们这么叫他，因为他膝盖上长了一个黑色的大肿瘤——他在打猎的时候死了，所以后来她嫁给了艾雷恩湖的赫克托·摩尔·卡梅伦……”

“她好像很喜欢姓卡梅伦的呢，”我好奇地说，“卡梅伦氏族有什么特别的地方吗？我是说，除了容易出事故以外。”

“他们应该很会说话，”他说道突然挖苦地咧嘴笑了，“姓卡梅伦的都是诗人，还有弄臣。有些时候既是诗人，又是弄臣。你还记得唐纳德·卡梅伦吧？”

我微笑起来，同样苦乐参半地回忆起洛奇尔的唐纳德·卡梅伦，起义时卡梅伦氏族的首领之一。他面相俊俏，眼神含情脉脉，充满深情的优雅举止之下，藏着作打油诗的极大才能。在查尔斯·斯图亚特政变的短暂极盛时期里，他在爱丁堡的舞会上多次用打油诗小声地逗乐了我。

詹米倚靠在小船舱的顶上，用警惕的眼神看着河面上航行的船只。我们还没有完全离开威尔明顿的港口，许多小船、小艇像水虫一样从边上迅速驶过，在体积较大、速度较慢的船只中间迅速驶进驶出。他脸色发白，但还没有变青。

我也把手肘靠在小船舱的屋顶上，然后伸展我的后背。天气尽管炎热，但是对于昨晚睡觉造成的肌肉酸痛来说，闷热的阳光令人感到安慰。昨晚，在一家河边酒馆的包厢里，我蜷着睡在一张坚硬的橡木高背躺椅上，脑袋枕在詹米的大腿上，而詹米则在完善我们旅程的安排。

我呻吟着伸展身体。"赫克托是诗人，还是弄臣？"

"现在都不是，他已经去世了，是吧？"詹米回答道，不假思索地捏着我的后颈，然后用另外那只手给我按摩。

"真好。"我说。他的大拇指按压进某个疼痛点时，我带着狂喜呻吟起来。"我是说你按摩得真好，不是说你姨父去世了真好。噢，别停。他是怎么来到北卡罗来纳的？"

詹米乐呵呵地哼了一声，然后走到我背后，以便能用双手按摩我的颈子和肩膀。我依偎着他，幸福地叹了口气。

"你真是个特别爱出声的女人，外乡人，"他前倾到我耳边低声说，"我给你按摩颈子时，你发出的声音就像我给你……嗯？"他把盆骨向前顶，动作谨慎却又直白，让他的意思很明显。

"嗯……"我回答道，然后小心地踢了踢他的小腿，"很好。如果别人在门后听到我的声音，那么他们就会以为是你在给我按摩颈子。在我们下船前，你要做的全部可能就是给我按摩颈子。好了，说说你过世的姨父？"

"噢，他啊。"他的手指按进我脊柱的两侧，慢慢地上下按摩，同时跟我说他的复杂家族史的又一个部分。至少这能让他不去想晕船的事情。赫克托·摩尔·卡梅伦比詹米这位著名亲戚更幸运，他要么是更有洞察力，要么或更悲观，所以针对斯图亚特起义可能带来的灾难，狡猾地做好了准备。他毫发未损地离开了卡洛登，成功回到家，然后迅速用马车带上妻子、仆人和可带走的财产，逃到了爱丁堡，再从爱丁堡坐船到了北卡罗来纳，惊险地逃离了国王的追捕。

才到达新世界，赫克托就买了大片的土地，砍伐森林，建造房屋和锯木厂，购买奴隶来耕种土地，在地上种植烟草和木蓝，后来——无疑是因为如此勤劳而精疲力竭，在七十三岁高龄时死于喉咙方面的疾病。

显然是觉得结婚三次已经足够，乔卡斯塔·麦肯锡·卡梅伦·卡梅伦·卡梅伦——据梅耶斯所知——拒绝再次嫁人，所以独自留在河场当了女主人。

"你觉得给你送信的人会在我们之前到达那里吗？"

"就算他用爬，也会在我们之前到。按照这个速度，我们得花几个星期才能到。詹米舅舅，我跟你说过，我们最好是骑马过去的。"小伊恩突然出现在我们身边说，同时有些厌恶地看了看那个有耐性的水手——他正在不停地把湿淋淋的篙竿插进水中，然后又抬起来。"别自寻烦恼，伊恩。"詹米放开我的颈子，安慰他说，并朝伊恩咧嘴微笑起来，"等不了多久就会轮到你去撑篙了，我想你会在天黑前就把我们送到十字溪，是吧？"

伊恩恶狠狠地看了詹米一眼，然后慢慢走开，拿关于印第安人和野兽的问题去烦弗里曼船长了。

"希望船长不会把伊恩扔下船。"我说。看着在伊恩靠近时，弗里曼干瘦的肩膀戒备地向上耸了耸。我自己的脖子和肩膀在詹米的按摩下舒服了很多，身体下面些的部分也是。"谢谢你的按摩。"我朝他扬起一边眉毛说。

“天黑过后，我会让你报答我的。”他尝试着奸笑，但不成功。他不能只闭上一只眼睛，所以他那种下流眨眼的能力被极大地削弱了，但他还是成功传达出了他的意思。

“确实，”我说，朝他暧昧地眨着眼，“那你想我给你按摩哪里呢，等到天黑过后？”

詹米还没来得及回答，伊恩就像魔术盒子里的玩偶一样又冒出来问道：“天黑过后？天黑过后怎么了？”

“天黑过后我会把你淹死，然后切碎当鱼饵。”詹米对他说，“看在老天的分上，伊恩，你能不能安分下来？你跳去跳来的，就像关在瓶子里的大黄蜂。去太阳下面睡觉，就像理智的洛洛那样。”他朝洛洛点了点头，它像块地毯那样趴在船舱顶上，眼睛半闭着，偶尔扇动耳朵赶走蚊子。

“睡觉？”伊恩惊讶地看着詹米，“睡觉？”

“正常人累了就会睡觉。”我忍住哈欠告诉他。天气越来越热，船又驶得很慢，再加上昨晚睡得很短——我们天还没亮就起床了，人也因此特别困倦。不幸的是，“萨利安”号船上的狭窄长凳和粗糙的甲板，看上去并没有比酒馆的高背长椅吸引人。

“噢，舅妈，我一点儿都不累！我觉得我可以几天不睡觉了！”伊恩安慰我说。

詹米盯着伊恩。“等你去撑篙后，看你还会不会这样想。同时，或许我可以给你找点事忙。等等……”他中断说话，埋头走进低矮的船舱，我听到他在里面的行李里翻找东西。

“天哪，太热了！”伊恩给自己扇着风说，“詹米舅舅去找什么？”

“天知道。”我说。

詹米之前带了一个大木箱上船，我问他箱子里面装的是什么，他躲躲闪闪地不回答。昨晚在我睡着时，他一直在打牌，我猜他肯定是在赌博过程中赢到了什么让人尴尬的东西，不愿意拿出来被伊恩揶揄。

伊恩说得不错，天气确实很热。我只能希望待会儿有微风出来。此时此刻，船帆柔软地挂在上面，就像块洗碗布。我的连衣裙湿漉漉地贴在腿上。我和伊恩低声说句话，然后侧身走开，慢慢地朝放着水桶的船头走去。

菲格斯抱着手臂，站在船头，看上去特别像一尊宏伟的船头饰像，阴沉的俊俏身影面对着河流上游，浓密的黑发从额头向后飘垂着。

“噢，夫人！”他向我打招呼，洁白的牙齿突然让人头晕目眩，“这个国家真是壮丽啊！”

我现在看到的景色并不特别壮丽，广阔的潮泥滩在阳光下散发着臭气，一大群海鸥和海鸟在水边找到某种发臭的东西，全都激动地发出刺耳的叫声。

“大人说，每个人都可以得到五十英亩的土地，只要他在地上建造房子，承诺耕种十年。想想，五十英亩啊！”他说得意犹未尽，并且带着些许敬畏。对于法国农民来说，拥有五英亩地就是很大的福气了。

“嗯，是的，”我有点怀疑地说，“不过我觉得你得仔细选择你那五十英亩。这个地方的有些区域不太适合种庄稼。”至于菲格斯会觉得要单手在大面积的荒野中——无论土地多么肥沃——开垦出农场和农庄有多困难，我并没有去猜测。

反正他没有关注这点，他的双眼里闪亮着梦想。

“我或许要在除夕前建一座小房子，”他低声地自言自语，“那样我就可以在春天让人去把玛萨丽和孩子接过来。”他不加思索地把手伸到空荡荡的胸前，那里曾挂着那块他打小就戴着的发绿的圣狄思玛斯铜牌。

他之前到佐治亚来加入我们，把有身孕的年轻妻子留在牙买加，让朋友们照料她。但是，他向我保证说他不担心妻子的安全，因为他也让他的主保圣人保佑她，严格地嘱咐她不要把那个破旧的铜牌从脖子上取下来，直到她安全地生完孩子。

我自己不会觉得小偷的主保圣人能够保佑母亲和孩子，但菲格斯年轻时就过着小偷的生活，所以他对圣狄思玛斯有绝对的信任。

“如果你的孩子是个男孩，你会给他取名狄思玛斯吗？”我开玩笑说。

“不会，”他特别严肃地说，“我会给他取名杰梅恩。杰梅恩·詹姆斯·伊恩·阿洛伊修斯·弗雷泽。其中的詹姆斯和伊恩是因为大人和先生。”他解释道，他所说的大人和先生指的就是詹米，以及詹米的姐夫伊恩·默里。

“玛萨丽喜欢阿洛伊修斯。”他轻蔑地补充道，表明取这个如此乏味的名字与自己没有关系。

“如果是女孩呢？”我问，突然清晰地回忆起了往事。大约二十年前，詹米把怀有身孕的我从石圈里送了回去。他坚信那是个男孩，所以他最后跟我说的话是：“用我爸爸的名字，叫他布莱恩。”

“噢。”菲格斯显然也没有考虑过这种可能性，因为他看上去略微有些慌乱，然后他的面容又明亮起来。

“吉纳维芙，用夫人的名字。”他坚定地说。他说的夫人是指詹米的姐姐詹妮·默里。“我觉得应该叫吉纳维芙·克莱尔。”他补充道，脸上又露出灿烂的微笑。

“噢。”我慌张地说，有种奇怪的受宠若惊的感觉，“呃，谢谢你。你确定你不用回牙买加与玛萨丽在一起吗，菲格斯？”我变换话题说。

他坚决地摇了摇头。“大人或许需要我，”他说，“而且我在这里比在牙买加的作用大。养孩子是女人的事情，而谁知道在这个陌生的地方我们会遇到什么危险呢？”

那些海鸥似乎是在回答他的这个反问，纷纷尖叫着飞了起来。

河岸的泥土里钉有一根粗壮的松木桩，木桩顶部比标记着涨潮最高点的那条杂草丛生的深色线条低一英尺。潮水仍然不高，差不多才淹到木桩的一半。在翻动的波浪上方漂浮着一具男尸，他被链条捆着胸部——或者说曾经是他胸部的地方——系在木桩上。

我不知道他在那里有多久，但从外表来看，应该够久了。他的颅骨上有条窄小的白色伤口，头发和头皮都已经被撕扯掉。没办法说他之前长什么样——河边的鸟之前肯定忙了一阵子。

菲格斯在我身边，用法语轻声地说了些特别污秽的话。

“那是海盗。”弗里曼船长简洁地说。他走到我身边，停顿了很久，往河里吐了一口嚼烟草带来的棕色唾液。“如果他们没被带去查尔斯顿绞死，有时候就会在低潮时被捆在木桩上，被河水淹死。”

“海……海盗很多吗？”伊恩也看到了那具尸体。他年纪不小了，不能过来拉着我的手，但却紧挨在我身边，被晒黑的面容显得苍白。

“没有那么多，不多。海军打击海盗的工作做得不错，不过几年前，哎呀，你在这里每次都能见到四五个海盗被淹死。人们会花钱乘船出来，坐着看他们被淹死。黄昏涨潮时这里真的很漂亮，河水会变得一片红。”他说，下巴以缓慢、怀旧的节奏移动着。

“你看！”伊恩忘掉了尊严，抓住了我的胳膊。岸边有动静，我们看到了有东西把鸟惊飞了。

那个东西滑进水中，长五六英尺的躯体上有鳞屑，在河岸的软泥上留下深深的沟槽。船的远端，那位水手低声说了些什么，但并没有停止撑船。

“那是鳄鱼。”菲格斯说，然后反感地做了一个摇滚手势。

“不，我觉得不是。”詹米在我身后说道，我转身见他在船舱顶上观察着水中那具静止的尸体，以及那个朝它移动的 V 形水纹。他手里拿着一本书，拇指夹在书中当书签。现在他埋头去查阅那本书。

“我觉得是短嘴鳄。书里面说它们吃腐肉，不吃鲜肉。在咬住人或羊时，它们会把猎物拖到水下淹死，然后再拖回地下的洞穴，让尸体在那里腐烂。”他阴郁地看了看河岸，然后补充道，“当然了，它们有些时候也足够幸运，能够享用现成的食物。”

有东西从下面撞那具系在木桩上的尸体，让它看上去好像短暂地颤抖了，然后伊恩在我们身边发出了低弱的哽咽声。

“你在哪里得到那本书的？”我问道，目光并未移开那个木桩。木桩的顶部在抖动，似乎波浪下面有什么在撕咬它，然后它又静止下来，我们再次看到了那个 V 形的水纹朝岸边游去。在那个东西浮出水面前，我就转过了身。

詹米把那本书递给我，眼睛仍然盯着黑色的潮泥滩，以及滩上那群尖叫着的水鸟。

“总督送我的。他觉得这本书在路上会有些趣味。”

我低头看了看那本书。它是用朴实的硬布装帧的，书名用金箔印在书脊上——北卡罗来纳州自然历史。

“呸！那是我见过的最可怕的东西……”伊恩在我身边说，惊恐地看着岸上的场景。

“有些趣味，是的，想来是会有些趣味。”我附和道，坚定地盯着那本书。

从来不晕船的菲格斯正兴趣盎然地看着那只爬行动物爬上河岸。“你说是短嘴鳄。不过，它和鳄鱼是一种动物，不是吗？”

“是的。”我说，在炎热当中打了个寒战。我转身背对着河岸。我在西印度群岛时近距离遇到过鳄鱼，不想再见到鳄鱼的其他亲戚。

菲格斯擦掉上嘴唇上的汗水，黑色的双眼紧盯着那个恐怖的东西。

“斯特恩博士跟大人和我说过一个叫索倪尼的法国人的旅行故事。这个人去了埃及，记录了许多他所见所闻的场景和风俗。他说在埃及，鳄鱼都在泥泞的河岸上交尾，母鳄鱼面朝天躺着，如果没有公鳄鱼的帮助，母鳄鱼没法爬起来。”

“噢，是吗？”伊恩专注地听着。

“没错。他说那里的有些人在堕落本能的驱使下，会趁着母鳄鱼被迫这样躺着时，赶走公鳄鱼，然后占据公鳄鱼的位置，毫无人性地占有母鳄鱼。据说这种做法是一种特别强大的魔法，能够让人获得很高的社会地位和很多的财富。”

伊恩惊讶地张着嘴。“啊，你没开玩笑吧？”他怀疑地问菲格斯，然后又转身向詹米求证：“舅舅？”

詹米乐呵呵地耸了耸肩。“我自己宁愿过有品德的苦日子。”他朝我扬起一边眉毛，“而且，我觉得你舅妈不会喜欢我放弃她的怀抱，去与鳄鱼相拥的。”

那个黑人水手在船头听到这个话，摇了摇头，然后不回头地说：“要我说，为了有钱去和短嘴鳄交配的男人，都是已经挣到钱的人。”

“我觉得你说得特别对。”我说，清晰地回忆起总督那露齿的迷人微笑。我看了看詹米，但他已经不再关注了。他的双眼盯着上游，专注地想着可能发生的事情，暂时忘记了书和短嘴鳄。至少他已经忘记晕船了。

* * *

在威尔明顿上游一英里的地方，潮水赶上了我们，让伊恩不再那么担心速度的问题。开普菲尔河是一条感潮河，潮水每天都能涌到河流长度三分之二的地方，几乎可以抵达十字溪。

我感觉到船下的河水流动变快，船也上浮了一两英寸，然后随着潮水注入海港涌进狭窄的河道，我们的船也慢慢地开始加速了。黑人水手欣慰地叹了口气，把湿淋淋的篙竿从水里抬了起来。

在潮涌流尽之前的五六个小时里，他都不必再撑船。我们会停下来过夜，等待第二天再次涨潮，或者风的状况合适的话，可以扬帆继续前行。据我所知，只有在沙洲里或者在无风天才需要撑船。

一种宁静休眠的氛围降临到船上。菲格斯和伊恩在船头蜷着睡觉，洛洛仍然在上面的舱顶上守望，它喘着气，舌头滴着唾液，眼睛在太阳下半闭着。船长和水手——船长通常用“你，特罗克鲁斯”来称呼他，但他的名字其实是“尼特罗克鲁斯”——消失到小船舱里，我能够听到里面悦耳的倒液体的声音。

詹米之前进去从他那个神秘的木箱里取东西，所以也在里面。我希望他去取的是能喝的东西。即使坐在船尾板上，双脚悬在水中，还有微风吹动我颈上的头发，但我还是能感觉到皮肤相互挨着的地方都在冒汗。

船舱里传来模糊不清的说话声，以及笑声。詹米走出来，转身朝船尾走来，小心翼翼地穿过那堆物品，就像一匹克莱德谷种马穿过满是青蛙的田野。他双臂抱着一个大木箱。

他轻轻地把木箱放在我的大腿上，脱掉鞋和袜子，坐到我身边，然后把双脚伸到水里，感受到凉爽时愉悦地叹了口气。

“这是什么？”我好奇地摸着那个箱子。

“噢，只是一个小礼物。”他没有看我，但耳尖有些泛红，“打开它，嗯？”

那个箱子不轻，又大又深。它由纹理精细的密实黑木雕刻而成，上面有着粗劣使用的痕迹——许多裂口和凹痕，不过它们没有损害箱子的美，而是让这种美更有韵味。箱子上有搭扣，但是没有锁。箱盖在润滑的铜合页上很轻易就被打开，一丝樟脑的气味飘出来，虚幻得就像妖魔降临。

那些器具在雾蒙蒙的阳光里闪着微光，尽管长久未使用而有些失色，但是仍然明亮。每件器具都有各自的位置，被细心地安置、排列着摆放在绿色的丝绒里面。一把大齿的小锯子，一把剪刀，三把手术刀——分别是圆形刀刃、直线刀刃和弧形刀刃，银色的压舌板，挂钩……

“詹米！噢，詹米！真是太好了！”我开心地拿起一根乌木短棍，短棍的末端附有用特别破旧的丝绒包裹的精纺毛料球。我之前在凡尔赛见过一根，这是十八世纪用来测试条件反射的小槌。

他开心地扭动双脚：“噢，你喜欢？”

“特别喜欢！噢，你看，这个盖子下面还有东西。”我盯着那些分离的管子、螺丝、平台和镜子看了会儿，才在脑中把它们组合起来，看到它们被简洁组装起来的样子。“显微镜！”我非常郑重地抚摸了它，“天哪，是显微镜。”

“还有更多，把前面打开，里面还有几个小抽屉。”他指出道，急切地想让我看到。

除其他东西以外，那里面还有个迷你天平和一组铜砝码、一块拨药丸的瓦片，以及一个满是污渍的小臼，它的研棒被布包裹着，防止在运输中被撞坏。在抽屉上方的正面部分，是一排叠一排由石头或玻璃制成的带有软木塞的小瓶子。

“噢，它们真漂亮！”我说，十分郑重地拿着那把小手术刀。光滑的木质刀柄与我的手很相符，就像它是专门为我制作的，刀片的重量特别匀称。“噢。詹米，谢谢你！”

“那么说你喜欢它们？”他的耳朵因开心而变得通红，“我当时觉得它们应该还可以。我不知道它们是用来做什么的，但我看得出来它们都做工精致。”

其中有些东西我也不知道是用来做什么的，但它们本身全都很漂亮，制作它们的人肯定热爱自己的工具，以及自己从事的行业。

“我在想，这些东西原来是谁的？”我往一个双凸透镜的圆形表面用力哈气，然后用裙摆擦拭，让它闪耀出柔和的微光。

“把它卖给我的那个女人不知道。不过，这些东西原来的主人也落下了医生的本子，我也买下来了，或许本子上有他的名字。”

他提起顶部那个托盘的器具，展示出另外一个较浅的托盘，从这个托盘中他取出一本厚厚的方形本子，大约有八英寸，封面皮革已经磨损。

“我觉得你或许也想要个本子，就像你在法国时的那本一样，你用那个本子来保存关于那些你在天使医院见到的人的图片和笔记。这个本子他写了一点，但后面还有许多空白的。”他解释道。

这个本子大概被用了四分之一，页面上写满了密密麻麻的黑色漂亮字迹，其中点缀着绘画，它们那种医学上的熟悉感，吸引了我的目光——溃烂的脚趾、粉碎的膝盖骨、被整齐撕开的皮肤、怪诞的晚期甲状腺肿大、解剖的小腿肌肉，全都贴有整齐的标签。

我翻回内封面，他的名字清楚地写在首页上，装饰着有绅士派头的细小曲线——丹尼尔·罗林斯医生。

“我在想罗林斯医生出了什么事？那个卖箱子的女人对此说了什么吗？”

詹米点点头，眉头稍微皱了起来：“这位医生在她家租住了一晚。医生说他从弗吉尼亚的家里来这里办事。他当时就带着这个箱子。他在寻找一个叫佳弗的人——或者说那个女人觉得他找的人叫佳弗。但那天晚上吃过晚饭后，他出去就再也没有回来了。”

我盯着詹米：“再没有回来？那个女人知道他出什么事了吗？”

詹米摇摇头，赶走一小群摇蚊。太阳开始沉下去，把水面染成了金色和橘黄色。下午逐渐过渡到夜晚，天气凉爽下来，蚊虫也随之聚集起来。“不知道。她去找了治安官，找了法官，而且警察到处搜寻，但就是没有发现他的任何踪迹。他们寻找了一周，然后就放弃了。他也没有跟女房东说过他家在弗吉尼亚的哪个镇，所以他们没法进一步寻找他。”

“真是奇怪。那位医生是什么时候失踪的？”我说着，擦掉下巴上的一小滴水。

“女房东说是一年前。你不介意吧，用这个医生的东西？”他有些担心地看着我。

“不介意。如果不是我用，我也会想让其他人去用的。”我合上盖子，轻轻地抚摸着箱子，它的乌木在我手指下显得温暖而光滑。我还清晰地记得我自己的医药包的触感——科尔多瓦皮革，因经常被触摸而变得光滑、闪亮；把手上面用镀金印着我名字的首字母，或者说最初用镀金印有名字的首字母，它们早就已经被磨掉了。那个包是我从医学院毕业时弗兰克送给我的。后来我送给了乔·艾伯纳西，希望有位能像我那样珍惜它的人来使用它。

詹米看到我面色有些阴郁，我也看到他的面色也因此阴郁起来，但我拉住他的手，一边捏着，一边微笑着说："这份礼物太棒了。你是怎么找到它的？"

他也反过来微笑了。低沉的太阳闪耀着，透过黑暗的树梢看去，就像一个明亮的橙色球体。

"我去金匠铺子时看到这个箱子，保管它的是金匠的妻子。昨天我又去了那里，打算给你买些珠宝、胸针什么的。在金匠妻子给我看那些俗不可耐的小玩意儿时，我们刚好闲聊起来，然后她就跟我说了那个医生的事情，后来……"他耸了耸肩。

"你为什么想要给我买珠宝？"我迷惑地看着他。卖掉那个红宝石后，我们有了点钱，但他并不是铺张浪费的人，而且在目前的情况下……

"噢！为了弥补把钱全部寄给了莱里这件事？我并不介意这件事，我之前就说过不介意的嘛。"

詹米之前有些勉强地安排人把我们卖宝石得到的钱寄回苏格兰，用于报偿他之前给莱里·麦肯锡·弗雷泽许下的承诺。他之前很合理地觉得我就算没有死，也不会回来，所以在他姐姐的劝说下娶了莱里。我的死而复生带来了许多复杂事情，而莱里就是其中很明显的一件。

"是的，你是说过不介意。"他明显挖苦地说道。

"我是认真的——多少是认真的。你没有理由让那个讨厌的女人饿死，尽管让她饿死的这种想法很有吸引力。"我说道，然后大笑起来。

他微微地笑了："不会的，我不会让自己的良心因为那样受谴责，我已经足够愧疚了。但是那不是我想给你买礼物的原因。”

“那么是什么原因呢？”那个箱子沉甸甸的。它仁慈、结实、令人满意地压在我的大腿上，它的木头材质在我手下让我感到开心。

詹米转头深情地看我，头发在落日余晖中好似燃烧着，脸庞在剪影中黑黝黝的。

“二十四年前的今天，外乡人，我娶了你，我希望不要有什么原因让你后悔嫁给我。”他温柔地说。

* * *

开普菲尔河沿线都已经被开垦，从威尔明顿到十字溪都是种植园。但是，两边的河岸上都是茂密的树林，只是偶尔可以从树林的空隙中看到些许田地，及其中种植的庄稼，或被植被半遮半掩的一个木码头。

我们慢慢地向上游前进，完全跟随着潮汐。在潮汐退去时，我们就把船停下来过夜。我们在岸上生起小火堆，在火边吃饭，然后在船上睡觉。尼特罗克鲁斯漫不经心地提及食鱼蝮盛行的事，说这种蛇生活在河岸下面的洞穴里，但特别有可能爬出洞穴，在粗心的睡觉人身边暖身子。

我在快天亮时醒来，睡在木板上让我全身酸痛，而且身体还硬邦邦的。我听着旁边的河上有艘船迅速驶过时发出的微弱声音，感受到这艘船所形成的水浪推动了我们的船身。詹米感受到我的动静，于是在睡梦中动了动，翻了个身，把我紧紧抱在了怀里。

我能感觉到他的身体在我身后蜷起来，他所处的状态就是清晨那种睡眠与醒来之间的矛盾状态。他发出困倦的声音，朝我动了动表示询问，笨拙地摸索着我的乱糟糟的睡裙的裙摆。

“别，看在老天的分上，别忘了我们在哪里。”我低声说，把他的手拍开。

我能够听到伊恩的叫喊声和洛洛的吠叫声，他们在河岸上昂首阔步地来回走着。我还能听到船舱里的微弱动静，主要是咳痰和吐痰的声音，表明了弗里曼船长即将出来。

“噢，”詹米清醒过来说，“噢，是的。真遗憾。”他爬起来，双手罩着我的乳房，然后用身体在我身上缓慢、舒适地磨蹭，让我真切地明白了我即将错过的是什么。

“噢，好吧，行污秽之乐事，嗯？”他说着，不情愿地放松双手，但并没有放开。

“什么？”

“行污秽之乐事时感觉时间太短，”他热心地背诵道，“事后我们又坦率地忏悔此事。”

我看了看我们身下沾有污渍的船板。“或许‘污秽’这个词用得完全错了，”我开口说，“但是——”

“让我烦恼的不是污秽，外乡人，是时间太短。”他插话道，怒视着伊恩。伊恩在船边上，喊叫着鼓励洛洛游泳。

他看了看我，理解了我的凌乱状态，怒视变成了赞同的神情。“我打算慢慢来的，是吧？”

* * *

这天的这种与古希腊有关的开端，似乎对詹米的心思有着某种持续的影响。坐在下午的太阳下，我能够听到他们在说古希腊语。我用拇指抚摸着丹尼尔·罗林斯的病例本，本子里记录的东西让我开心，给我启发，同时还让我感到惊恐。

我能够听到詹米念古希腊诗文时那种井然有序、抑扬顿挫的声音。我之前听过——《奥德赛》当中的段落。詹米停顿下来，打算要站起来。

“噢——”伊恩说。

“接下来是什么？”

“呃——”

“再来一次，”詹米说，声音里有些微怒意，“专心些！我念这个不是因为我喜欢听自己的声音，知道吧？”他又开始念起来，优雅、正式的诗文越来越显得生动。

他或许不喜欢听自己的声音，但是我喜欢。我自己不懂希腊语，但是詹米那种抑扬顿挫的声音，就像河水拍打船身发出的声音那样令人感到安慰。

詹米以应有的严肃承担起了监护伊恩的责任，在路途中始终在指导伊恩，抓住零散的休闲时间给他上课，或者说尝试给他上课，教他些希腊语和拉丁语的基础语法，提高他的数学能力和法语口语。

幸运的是，伊恩和詹米一样能够快速理解数学法则，我身边的小船舱的侧面上，覆盖着用烧焦的木棍简要写下的欧几里得验算。不过，在教语言这个科目时，他们两人的共同点就没有那么多了。

詹米是个语言天才，他毫不费力地学会了几种语言和方言，各种成语信手拈来。除此以外，他在巴黎的大学里学习过古希腊与古罗马的文化，而且将荷马和维吉尔视为朋友——尽管时而会与某些罗马哲学家有分歧。伊恩会说他从小听到大的盖尔语和英语，还会说点从菲格斯那儿学来的法国土话，而且觉得这很够用。确实，他令人赞叹地掌握了额外六七种语言中的脏话——这来源于他最近受到的许多不良影响，尤其是他舅舅詹米，但他对拉丁语的复杂变位近乎一窍不通。而且，他很不能理解学习拉丁语和希腊语的必要性。在他看来，这两门语言不仅是死语言，而且他显然觉得它们早就已经腐烂，不可能有任何用处。荷马比不上这个新世界带来的激动，两岸的绿色植被就像引诱的双手，伸出来召唤他去冒险。

詹米念完希腊文段落，伴随着一声我坐在那里都能听见的叹气，他让伊恩拿出那本他从特赖恩总督那里借来的拉丁书本。他们没有背诵，不会让我分心，所以我又继续去浏览罗林斯医生的病例本。

和我一样，罗林斯医生显然懂点拉丁文，但在大部分笔记中他更喜欢使用英语，只是偶尔碰到正式的条目时才使用拉丁文。

给贝多斯先生放血一品脱。观察到胆汁明显减少，面容发黄的症状和让他饱受折磨的脓疱也缓和许多；施用黑色泻剂，帮助净化血液。

“笨蛋，”我又一次嘟哝道，“你看不出这个人是肝脏有病吗？”或许是轻微的肝硬化，罗林斯注意到了肝脏的轻微扩张和硬化，不过他把这种症状归因于胆汁分泌过多。很有可能是酒精中毒，病人脸上和胸上的脓疱是营养不良的典型症状，而这种营养不良常常与过度饮酒相关联——而且老天都知道，酗酒泛滥成灾。

贝多斯如果还活着——我觉得这难说——可能每天都会混杂着喝一夸脱的烈酒，甚至已经几个月不知菜味了。他脸上那些在罗林斯医生看来有所缓解的脓疱或许已经消失，因为罗林斯在他的“黑色泻剂”特殊处方中，加入了芜菁叶子作为调色剂。

我专心地阅读着，隐约听到伊恩在船舱那头结结巴巴地背诵普劳图斯的《美德》，每翻译一句就被詹米督促和纠正的深沉声音打断一次。

“‘Virtus praemium est optimus...’”

“Optimum.”

“‘...est optimum. Virtus omnibus rebus’……嗯……”

“Anteit.”

“谢谢你，舅舅。‘Virtus omnibus rebus anteit... profectus’？”

“Profecto.”

“噢，是的，是 profecto。嗯……‘Virtus’？”

“是 Libertas。‘Libertas salus vita res et parentes, patria et prognati...’伊恩，你还记得‘vita’是什么意思吗？”

“生活。”伊恩的声音传了过来，就好像在翻滚的大海中感激地抓住了一件漂浮物。

“没错，回答得很好，但它所指的不仅是生活。在拉丁语中，它不仅指活着的状态，也指一个人的实质，指构成这个人的东西。你看，后面是这样的‘...libertas salus vita res et parentes，patria et prognati tutantur，servantur；virtus omnia in sese habet，omnia adsunt bona quem penest virtus.’你觉得这句话讲的是什么？”

“噢……美德是件好事情？”伊恩小心翼翼地说。

他们沉默了片刻，其间我几乎能够听到詹米血液上涌的声音。然后我听到他吸气时的咝咝声，他什么都没说，只是痛苦地长出一口气。“唔。你看你，伊恩。为什么‘tutantur’‘servantur’这两个词语要组合起来，而不是……”

我的注意力逐渐消散，回到了案例本上面。在案例本中，罗林斯医生叙述了一次决斗，以及决斗带来的后果。

五月十五日黎明，被从床上叫起来去医治红狗旅馆的一位男士。发现他伤情较重，手上有手枪子弹发射失败造成的伤，拇指和食指被爆炸完全炸掉，中指被严重炸伤，手的三分之二被严重撕裂，几乎看不出来是只人手。

只能立即截肢，决定后我派人叫来房东，要人提供一杯白兰地，以及用作绷带的亚麻布，还要了两个强壮男士来帮忙。这些很快就提供完备，病人被恰当地约束起来，我把那只手——那是右手，这位病人真不幸——抬到腰部上方。我成功绑扎了两条动脉血管，但是忘记了前骨间肌；在我锯断骨头过后，前骨间肌缩回到了肉里，不得不松开止血带寻找，因此失血很多——这是一次幸运的意外，大量出血让病人失去了知觉，因此也暂时让他不再痛苦，也不再挣扎，他的挣扎让我工作极为受阻。截肢手术成功收尾，病人被安置到床上，但我仍然留在他身边，以防他突然恢复意识，乱动撕破伤口上的缝线。

詹米突然发火，打断了这段吸引人的叙述。他的耐心显然已经耗尽了。

“伊恩，你的拉丁语连狗都不如！还有，你懂的那点希腊语，都分不清楚水和酒有什么区别！”

“只要是他们喝的，肯定就不是水。”伊恩嘟哝道，听上去有些叛逆。

我合上本子，匆匆站了起来。听上去他们或许很需要一位裁判。我绕过船舱时，伊恩正不满意地用苏格兰语小声嘟哝着。

“是的，嗯，但我不那么在意……”

“是的，你不在意！真是遗憾，你甚至不知道为你的无知感到羞愧！”

然后是紧张的沉默，只听到尼特罗克鲁斯在船头撑篙时的微弱水声。我在角落窥视，看到詹米怒视着沮丧的伊恩。伊恩看了看我，咳嗽着清了清嗓子。

“嗯，我跟你说，詹米舅舅，如果我觉得羞愧有用的话，我会毫不犹豫地感到羞愧。”

他看上去很难过，满脸歉意，让我忍不住大笑起来。

詹米听到我的笑声后转身，怒气稍微减少了一些。“你真是一点忙都帮不上，外乡人。”他说，“你懂拉丁文，不是吗？你是医生，必须懂拉丁文。或许我应该让你来教他拉丁文的，嗯？”

我摇了摇头。尽管我确实算得上会读拉丁文——读得笨拙且费力——但我并不想将我接受的零散杂乱的训练塞到伊恩的脑袋里。

“我只记得‘Arma virumque cano’这句话。”我看了看伊恩，然后笑着翻译了这个句子，“我的胳膊被狗咬断了。”

伊恩咯咯地笑了起来，詹米对我使了个彻底绝望的眼神。他叹了口气，然后伸手抓了抓头发。除身材高挑、头发浓密，以及在生气或思考时会抓头发以外，詹米和伊恩没有任何生理上的相似性。

刚才这堂课看上去压力很大，他们都好像被倒退着拉过灌木树篱似的。

詹米不开心地朝我微笑，然后转身对着伊恩摇了摇头：“噢，好吧，抱歉我吼你了，伊恩，真的抱歉。但是你头脑聪明，我不想看到你把它浪费了。好家伙，我像你这么大的时候，已经开始在巴黎大学学习了！”

伊恩站着，低头看着船边打着漩迅速流逝的棕色河水。他的双手放在围栏上——一双大手，手背宽大，被太阳晒成了棕色。

“是的，”他说，“在我这个年龄时，我爸爸也在法国，在那里打仗。”

听到他这么说我有些惊讶。我知道伊恩曾经在法国从军过一段时间，但不知道他从军得那么早，也不知道他从军时间那么长。小伊恩现在才十五岁。那么说，他父亲十五岁时就在法国当外籍雇佣兵，直到二十二岁时被炸伤。当时，他的一条腿被葡萄弹炸了，伤得特别严重，所以膝盖以下的部分被截肢，然后他就永久地回家了。

詹米看了小伊恩一会儿，稍微皱着眉头。然后，他走过去站到小伊恩旁边，向后倚靠着，双手放在围栏上保持平衡。

“我知道的，”詹米轻声说，“因为在他去参军的四年后，我成了逃犯，所以也跟随过他。”

听到詹米这么说，小伊恩惊讶地抬起头：“当时你们一起在法国？”

船的前进带来了些许微风，但天气仍然炎热。或许高温让詹米决定暂时放下高等教育的话题，因为他点了点头，拉起脑后的浓密头发，让颈子凉爽些。

“我们当时在法兰德斯，一起过了一年多，然后他才受伤被遣返回家。我们当时属于苏格兰雇佣兵团，团长是菲格斯·马克·利奥达斯。”

小伊恩的双眼因为好奇而明亮起来。

“菲格斯——我们的菲格斯——的名字就是从这里来的？”

詹米微笑起来：“是的，我给他取名菲格斯，就是因为利奥达斯。利奥达斯长得英俊，而且英勇善战。他对伊恩的评价不错。你爸爸没有给你说过他？”

伊恩摇了摇头，稍微皱起了眉头：“他从来没有跟我说过。我……我知道他的那条腿是在法国受伤的——妈妈在我问时跟我说的——但爸爸自己从来不说关于它的事情。”

罗林斯医生对截肢的描述在我脑中还很清晰，所以我觉得伊恩或许并不想回忆截肢这件事。

詹米耸了耸肩，从胸前把被汗打湿的衣服拉开。“是啊，我想，在回家定居在拉里堡之后，他打算把那段时间忘掉。还有……”他犹豫了，但小伊恩坚持要他继续说下去。

“还有什么，詹米舅舅？”

詹米看了看伊恩，扬起了一边的嘴角：“好吧，我觉得他不想跟你说太多关于战争和打仗的故事，以免你们这些家伙对打仗念念不忘，最后也跑去参军。他和你妈妈都是为了你好，知道吗？”

我觉得伊恩这么做是明智的，从脸上的表情来看，小伊恩想不出比战争和打仗更让他激动的东西。

“我妈妈才会那么做，要是我不反对，她会把我裹在毛毯里，系在她围裙的系绳上。”伊恩有些厌烦地说。

詹米咧嘴微笑起来：“噢，你不反对？你觉得要是你现在回家去，她会把你裹在毛毯里，把你亲到窒息？”

小伊恩放下了鄙视的姿态。“呃，不会的，她会狠狠地打我的光屁股。”他承认道。

詹米大笑起来：“你对女人还是有些了解嘛，伊恩，虽然没有你想象的那么了解。”

伊恩怀疑地看了看詹米，看了看我，接着又看着詹米。“舅舅，你对女人了如指掌，是吧？”

我扬起眉毛，让詹米回答这个问题，但他只是大笑。

“聪明人知道自己知识的极限，伊恩。”他低头亲吻了我湿润的额头，然后转头向伊恩补充说：“但我希望你的极限再高些。”

伊恩耸了耸肩，一副厌烦的表情。“我不打算当绅士，”他说，“毕竟，小詹米和小迈克尔都不会读希腊文，而他们过得也足够好。”

詹米搓了搓鼻子，若有所思地打量着伊恩。“小詹米有拉里堡。小迈克尔在巴黎和杰拉德过得不错。他们会有安定的生活。我们为他们两个尽了全力，但是在他们长大成人时，我们没钱让他们去游历和上学。他们当时没有太多选择，是吧？”

他向后推了一把，离开围栏，站直了身子。“但是，如果能让你做得更好，伊恩，你父母不会想让你过那样的生活。他们会让你成为有学识、有影响力的人，或许成为 duine uasal。”

我之前听过这个盖尔语的词语，它字面上的意思是“有价值的人”。这个词指的是有社会地位的农场主和领主，他们拥有土地和追随者，在高地氏族中仅次于族长。在起义之前，詹米就曾是这样一位“有价值的人”，但现在不是了。

“唔。詹米舅舅，那你有没有按照你父母的意愿做事呢？”小伊恩沉稳地看着詹米，只是小心翼翼地抽动了一下眼睛，表明他知道自己问这个问题有些危险。实际上，詹米的父母本打算让他成为“有价值的人”。拉里堡理应是他的，只是为了不让拉里堡被国王没收，他才从法律上把它交给了小詹米。

詹米盯着他看了片刻，然后用指关节搓了搓上嘴唇，这才开口回答。

“我刚才说你头脑聪明，不是吗？”他干巴巴地回答道，“不过，既然你问了，伊恩，我父母把我养大，是要我做两件事情，一是照顾我的土地和人们，二是照顾我的家庭。我尽全力做了这两件事，而且我还会尽全力继续做下去。”

听到这里，伊恩知趣地脸红起来。“嗯，我不是故意——”他低着头嘟哝道。

“别担心，小伙子。”詹米插话说道，同时拍了拍他的肩膀，朝伊恩苦笑着，“为了母亲，我们都需要有些成就，即使这种成就最终让我们丧命。现在该我去撑船了。”

詹米朝前面看了看，尼特罗克鲁斯的肩膀像涂了油的铜那样闪亮着，肩上的肌肉因为长久劳作而变得精瘦。詹米解开马裤——和其他人不一样，他撑船时不脱衣服，而是为了凉爽脱掉马裤，撑船时按照苏格兰高地的做法把衣服系在大腿中间——然后朝伊恩点了点头。“你想想吧，小伙子。不管是不是家里最小的孩子，你的人生都不应该被浪费。”

他朝我笑了笑，笑容中的光亮几乎能让人心脏骤停，然后他把脱下来的马裤递给了我。紧接着，他仍然拉着我的手，站直身子，另外那只手捂在心上，慷慨激昂地说道：

爱，爱，我爱的女子，
她高挑如雪松；
芳香樱草的优雅
是她的主格，
她的性是阴性。

他和蔼地朝已经忍不住咯咯笑起来的伊恩点了点头，然后把我的手牵到唇边，蓝色的眼睛淘气地倾斜着。

我能拒绝如此美丽的仙女吗？
她的声音悦耳如笛声；

她双眼明亮，双手洁白，
脉搏在触碰下如此柔弱。
噢，我的女孩，她那么美，
我要亲吻她到永远；
先生，如果我有幸，我要娶她为妻，
噢，幸福的一天。

他优雅地向我伸出一只脚，庄严地眨眼向我示意，然后穿着衬衫大步走开了。

CHAPTER 09

鬼魂的三分之二

河面像石油一样隐隐闪光，河水和缓地向后流逝，没有丝毫波纹。船头右侧挂着一盏灯笼，我坐在前面甲板上的低矮凳子上，能够看到下面的光线，光线与其说是映射在水里，倒不如说是被困在水下，与我们的船并肩缓慢地移动。

月亮隐约像把镰刀，有气无力地从树梢上割过。在河边的茂密树林以外，大地在广阔黑暗的笼罩下变成了水稻种植园和烟草土地。白天的炎热被吸入大地，在土壤下面散发着看不见的能量；在松树和枫香树的屏障后面，肥沃的平原在黑暗的热量中酝酿，利用着河水和白天积攒下来的热量。

只要移动就会出汗。空气沉闷得可以被感受到，吹到我脸上和胳膊上的阵阵微弱暖风，都像是在爱抚我。

我身后的黑暗中有阵微弱的沙沙声，我向上伸出一只手，但没有转身去看。詹米的手温柔地握在我的手上，捏了捏，然后又放开了。即使是这短暂的触碰，也让我的手指因为出汗而变得湿润。

他叹息着慢慢地坐到我身边，拉扯着衬衫的领子。

“我觉得在我们离开佐治亚过后，我就没有呼吸过空气了，每次呼吸都觉得自己会被淹死。”他说。

我大笑起来，感觉到汗液从我乳房中间蜿蜒流下去。“十字溪会凉快些，大家都这么说。不过，这样的空气难道不好闻吗？”我深吸了一口气，只是为了证明我还能呼吸。

黑暗将水边树木和植物的浓郁香气全部释放出来，混杂着河岸上潮湿泥土的气息和甲板木材被太阳晒出来的香气。

“你的鼻子和狗一样灵敏，外乡人，难怪洛洛会那么喜欢你。”他叹了口气，向后倚靠着船舱墙壁。

爪子踩在甲板上发出的声音说明了洛洛的到来，它小心翼翼地朝围栏走来，在离围栏一英尺的地方谨慎地停下来，然后轻手轻脚地趴在了甲板上。它把鼻子搭在爪子上，深深地叹了口气。它几乎和詹米一样特别不喜欢坐船。

“嗨，洛洛，你的主人在哪里呢？”我说。我伸出手去让它闻闻，它礼貌地低头让我挠它的耳朵。

“在船舱里，学习打牌作弊的新方法，”詹米挖苦地说，“只有老天才知道这家伙会出什么事，如果他没有在某家酒馆里被人枪击或被人暴打脑袋，那么他有可能带着下次打法罗纸牌时赢来的一只鸵鸟回家。”

“山里肯定没有鸵鸟，也没有法罗纸牌吧？如果那里没有值得一提的城镇，肯定也不会有太多酒馆。”

“嗯，应该没有，”他承认道，“但如果一个人注定要去投奔魔鬼，那么无论你把他安置在哪里，他都会找到前去的路。”

“我相信伊恩不会去投奔魔鬼的，他是个好男孩。”我安慰他说。

“他是男人了。”詹米纠正道。他侧耳倾听着船舱里的动静，我能够听到里面传来模糊的笑声，偶尔还有几句下流话。“不过他还是特别年轻的男人，而且傻头傻脑的。”他看了看我，脸上的惨然微笑在灯笼光线里清晰可见。

“如果他还是个小孩子，我能够管管他。可实际上……”他耸了耸肩，“他已经大到能够管自己的事情了，我要是紧盯着他，他是不会感激我的。”

“他总是会听你的话。”我抗议道。

“是啊，可那是因为我还没有对他说他不想听的话。”他把脑袋靠着墙壁，闭上了眼睛。汗水在他高凸的脸颊骨上闪着微光，一小股汗液沿着他脖子侧边流了下去。

我伸出手指，轻轻地将那一小滴汗液弹掉，没让它进一步打湿他的衬衫。

“你说他得回苏格兰，已经说了两个月，我不觉得他不想听你这么说。”

詹米睁开眼睛，悲观地看着我：“那他现在回苏格兰了吗？”

“呃……”

“嗯。”他说，然后又闭上了眼睛。

我安静地坐了会儿，用裙摆擦干了脸上的汗水。这里的河道变窄了，河岸离我们至多十英尺远。我看到灌木丛中有些沙沙的动静，里面有双眼睛反射着船上灯笼的光线，短暂地发出红色的微光。

洛洛突然低吼着抬起了头，耳朵专注地竖了起来。

詹米睁开眼睛，看了看河岸，然后突然坐了起来。“天哪！那是我见过的最大的老鼠！”

我大笑起来：“那不是老鼠，是负子鼠。看到它背上的孩子没？”

詹米和洛洛看着那只负子鼠，脸上都是相同的审视的表情，评估着它的体格和可能有的速度。四只小负子鼠冷峻地朝这边凝视着，在它们母亲不偏不倚隆起的后背上抽动着尖尖的鼻子。那只母负子鼠显然觉得我们的船不是威胁，所以舔着喝完水，转过身子，沉重缓慢地走进了灌木丛。随着灯笼光线逐渐变暗，它那光秃且粗大的粉红尾巴的尖端也消失不见了。

詹米和洛洛这两个狩猎者发出同样的叹息，然后再次放松了下来。

“梅耶斯倒是说过它们吃起来味道不错。”詹米伤感地说。我叹了口气，从裙子的口袋里掏出一个布袋递给他。

“这是什么？”他好奇地朝口袋里看了看，然后把里面的棕色小颗粒倒进手掌。

“炒花生。这里的地下长有花生。我碰到一位农场主把它们当猪食卖，所以就买了些让旅馆老板娘给我炒了炒。把壳剥掉再吃。”我说着，朝他咧嘴笑了，享受着那种比他更了解周围环境的新奇感觉。

他有些恶狠狠地看了我一眼，然后用拇指和食指压碎花生壳，剥出三颗花生米。

“外乡人，我是无知，但我不傻。无知和傻还是有区别的，是吧？”他说着，把一颗花生米放到嘴里，小心翼翼地咬下去。他的怀疑表情变成了惊讶的愉悦表情，然后越来越热情地咀嚼起来，把剩下那两颗也扔到了嘴里。

“喜欢吧？等我们安顿好，我把研钵取下来，就给你做花生酱来搭配面包。”我微笑起来，享受着他的愉悦。

他朝我微笑，把花生吞下去，然后又捏开另外一个。

“这个地方虽然到处都是沼泽，但土壤不错。我从来没见过土地里轻易就长出这么多东西。”

他又把另外一颗花生米扔到嘴里。“外乡人，我一直在想，你觉得定居在这里怎么样？”他说着，低头朝手掌里面看。

这个问题并没让我感到十分意外。我看见过他用农场主般的善良眼神打量这些黑土地和茂盛的庄稼，还在他欣赏总督的马匹时看到过他脸上的悲伤神情。

反正我们不能立即回苏格兰。小伊恩可以回去，但因为某些复杂情况，尤其是有些事情涉及莱里·麦肯锡，我和詹米不能回去。

“我不知道，撇开印第安人和野兽不说——”我慢慢地说。

“哎哟，”他有些尴尬地插话道，“梅耶斯跟我说，只要远离山区，印第安人和野兽就完全不是问题。”

我忍住没有指出，总督的提议就是要让我们去那些山区。

“是的，但是你记得我跟你说过关于美洲革命的事情吗？今年是一七六七年，你在总督的宴会上听到对话了。詹米，再过九年就会天下大乱。”我们都经受过战争，对这个想法的态度都很严肃。我把一只手放在他的胳膊上，用力捏了捏，让他看我。

“你知道的，我之前没有说错。”我当时知道在卡洛登会发生什么，把查尔斯·斯图亚特及其军队的命运告诉了他。然而，我们俩对这种命运的知晓都不足以拯救我们。在这种知晓背后，是二十年痛苦的分别，以及关于一个他无法见到的女儿的记忆。

他缓缓点头，然后向上伸手抚摸我的脸庞。头顶那个小灯笼的柔弱光线引来一团团小蚊虫，它们被詹米的动作惊扰，突然胡乱旋转起来。

“是的，你当时没说错，当时我们觉得我们必须去改变事情，或者说至少要尝试去改变。但是在这里——”他温柔地说，并转过身，朝树林后面看不见的广阔土地挥动手臂，“我不觉得这与我有关，不管是去帮忙，还是去阻挡。”

我挥手赶走脸前的蚊虫。“如果我们生活在这里，这或许就与我们有关。”

他思考着，用手指搓着下巴。他的胡须长了出来，微红的胡楂在灯笼光线里闪着银光。他身材高大，长相俊俏，体格强壮，正值盛年，但不再是年轻的那个他，我带着突然的感激之情意识到了这点。

苏格兰高地的男人生来就是为了战斗，高地男孩在能够举剑参战时就成了男人。詹米从来没有草率过，但是在一生中的大部分时间里，他都是勇士和战士。在他还是二十多岁的年轻人时，无论是不是自身的原因，都不能阻止他去战斗。现在，在他四十多岁时，理智或许会缓和他的激情——至少我希望能够缓和。

这也没错，除了一位他不认识的姨妈以外，他在这里没有亲戚，没有任何关系会让他插手。或许，在知道未来会发生什么时，我们可能会设法远离最糟糕的结果？

“这个地方很大，外乡人。单是在离开佐治亚过后，我们旅途的距离就已经比苏格兰和英格兰加起来都要远了。”他往船头以外看去，看着看不见的黑色大地。

“没错。”我承认道。在苏格兰，即使是在高地的悬崖峭壁当中，也没法逃避残忍的战争。这里却不同，只要我们仔细地选择地方，我们其实有可能躲开战神的巡回眼光。

他偏着脑袋，向上朝我微笑。“我能想象你当种植园主夫人的样子了，外乡人。如果总督找到人买走剩余的宝石，那么我就有足够的钱，能给莱里寄去我给她承诺的全部钱款，然后还剩下足够多的钱去买块好地，一个能让我们成功的好地。”

他用右手拉起我的右手，拇指温柔地抚摸着我那枚银婚戒。“或许有一天我会用蕾丝和珠宝打扮你，”他温柔地说，“我始终没有能力给你太多，除了一枚不大的银戒指和我母亲的珍珠项链。”

“你给我的远不止这些，比如说布丽安娜。”我说，用手指握住他的拇指，然后捏了捏。

他淡然一笑，低头看着甲板。“是啊，没错。她或许就是我们留在这里的真正原因。”我把他朝我拉过来，他把头靠在我的大腿上。

“这是属于她的地方，不是吗？她会出生在这里，她会生活在这里。”他轻声地说着，抬起一只手，指了指河流、树林和天空。

“没错。”我轻声说，并抚摸着他的头发，理顺他那与布丽安娜特别相像的一缕缕浓密发丝，“这里将是属于她的国家。”这里属于她，也属于我和詹米，无论我们可能会在这里生活多久。

他点点头，胡须柔和地刮擦着我的裙子。

“我不想打仗，但如果我不打仗的话，你就会有危险，外乡人。但是，如果我能做点什么来……来建造这个地方，来让它变得安全，变成于她而言不错的地方……”他耸了耸肩，“我就会感到开心。”他轻声说完。

我们沉默地坐了片刻，紧挨着彼此，看着河水反射的暗淡光亮，以及那个在缓慢前行的昏暗灯笼。

“我把那条珍珠项链留给了她，”我最终说，“我似乎就应该那样做，毕竟它是传家宝。我只需要这枚戒指。”我弯曲着戴着戒指的那只手，抚摸他的大腿。

他握住我的双手，然后亲吻了它们——左手上还戴着弗兰克和我的金婚戒，右手上戴着他给我的银戒指。

“Da mi basia mille。”他用拉丁语低声说道，意思是“给我一千个吻”。

这句话刻在我戒指的内侧，引自卡塔路斯的情歌。我低头，还了他一个吻。

“Dein mille altera。”我说，意思是“然后再来一千个”。

* * *

我们停靠在灌木树丛边上休息时，已经快半夜了。天气有了变化，尽管仍然闷热，但空气中有了打雷的迹象，树木下的灌木丛轻轻地摆动起来——因为不规律的风吹，或许是因为夜里的某些小东西在暴风雨之前匆匆疾跑回家。

潮汐几乎结束，从这里开始，我们需要依靠船帆和篙竿，弗里曼船长觉得有希望趁着风暴借点微风。我们可以因此得到休息。在能够借风时，我们就可以休息。我蜷缩到我们在船尾的休息处，尽管天很晚了，但我还是没法立即睡着。

按照弗里曼船长的估计，我们可以在明天晚上抵达十字溪。我很惊讶地意识到我是多么期待我们到达十字溪，在路上过了两个月的勉强糊口的生活，我特别渴望能够有个庇护所，无论这个庇护所有多么临时。

我熟悉高地人对热情好客和亲属关系的观念，所以不担心我们会不会受欢迎。詹米已经四十多年没有见这位姨妈，但他显然不觉得这会阻碍我们受到热情接待。与此同时，我不禁对乔卡斯塔·卡梅伦心怀许多好奇。

建造理士城堡的“红色雅各布”，也就是雅各布·麦肯锡，养育有五个子女。詹米的母亲艾伦是五姐弟中最大的，乔卡斯塔是最小的，而另外一个姐妹詹妮特，也像艾伦那样，在我与詹米相遇之前很久就去世了。不过，我认识科拉姆和杜格尔这两兄弟，而且对他们很熟悉，因而我不禁猜测这五姐弟中的最后一位会是什么样子。

她或许会很高，我心想着，看了看蜷曲着躺在我身边甲板上的詹米。或许还有一头红发。他们都是高个子、白皮肤的维京人——即使是患有某种变性疾病而残废的科拉姆，最初也是高个子——毛发的颜色红艳艳的，既有詹米那种如火焰般的红色，也有杜格尔那种深深的黄褐色。只有科拉姆的毛发是真正的黑色。

回忆起科拉姆和杜格尔，我突然感到一阵不舒服。科拉姆在卡洛登战役之前就病逝了。杜格尔死于卡洛登战役前夜，是被詹米杀死的。詹米杀他是为了自卫——其实是为了保卫我——而他只是在那个血腥四月中死去的那么多人中的一个。不过，我确实在想，詹米有没有想过，等我们到了河场，在大家相互寒暄完，亲戚间的闲聊转到“你上次见到谁谁谁是什么时候”时，他会说些什么。

詹米叹了一口气，在睡眠中伸展了身体。他能够——也确实有过——在任何东西的表面上熟睡，因为他习惯了在各种条件下睡觉，无论是潮湿的石楠丛、充满霉味的洞穴，还是监狱牢房里的冰冷石地板。我觉得，与那样的条件相比，我们身下的木质甲板肯定特别舒服。

我既没有他那么柔软，也没有他那么坚硬，但疲倦逐渐压垮了我，连对于未来的好奇心所带来的刺痛感都没法让我保持清醒了。

我迷惑地醒了过来。天还未亮，四周有嘈杂的声音，喊叫声和狗吠声，我身体下面的甲板被人踩踏得颤动起来。我猛地坐起来，想着自己是在航行着的船上，所以觉得有海盗上了我们的船。

然后，我的思绪变得清晰了，尽管我仍然看不清楚东西。我发现确实是有海盗上了我们的船。有些陌生的声音在大声咒骂和命令，许多穿着靴子的脚沉重地在甲板上踩踏。詹米不见了。

我挣扎着爬起来，没有去管穿衣服之类的事情。天快亮了，天空虽然仍然黑暗，但是足够光亮，将船舱映衬成一块更黑暗的斑点。我挣扎着站直，抓住船舱顶部支撑着，几乎被船舱那边飞过来的几个人打倒。

几个模糊的人影和白色脸庞在移动，然后我听到一声叫喊、一声枪响和一声巨大的扑通声。伊恩面色苍白地蹲在甲板上，他下面是洛洛的上下起伏着的身子。一个陌生的男人，没有戴帽子，头发凌乱，撑着站了起来。

“该死！它差点咬到我了！”那个强盗因为洛洛那次差点命中的攻击而变得慌乱，用手颤抖着去摸出腰带上的备用手枪。他用手枪指着洛洛，脸庞朝着下面，眼睛丑陋地眯了起来。

“畜生，受死吧！”

一个更高的男人不知从何处冒出来，在燧石撞击前用手将手枪打了下去。

“别浪费子弹，蠢货，用空枪怎么能够看住他们？”他指了指尼特罗克鲁斯和正愤怒地咒骂着的弗里曼船长；他们正被人往我这边赶。

那个较矮的男人恶毒地看了看洛洛，然后把手枪转过来顶着弗里曼船长的腹部。

洛洛发出奇怪的声音——低声的吼叫，其中混杂着痛苦的呜呜声。我能够看到它扭曲着的身体下面，有一摊潮湿的黑暗印迹。伊恩把头埋在它身上，双手无助地抚摸着它的脑袋。他抬起头，脸颊上的泪水闪着微光。

“舅妈，救它，救救它！”他说。

我冲动地动了动，那个高个子男人向前走过来，伸出手臂挡住了我。

“我想看看那条狗。”我说。

“什么？”矮个子强盗用愤怒的口气说。

高个子男人戴着面罩，在眼睛适应了逐渐变亮的昏暗光线后，我意识到他们都戴着面罩。船上有多少人？我清晰地觉得那个高个子在微笑，尽管他戴着面罩。他没有回答，而是小幅度地挥了挥手枪，让我过去了。

“嗨，老伙计，”我跪到洛洛身边，低声说，“别咬我，你是只乖狗狗。它伤到哪儿了，伊恩，你知道吗？”

伊恩抽泣着摇了摇头。“伤在下面，我没法让它翻过身来。”

我也没有打算把洛洛的躯体翻过来。我迅速伸手去它脖子上试脉搏，但我的手指陷进了它的浓密毛皮，无用地在里面戳着。我突然有了灵感，于是抬起它的一只前爪，沿着整只爪子向上试，最终摸到了它的腿和身体相连的凹陷处。

脉搏当然就在那里，它脉搏稳定，在我手指下让人安慰地跳动着。我习惯性地开始计数，但很快就放弃了，因为我不知道狗的正常脉搏速率是多少。不过，脉搏稳定，没有颤动，没有失常，也没有显得虚弱。这是个很好的迹象。

还有个好迹象是洛洛并没有失去意识。我用手肘夹着的它那条硕大的腿，它还紧绷着想要往回缩，而不是像休克时那样软弱无力地吊着。它发出长时间的尖厉叫声，叫声介于哀鸣和嚎叫之间，然后它开始用爪子乱抓，想要把腿从我的手中挣脱，让自己回到正常的位置。“我觉得它伤得不重，伊恩，”我解脱地说，“你看，它现在在翻身。”

洛洛摇晃着站了起来。它用力摇了摇头，晃动全身的蓬乱皮毛，一阵血雨洒在甲板上，就像滴滴答答的雨滴一样。它那双黄色的大眼睛盯着矮个子男人，那种眼神即使是智力最平庸的人也能看得出来是什么意思。

“嘿！你拦住它，不然我发誓会开枪打死它！”那个强盗的声音中响彻着惊慌和真诚，手枪的枪口在那一小群俘虏和龇牙低吼的洛洛中间不确定地晃动着。

伊恩慌忙脱下衬衫，罩住洛洛的脑袋，暂时让它看不见东西。洛洛疯狂地摇头，在衬衫的束缚里发出低吼的声音。血液染在了黄色的亚麻衬衫上——不过，我现在能够看清楚了，那些血液是从洛洛肩胛上那个不深的伤口里流出来的。显然，刚才那枪造成的只是皮外伤。

伊恩坚定地撑着，逼迫洛洛蹲坐回去，对着被衬衫包裹着的狗头嘀咕着命令。

“船上有多少人？”那个高个子男人的犀利目光迅速转向弗里曼船长。船长紧闭着嘴，在他脸上的灰白胡须里，那张嘴看上去就像是钱包上的接缝。然后，高个子男人将目光转到了我身上。

我认识他，我认识他的声音。这肯定在我脸上表现了出来，因为他停顿了片刻，然后猛地摆头，让充当面罩的手帕从脸上掉了下来。

“有多少人？”史蒂芬·博内再次问道。

“六个。”我说。没有理由不回答他，我能看到岸上的菲格斯，他双手举着，被第三个海盗用枪口赶着朝船上走来。詹米突然从黑暗中冒出到我身边，一脸严肃的表情。

“弗雷泽先生，”博内看到他后愉悦地说，“很高兴我们又见面了。不过，你不是还有个同伴吗，先生，那个独臂的男士？”

“没在这里。”詹米简单地回答道。

“我去看看。”矮个子强盗转身嘀咕道，但博内挥手阻止了他。

“噢，不用去。你还不相信像弗雷泽先生这样的绅士的话吗？罗伯茨，你守着这些好人。我去四处看看。”他朝同伴点了点头，然后消失不见了。

因为照看洛洛，所以我暂时没有注意船上其他地方的骚动。船舱里传来东西被打碎的声音，我想起我的药箱，立即站了起来。

“嘿，你要去哪儿？站住！不然我开枪了！”那个强盗的声音里有种孤注一掷的语调，但这种语调同时也显得不确定。我没有停下来看他，而是钻进了船舱，撞上了第四个强盗，他正在我的药箱里胡乱翻找。

我被撞得踉跄退了一步，然后抓住他的胳膊，愤怒地喊了出来。他打开那些箱子和瓶子时很粗暴，让里面的东西都撒了出来，然后将它们胡乱扔在了地上。乱七八糟的药瓶，许多都被摔坏了，躺在罗林斯医生所选药品的零乱残余中间。“不准碰那些东西！”我说着，从他胸前把最近的那个药瓶一把抢过来，迅速揭开软木塞，把瓶中的液体洒到了他脸上。

就像罗林斯的大多数混合药品那样，这个瓶子里的液体里含有大量酒精。被液体淋到后，他喘着气，流着泪踉跄后退。我趁机从杂物中抓起一个石头做的啤酒瓶，然后敲打了他的脑袋，敲打出了让人满意的砰声！但我敲得不够狠，他摇晃了几步，仍然站着，然后在前倾时抓住了我。

我把手缩回来，打算再给他一击，但我的手腕被人从后面坚定地抓住了。

“抱歉，亲爱的弗雷泽夫人，我真的不能让你打破他的脑袋。他的脑袋虽然不好看，但他需要它来撑住帽子。”一个熟悉的爱尔兰声音礼貌地说。

“该死的婊子！她打我！”被我打的那个男人抓着脑袋，面容痛苦地扭曲着。

博内把我拉回甲板上，我的胳膊被拧到背后，疼痛不已。现在天几乎亮了，河流就像平坦的银子那样泛着微光。我恶狠狠地等着那几个袭击我们的人，如果再次见到他们，不管他们有没有戴面罩，我都想把他们认出来。

不幸的是，越来越明亮的环境也让他们能够看得更清楚。那个被我打的男人，似乎带着明显的怨恨，抓住我的手，用力往外拽我的戒指。

“来，把它给我们。”

我把手挣脱，准备给他一耳光，但是被博内意味深长的咳嗽阻止了。他走到了伊恩边上，把手枪抬到离伊恩左耳一英寸远的地方。

“弗雷泽夫人，你最好把它们交出来，恐怕罗伯茨先生想要你补偿你给他造成的伤害。”他礼貌地说。

双手恐惧、愤怒地颤抖着，我把我的金戒指拧了下来。那枚银戒指很紧，卡在我的指关节上，似乎不愿意与我分离。两枚戒指都因为汗水而湿滑，比起我突然冰冷的手指，它们显得更为暖和。

“把它们交出来。”那个男人用肩膀粗暴地戳了戳我，然后伸出宽大、肮脏的手掌来接戒指。我不情愿地把手伸过去，戒指就半握在我的手里。然后，没有经过细想，我就冲动地把手往嘴巴拍去，把戒指扔到了嘴里。

那个男人把我往后撞，让我的头砰的一声撞在船舱墙壁上。他用长着老茧的手指往我脸上戳，探到我的嘴巴里，粗鲁地寻找那两枚戒指。我挣扎起来，用力吞咽，嘴巴里充满了唾液。我尝到了银子的味道，这种味道既可能来自戒指，也可能来自血液。

我向下咬了一口，然后喊叫着猛地向后退。有枚戒指可能已经从我嘴里掉出来了，因为听到某个地方有微弱的金属撞击声，然后随着我的干呕和哽咽，另外那枚戒指滑进了我的食道，感觉又硬又圆。“婊子！我要割开你该死的喉咙！你把戒指留下，去死吧！该死的婊子！”我看见他愤怒扭曲着的脸，以及匕首被抽出时的突然闪光。有东西狠狠地把我撞倒，然后我发现自己被詹米的身体压在甲板上。

我头晕得没法移动，虽然我无论如何也移动不了。詹米的胸膛压在我的后脑勺上，把我的脸挤压在甲板上。船上有杂乱的喊叫声和喧闹声，隔着我脑袋周围的潮湿的亚麻衣服，显得模糊不清。我听到轻微的沉闷声音，然后感到詹米抽动，发出哼声。

噢，天哪，他们用刀捅他了！我心想，感觉既痛苦，又恐惧。然后我又听到一声闷响，紧接着是更大的哼声，但这表明詹米只是被人踢了肋骨一脚。詹米没有移动，他只是更用力地朝甲板上压，像装填三明治那样把我往下压。

“走开！罗伯茨！我说放开他！”博内的声音充满权威，足够犀利，能够穿透蒙在我脑袋上的衣服。

“但是她……”罗伯茨开口说，恼怒的哭嚷突然被一个响亮、有力的耳光止住。

“站起来，弗雷泽先生。你妻子安全了，尽管她应该受罚。”博内的粗哑男中音里混杂着愉悦和愤怒的口气。

詹米的沉重身体慢慢地从我身上离开，然后我坐了起来，感觉头晕目眩，还因为头部受到撞击而觉得有些恶心。史蒂芬·博内站着低头看我，带着轻微的厌恶打量着我，就好像我是他打算出售的一张破烂鹿皮。罗伯茨在他身边恶毒地盯着我，擦拭他发际线上的血污。

博内最终眨了眨眼，将凝视的目光转到已经站了起来的詹米身上。

“她是个愚蠢的女人，但我觉得你不介意。”博内冷静地说，点点头，脸上隐约露出微笑，“我很感激能有机会报答你的恩情，先生。《圣经》上说，一命抵一命。”

“报答我们？”伊恩生气地说，“我们那样对你，你却来抢掠我们，对我舅妈和我的狗下狠手，你还有脸说报答？”

博内用淡色的眼睛盯着伊恩的脸，他那双眼睛是绿色的，就像剥了皮的葡萄那样。他一边的脸颊上有个深深的酒窝，就像上帝在塑造他时在那里用拇指按了一下，但他的双眼在黎明时就像河水那样冰冷。

“你真是学不懂《圣经》啊？”博内谴责地摇了摇头，然后用舌头发出了咔嗒声，“有才德的妇人，价值远胜过红宝石；她的价值胜过珠宝。”

他脸上仍然带着微笑，张开了手掌，三颗宝石在灯笼发出的光线中闪闪发光：绿宝石、蓝宝石，以及黑色火焰般的黑宝石。

“我觉得弗雷泽先生会同意的，是吧，先生？”他把那只手伸到衣服里，拿出来时宝石不见了。

“最后，”他说，冷酷的眼神又转动到伊恩身上，“报答有不同的种类。”他微笑起来，笑得并不特别快活，“不过我觉得你还不够大，理解不了这点。感激我不想给你上堂课吧。”他转过身去，召唤他的同伴。

“东西到手了，”他突然说，“我们走。”他踩上围栏，然后跳了出去，哼的一声跳到泥泞的河岸上。他的喽啰跟在后面，罗伯茨恶毒地看了看我，然后才笨拙地跳进浅滩，走上河岸。

四人一同消失到灌木丛中，我听到黑暗中有马匹在尖厉嘶鸣致意，而船上则一片寂静。

天空呈深灰色，远处雷声隆隆，片状闪电在遥远的地平线上方一闪而过。

“杂种。”弗里曼朝那边怒斥，然后朝他的伙伴转过身。“把篙竿拿过来，你，特罗克鲁斯。”他说道，然后朝舵柄走去，边走边往上提马裤。

慢慢地，其他人也动了起来。菲格斯看了看詹米，然后点亮了灯笼，消失到船舱里。我听到他在里面收拾东西。伊恩蜷缩着坐在甲板上，在洛洛上方埋着黑头发的脑袋，用揉成团的衬衫擦拭着洛洛的颈子。

我不想看詹米。我翻身趴着，慢慢地朝小伊恩爬去。洛洛看着我，黄色的双眼显得谨慎，但并没有反对我的出现。

“它怎么样了？”我声音沙哑地问。我能够感受到戒指在我喉咙中，它阻碍在那里，让我很不舒服，于是我用力吞咽了几次。

小伊恩立即抬起头来，他的脸庞苍白、僵硬，但他的双眼却充满戒备。

“我觉得它没事，”他轻声说，“舅妈，你没事吧？你没有受伤吧？”

“没有，我没事。”我说，同时尝试着露出令人安慰的微笑。我后脑勺上有些疼痛，我的耳朵仍然在轻微地嗡嗡作响，灯笼周围的黄色光环似乎在摇摆，在随着我心脏跳动的节奏而膨胀和收缩。我的一边脸颊被打破，一只手肘被擦伤，还有一只手里插着一块很大的木头碎片，但我身体上基本安然无恙。至于其他方面，我就说不准了。

我没有回头看身后六英尺远的詹米，但我能够感受到他的存在，他此刻就像雷雨云那样不祥。显然可以从我肩膀上方看到詹米的伊恩显得有些担心。

甲板上发出轻微的嘎吱声，伊恩的表情放松了下来。我听到船舱里传来詹米的声音，他在问菲格斯问题，声音透出漫不经心，然后他的声音逐渐淡去，消失在翻弄和碰撞发出的声音当中——他们几个人把家具归位，重新堆好散乱的东西。我慢慢地出了口气。

“别担心，舅妈，詹米舅舅不是那种会对你动手的人。我觉得不是。”伊恩尝试安慰我。

鉴于从詹米那边传来的氛围，我完全不确定伊恩说的是否正确，但我希望他没有说错。

“你觉得他很生气吗？”我小声地问。

伊恩不自在地耸了耸肩。“呃，上次我见他那副样子时，他把我带回房子里，把我打趴在地上了。不过，他肯定不会那样对你。”他匆忙补充道。

“我觉得未必。”我有点不乐观地说。我不确定自己会不会宁愿他那样对我。

“被詹米舅舅骂也不好受，我自己倒是宁愿他打我。”伊恩说着，同情地摇了摇头。

我瞪了伊恩一眼，然后弯腰去看洛洛。

“不用担心以后的事情了。它的血止住没？”

它已经不流血了，除皮毛上面沾了血污以外，它受到的伤害出奇地少，只有肩膀附近的皮肤和肌肉上有个深深的伤口。在我给它做检查时，它放平了耳朵，露出了牙齿，但并没有发声表示抗议。

“好狗，”我低声说。要是有办法麻醉它的皮肤，我就会把它的伤口缝上，但我们没办法。“应该给它那里擦点药膏，免得蚊子飞上去。”

“我去拿，舅妈，我知道你的小箱子在哪里。”伊恩温柔地把洛洛的鼻子从大腿上挪开，然后站了起来，“是那种你抹在菲格斯脚趾上的那种绿色药膏吗？”见我点头，他钻进了船舱，留我在那里应付着我颤抖的腹部、疼痛的头部和被阻塞着的喉咙。我又吞咽了几次，但没有什么结果。我小心翼翼地摸了摸喉咙，心想我仍然拥有的是哪枚戒指。

尼特罗克鲁斯从船舱里绕出来，手里拿着又长又粗的白色木篙竿，篙竿一头有着深深的污迹，表明了它经常是必不可少的。他坚定地把篙竿从船边插下去，把身体的重量倚靠在篙竿上，然后长久、持续地用力，身体上下起伏着。

詹米从阴暗处走出来，手里拿着类似的篙竿，吓了我一跳。在各种杂乱的撞击声和叫喊声中，我没有听到他的脚步声。他没有看我，而是脱掉衬衫，在水手的指示下，把篙竿插进了水中。

在他们尝试第四次时，有东西开始移动，我感觉到了船身的微弱震动。他们受到鼓舞，撑得更加用力；突然，船身就滑动开来，发出沉闷的声音，这让洛洛抬起了脑袋，惊讶地发出低吼声。

尼特罗克鲁斯朝詹米点了点头，在一层闪亮的汗水下面眉开眼笑，然后从詹米那里接过篙竿。詹米微笑着朝他点了点头，然后从甲板上拾起衬衫，朝我转过身来。

我僵住了，洛洛十分警惕地晃动耳朵，但詹米没有表现出要痛骂我或把我扔下船的样子。相反，他弯下腰，在摇曳的灯笼光线里皱眉打量着我：“你感觉怎么样，外乡人？我看不出来你是真的脸色发青，还是只是因为光线的照射。”

“我没事，或许有点发抖。”其实不只如此，我的双手仍然湿漉漉的，我知道如果我试着站起来，我颤抖的膝盖没法支撑住我。我用力吞咽，咳嗽起来，然后捶打胸脯。“或许只是我的想象，但我感觉那枚戒指好像卡在我喉咙里了。”

他若有所思地眯眼看着我，然后朝从船舱里出来、在边上彷徨的菲格斯转过身去。

“菲格斯，去问船长我能不能借他的烟斗用用。”他转过身，把衬衫向上脱下来，然后在船尾消失了。片刻过后，他端着一杯水回来了。

我感激地伸手去接，但他却没有递给我。

“先别急，外乡人。”他说。“借来了吗？好的，谢谢你，菲格斯。去拿个空桶来，好吗？”他从迷惑不解的菲格斯那里接过肮脏的烟斗，把大拇指插到污渍斑斑的烟斗口里，然后开始刮边沿上那些被烧过的、有黏性的残留物质。

他把烟斗翻过来，在水杯上方轻敲，敲出一些棕色的烟垢和潮湿的未烧尽的烟草，然后用黑色的拇指把它们搅拌到水中。搅拌好后，他抬头从水杯上方看着我，眼神中带着明显的邪恶。

“不，”我说，“啊，不要。”

“噢，听话，”他说，“过来，外乡人，这能够让你吐出来。”

“我……我等等就会好的，不过还是要感谢你。”我说着，把胳膊抱在胸前。

菲格斯现在拿着桶回来了，眉毛抬得高高的。詹米接过空桶，砰的一声把它放在了我旁边。

“我那样做过，外乡人，”他告诉我，“而且比你想象的还要肮脏许多。在船上有人陪着时，这样做也不是件愉悦的事情，是吧？”他伸手按着我的后脑勺，然后把杯子往我的下嘴唇上送。“很快的。来，张嘴，喝一小口就行了。”

我紧闭着嘴，杯子里的气味就足以让我反胃——除了烟草的难闻气味以外，我还看到了杯中液体的恶心表面，以及漂浮在水面以下的烟垢，我还回忆起弗里曼船长吐出的一团团棕色边缘的口水在甲板上流动的场景。

詹米懒得争论和劝说，直接放开我的脑袋，然后捏住我的鼻子。在我张嘴呼吸时，他倾斜杯子，把杯中的难闻液体倒进我嘴里。

“唔——唔！”

“吞下去。”他说着，伸手紧紧捂住我的嘴巴，无视我的疯狂扭动，以及我发出的模糊不清的抗议声。他比我强壮很多，而且并没有打算放手。我要么吞下去，要么被捂死。

我最终吞了下去。

* * *

“和新的一样好。”詹米在衬衫的下摆上擦干净那枚银戒指，然后把它拿起来，在灯笼光线中欣赏着。

“肯定比我好。詹米·弗雷泽，你就是个坏透了的、该死的虐待狂！”我冷冷地说。我瘫倒着躺在甲板上，尽管河水平静，但甲板在我身下似乎仍然在很轻微地起伏着。

他在我上方弯腰，轻轻地把我脸上的潮湿头发拨开。“我觉得是这样。如果你安好到能够说出我的名字，外乡人，那么你就没有问题了。休息会儿，好吗？”他温柔地亲吻我的前额，然后坐了回去。

被蹂躏过的甲板上的躁动已经结束，秩序也已经恢复了。其他人回到了船舱里，用那瓶苹果酒来让自己恢复。弗里曼船长之前把这瓶酒扔到水桶了，让它幸免于被海盗抢去。一小杯苹果酒放在我头边的甲板上。我仍然感觉特别恶心，不想吞咽任何东西，但杯中那种温暖、醇香的气味稍微让人觉得舒适。

我们扬起了船帆，大家都急着要离开，就好像在我们被攻击的那个地方，仍然还有其他危险。现在，我们航行的速度更快了，常在灯笼周围盘旋的那一小群蚊子散了，只剩下几只草蛉歇息在上面的横梁上，纤弱的绿色身体投下细长的阴影。船舱里面，几个人突然大笑了起来，而洛洛则在侧边甲板上低吼，表示回应。事情正在回归常态。

一阵和煦的微风从甲板上吹过，蒸发了我脸上湿乎乎的汗液，吹起了詹米的发梢，把它们吹到了他的脸上。我能够看到他眉毛中间垂直的细微皱纹和他偏着的脑袋，这说明了他在沉思。

他在思考并不奇怪。我们一下子就从富人——至少说未来的富人——变成了穷光蛋，我们这趟原本配备齐全的旅行，现在只剩下一袋豆子和一个用过的药箱。他现在只希望，我们出现在乔卡斯塔·卡梅伦家门前时，不要看上去像几个乞丐——我们现在比乞丐好不了多少了。

我的喉咙因为他而疼痛着，而我的同情替代了愤怒。除了他当前的尊严问题以外，还有个令人害怕的空白，存在于那块被标记为“未来”的未知之地中。在这之前，我们对未来还有许多疑虑，但是那些犀利的疑问已经减少了，因为我们现在令人安慰地知晓了我们没有钱去实现目标——无论是什么目标。

之前，我们知道自己拥有财富时，无论这笔财富能不能花出去，我们北上的这趟贫穷的旅途都感觉像是场冒险。我之前从未觉得自己是个很看重钱财的人，但是在安全的确定性被以这种暴力的方式撕走后，我突然特别意外地感觉到一阵头晕目眩，就好像我正掉进黑暗的深井，无法停下来。

这件事对詹米有什么影响？他关心他和我的安危，还特别吃力地负担着那么多人的生活——伊恩、菲格斯、玛萨丽、邓肯、拉里堡的居民，甚至还包括那个特别讨厌的莱里。想到詹米寄给她的那些钱，我不知道是该笑还是该哭，那个渴望复仇的家伙现在肯定过得比我们好许多。想到复仇，我感受到一阵痛楚，它替代了所有次要的恐惧。作为苏格兰人，詹米的报复心尽管不特别强，但苏格兰高地人绝不会沉默、顺从地忍受这种损失——不仅是财富的损失，还有荣誉的损失。他觉得针对这种损失必须要做的是什么呢?

詹米目不转睛地凝视着黑暗的河水，嘴巴紧紧闭着。他是回忆起了那个墓地了吗? 就是在那个墓地里，他被邓肯的酒后柔情说服，答应了帮助博内逃跑。

我现在才想到，詹米可能还没有开始考虑这次遭遇带来的经济损失，他正忙着反思更加痛苦的事情——正是他自己帮助了博内逃脱绞索，让他跑出来危害无辜的人。除我们以外，还有多少人会因此遭罪呢?

“这不怪你。”我抚摸着他的大腿说。

“不怪我怪谁? ”他没有看我，安静地说，“我知道那个人的本性是什么。我本可以丢下他，让他遭报应，但我没有。我是个蠢货。”

“你那是心善。它们是两回事。”

“没有什么区别。”

他深深地吸气。带着臭氧的空气让人神清气爽，就要下雨了。他伸手端起装着苹果酒的杯子，喝了一口，然后才第一次看我，接着探询地把杯子举了起来。

“我要喝，谢谢。”我挣扎着坐起来，但詹米抓住我的肩膀，扶我倚靠着他。他端着酒杯给我喝，如血液般温暖的苹果酒轻轻地从我的舌头上流过，流下喉咙时好像燃烧起来一样，将恶心和烟草的踪迹焚烧掉了，留下缠绵不散的火辣味道。

“好些了吗? ”

我点了点头，然后抬起我的右手。他把那枚被他握得温暖的戒指戴到我的手指上。然后，他蜷起手指，用力把我的拳头捏在手里，然后紧紧地握住它。

“从离开查尔斯顿之后他就一直在跟踪我们吗? ”我把心里想的问题说出来。詹米摇了摇头。他的头发仍然松散，浓密的发丝掉下来遮住了他的脸庞。

“我觉得不是。如果他知道我们有宝石，他会在我们到达威尔明顿之前就拦路抢劫我们了。我觉得他是从利林顿的某个用人那里得到的消息。我当时觉得我们足够安全，因为在有人听说宝石的事情之前，我们会出发去十字溪了。不过有人泄密了，是某个仆人，或者是给你做礼服的那个女裁缝。”

他的表情看上去很平静，不过在隐藏强烈情感时，他总能不露声色。一阵突如其来的热风从侧面吹过甲板，暴风雨越来越近了。风把他散乱的发梢吹到脸上，他把它们捋到后面，用手指梳动浓密的头发。

“你的另外那枚戒指，我很抱歉。”片刻过后，他说。

“噢，那……那没关系的……”我开口道，话语卡在我的喉咙里，对于损失的突然意识，让我失语了。

那枚戒指我戴了近三十年，它象征着那些被立下、摒弃、再续，以及最终被免除的誓言。它是婚姻、家庭的标志，是我大部分生活的标志。它还是关于弗兰克的最后的东西——尽管发生了种种事情，但我曾经爱过他。

詹米没有说话，但是用左手拉起并握住我的左手，轻轻地用大拇指抚摸我的指关节。我也没有说话。我深深叹息，然后把脸转朝船尾。岸边的树木在下雨前越来越强的风中颤抖着，树叶发出唰唰的响声，声音大到能够淹没我们的船只在航行时发出的声音。

一颗小雨滴击打在我的脸颊上，但我没有动。我的手瘫软、苍白，放在他的手中看上去脆弱得反常。

总的来看，我习惯了特别关注自己的双手。它们是我的工具，我触摸的渠道，混合着我用来治病的温柔和力量。它们拥有某种美，我对这种美有着超然的欣赏，但是让这双手值得欣赏的，是那种力量和技能的美，是那种由力量带来的自信。

现在同样还是那只手，它显得苍白，手指纤长，指关节有些干瘦——没有戒指后它们光秃得很奇怪——但还是看得出来它是我的手。但是，在一只硕大和粗糙许多的手里，它显得微小和脆弱。

詹米的另外那只手捏得更紧了，把那枚银戒指按压到我的肌肤里，提醒我还剩下的东西。我抬起他的拳头，用力按在我的心脏上，以示回应。硕大的雨滴开始掉下来，但我们俩都没有移动。

在船上和岸上，急促的暴雨织成了雨帘，拍打在树叶、甲板和水面上，发出嘈杂的声音，让我暂时有种隐匿的幻觉。雨水凉爽、轻柔地从我的皮肤上流下，暂时镇定了恐惧和损失带来的伤口。

我既感觉到特别脆弱，又感觉到十分安全。话说回来，在和詹米·弗雷泽在一起时，我总会有这种感觉。

Part 04
河　场

CHAPTER 10
乔卡斯塔

北卡罗来纳州十字溪，1767 年 6 月

河场位于开普菲尔河边上，就在那个让十字溪得名的两条河流交汇处的上面。十字溪本身规模不小，有个繁忙的公共码头，以及几个排在水边的大仓库。“萨利安”号慢慢地穿过航道，强烈的树脂气味被吸收到闷热的空气中，飘在镇上和河上。

一阵使人窒息的恶臭吹过来，伊恩呼哧呼哧地说：“天哪，闻起来就像是松脂的气味。”

“你闻到的就是松脂。”罕见的微笑在尼特罗克鲁斯脸上闪现出来，然后又消失了。他朝停泊在其中一个码头边的一艘驳船点了点头。船上堆着木桶，黏稠的黑色液体从其中有些木桶的裂缝里渗出来。其他更大的木桶上有物主的商标，一个硕大的“T”字烙印在下面的松木里。

“没错，每年的这个时候，收集松脂的人就从偏远的山中下来。松脂、焦油，全都用驳船往南运到威尔明顿，然后又继续南运，送去查尔斯顿的造船厂。”弗里曼船长同意道。他在明亮的阳光下眯着眼睛，伸手到鼻子前面慢慢地挥动，好像这样做能够驱散臭味。

“我觉得不全是松脂，你闻闻，外乡人。”詹米说。他用手帕擦拭后

颈，然后朝最大的那个仓库点了点头，仓库门的两侧都站有红衣士兵。

我好奇地吸气。这里的空气中还有其他气味，一种火热、熟悉的气味。

“朗姆酒？”我说。

“还有白兰地，以及波尔图葡萄酒。”詹米的长鼻子抽动着，就像猫鼬鼻子那样灵敏。我觉得有些好笑地看着他。

“你还记得啊？”二十年前，在巴黎给堂叔杰拉德管理葡萄酒生意时，他的嗅觉和味觉在酒厂品尝间里就一直令人惊叹。

他咧嘴笑了起来。“噢，我觉得我还是能够分得出摩泽尔白葡萄酒和马尿，如果你把它们端到我鼻子下面的话。但是，分辨出朗姆酒和松脂没有什么了不起的，是吧？”

伊恩深深吸了口气，然后咳嗽着吐了出来。“我闻起来都一样。”他摇头说。

“不错，”詹米说，“下回我请你喝酒，就给你松脂。那样会便宜很多。”大家笑了起来，他在笑声的掩盖下补充道：“我现在差不多就只能买得起松脂了。”他站直身体，掸了掸外衣的下摆，“我们很快就到了。我看起来很像乞丐吗，外乡人？”

阳光明亮地照在他那用丝带齐整地扎起来的头发上，他的黑暗侧影在光线下显得棱角分明。我个人觉得他看上去很棒，但我发现他声音中有些轻微的焦虑，所以很清楚他那么问是什么意思。他或许是身无分文，但他不想看起来身无分文。

我很清楚，作为一个寻求帮助的穷亲戚出现在他姨妈家门前，对他的自尊心造成了特别大的伤害。他是被迫变成这样的，而这并没有让他觉得好受些。

我仔细地打量了他。承蒙埃德温·默里的馈赠，他的外套和背心并不特别华丽，却也足够令人满意——朴素灰色的绒面呢，手工精致，特别合身，纽扣不是银质的，但也不是木质或骨质的，而是稳重的白镶——他穿起来就像个有钱的贵格会教徒。

我心想，他身上的其他地方丝毫不像贵格会教徒。他那件亚麻衬衫特别脏，但只要他穿着外套，就没有人会注意到；背心上缺失的那颗纽扣，被优雅垂下来的蕾丝饰边遮挡住了——这条饰边是他全部衣物里能够找出来的唯一奢侈品。

他的袜子还好，浅蓝色的丝袜，没有看得见的破洞。他那条白色的亚麻马裤很紧，但是没有——没有那么——不合适，而且还算干净。

他脚上的那双鞋是他全身装扮的唯一瑕疵。我们没时间去做新鞋了。他的鞋没有破，而且我也尽量用煤烟和油的混合物来掩盖鞋上磨出来的痕迹，但这双鞋显然就是农民的鞋，不是绅士的——厚厚的鞋底、粗糙的皮革，以及用普通角质制作的鞋扣。但是，我不觉得他姨妈最先看到的会是他的鞋。

我踮着脚去给他整理了衣服的饰边，然后把飘动在他肩上的一片羽绒拍掉。

“没问题的，你很好看。”我低声对他说，然后抬头朝他微笑。他看上去很惊讶，然后他那种阴沉、冷漠的表情放松下来，变成了微笑。

“你很好看，外乡人。你脸红得像个小苹果，真漂亮。”他俯身亲吻了我的额头。他站直身子，看了看伊恩，然后叹了口气。“至于伊恩，或许我能把他佯装成一个我雇来当猪倌的男奴。”

伊恩属于那种人，他们的衣服，无论原本是什么质量，很快就会变得看上去像是从垃圾堆里捡出来的一样。他一半的头发已经从绿色丝带的束缚中散落出来，一只干瘦的手肘从新衬衫上撕开的大口子中露出来。他那件新衬衫的袖口，已经明显变成了灰色。

“弗里曼船长说我们很快就到了！”伊恩惊呼道，眼睛里闪耀着激动的神情，把身子伸出船舷，朝前面看去，想要第一个看到我们的目的地，“你们觉得我们的晚饭会是什么？”

詹米明显不高兴地看着伊恩：“我觉得你的晚饭会是残羹剩饭，和狗一起吃。你没有外套吗，伊恩？也没有梳子？”

“噢，有的，我有外套，放在了某个地方，我想。”伊恩说着，不确切地朝四面看，就好像外套或梳子之类的东西会在他面前冒出来。

我们最终在长凳下面找到了他的外套，洛洛把它当作舒适的床了，我们费了些力才从它那里弄回来。我对外套进行迅速的清理，至少掸掉上面的狗毛，然后强迫伊恩穿上它，接着让他坐稳，给他梳头编发，而詹米则迅速地给他上礼仪进修课，课程内容只是建议他尽可能地闭上嘴巴。

伊恩友好地点了点头。“那你会跟乔卡斯塔姨婆说关于海盗的事情吗？”他问道。

詹米短暂地看了看弗里曼船长的干瘦后背。在那些强盗离开我们之后，我们就不指望这样的故事不会在十字溪的酒馆里流传。这件事传到河场种植园只是几天或几个小时的问题。

“是的，我会告诉她，但不会是现在，伊恩。先让她熟悉了我们再说。”他说。

* * *

河场的停泊区离十字溪还有一段距离，几英里植被茂盛的宁静河流，将它与市镇的喧闹和恶臭隔离开来。我利用水、梳子和丝带让詹米、伊恩和菲格斯看上去尽可能帅气，然后回到船舱，换掉我那肮脏的平纹细布衣服，用湿布匆匆擦拭身体，再穿上那件我曾经穿着去参加总督宴会的淡黄色丝质礼服。

柔软的面料在我的肌肤上摩擦，感觉既轻柔又凉爽。对于下午的场合来说，它或许有点正式，但詹米觉得我们必须穿着得体，尤其是在遭遇海盗过后。但是，除了这件礼服以外，我就只有一件肮脏的平纹细布衣服，和一件我从佐治亚带来的、干净但破旧的驼毛呢女裙。

我的头发没有什么好打理的，我仓促地试着梳了梳，把它们扎到后面，让发梢自然地卷起来。我悲伤地想，不用担心宝石的事情了。然后我把我的那枚银戒指擦亮了。我仍然避免去看我的空荡荡的左手。不去看它，我还能够感受到那枚假想的金戒指的重量。

我从船舱里出来时，我们已经能够看见河场的停泊区了。我们路过了大多数种植园的停泊区，它们的码头都是摇摇晃晃的，而河场的木码头则大而坚固，建造得很不错。码头的尽头坐着一个黑人小男孩，无聊地摆动着赤裸的双脚。看到“萨利安”号靠近时，他一下站起来，然后飞奔着离开了，大概是去通知主人我们已经到达。

我们的舒适小船摇晃着停靠在码头边。河边种着一排树，一条用砖铺成的道路从那排树延伸出去，穿过宽阔且整齐的草坪和花园；在遇到两尊立在花坛里的大理石石像时，这条路分成两条环绕过去，然后又重新合并，再展开成为宽阔的广场。广场后面是一栋壮观的二层楼房，楼房拥有柱廊和多个烟囱。花坛的一边有一座由白色大理石建成的小型建筑——应该是某种陵墓，我心想。我现在觉得身上这件米黄色丝质裙子可能不太合适，并且紧张地摸了摸头发。

一群人走出房子，沿着那条砖路匆忙走来。我立即在人群中把她认了出来。即使我不知道她是谁，我也能认出她姓麦肯锡。她的骨架粗大，有着维京人那种宽大的脸颊骨，额头和她的两个兄弟——科拉姆和杜格尔——的一样又高又平坦。而且，她和外甥詹米、外甥孙一样，都有着令人惊奇的身高，说明了他们都是一脉相承的亲戚。

她比身边那群黑人用人高一个头。她轻盈地从房子那里走到路上，手搭在管家的胳膊上，尽管她是我见过的少有不太需要搀扶的女人。她走得轻快，步态坚定得与她的白发不符。她的头发或许曾经和詹米的一样红，尽管现在已经像一般红发人的那样变成了富态的柔和白色，并带有金汤勺上那种黄油般的光泽，但仍然有着一丝红色。

走在前面的几个小男孩中有人发出尖叫声，其中两个挣脱开来，沿着小路朝停泊区飞奔而来，然后围着我们像小狗一样叽里呱啦地喊。我起初完全没听懂——在伊恩打趣回答他们时，我才意识到他们说的是盖尔语。

我不知道詹米是否想过初次见面时要说什么或做什么，但最终他只是走上前去，走到乔卡斯塔·麦肯锡面前，拥抱她，同时说："姨妈，我是詹米。"

在他放开乔卡斯塔，退回来时，我才看到他的脸庞。他那种表情我之前从未见过——混杂着热心、欢乐和敬畏。我突然有点震惊地想到，乔卡斯塔·麦肯锡与她的姐姐，也就是詹米的母亲，长得特别相像。

我觉得她双眼的颜色就是詹米的那种深蓝色，尽管我无法判断——她含泪笑着，所以我看不清她双眼的颜色。她拉着詹米的衣袖，伸手去抚摸他的脸颊，捋开他脸上不存在的发丝。

"詹米！"她一遍又一遍地说，"詹米，小詹米！噢，真高兴你来了，孩子！"她又向上伸手，抚摸他的头发，一副惊奇的表情，"我的天哪，你真高！你至少和我哥哥杜格尔一样高了！"

听到这句话，詹米脸上的幸福表情稍微淡了些，但他仍然保持着微笑，然后扶着她转过身来，让她面对着我。

"姨妈，请允许我介绍我的妻子克莱尔。"

她立即眉开眼笑地伸出手，我伸出双手去握住，碰到她那长而强壮的手指时，我有种疼痛的相识之感。尽管她的指关节因为年龄而有些疙瘩，但她的皮肤很柔软，她与我握手时的那种感觉，就像布丽安娜在与我握手，让我觉得慌张。

"很高兴见到你，亲爱的。"她说，然后把我拉近，亲吻了我的脸颊。她的裙子中飘出浓郁的薄荷和马鞭草香味，我有种奇怪的被感动的感觉，就好像我突然得到了某个善心女神的庇护。

"真漂亮！"她赞赏地说，用细长的手指抚摸着我的衣袖。

"谢谢你。"我说。这时伊恩和菲格斯走上来，让詹米向她引见。她用拥抱和亲热的话语招呼了他们，菲格斯用最恰当的法国方式亲吻她的手，让她大笑了起来。

“来，我们进去吧，亲爱的各位，进去喝杯茶，吃点东西。经过这么远的旅程，你们肯定很饿了。”她说。最终认识完大家，她用手背擦拭了湿湿的脸颊。“尤利西斯！”她转过身寻找，她的管家走上来，深深地鞠了个躬。

“夫人，先生。”他先后问候我和詹米，然后他又轻声地对他的女主人说：“一切都准备好了，乔夫人。”接着他把手臂伸给了她。

他们沿着砖路朝上走去，菲格斯转身对着伊恩鞠躬，模仿管家的优雅举止，然后嘲笑地伸出了手臂。伊恩干脆地踢了踢他的屁股，然后沿着那条路走了上去，脑袋不停转动着观察两边的东西。他的绿丝带松开了，在他后背中间吊着。

看到他们嬉戏，詹米哼了一声，但是微笑了起来。

“夫人？”他向我伸出手臂。我拉着他的手臂，沿着那条路很气派地大步走向河场种植园的那一扇扇敞开着迎接我们的门。

* * *

房子里面既宽敞又通风，天花板很高，楼下的所有房间都有法式落地门。经过整齐的餐厅时，我瞥到了银餐具和水晶饰品，所以心想，赫克托·卡梅伦生前显然是个特别成功的种植园主。

乔卡斯塔带我们到了她的私人会客厅，一个较小的、更为私密的房间，装饰得并不比那些较大的房间差，但是在闪亮的家具和装饰品中炫耀般地展现出了朴实的风格。抛光的小木桌上，放着一个装满纱线球的篮子，篮子边上有个插着盛开着的夏天花朵的玻璃花瓶，还有个华丽的小银铃。微风从敞开着的落地门吹进来，让那辆纺车自己慢慢地转动起来。

管家护送我们进入这个房间，扶女主人坐好，然后转身朝一个装有瓶瓶罐罐的餐柜走去。

“詹米，要喝点小酒来庆祝你们的到来吗？”乔卡斯塔朝餐柜那边挥动细长的手，“想来你们在离开苏格兰之后就没有喝过像样的威士忌了，是吧？”

詹米笑了起来，坐到她的对面。“确实没有，姨妈。你这里怎么会有？”

她微笑着耸耸肩，一副自鸣得意的表情。“几年前，你姨父有幸积存了不少。他用一仓库的烟草换来半条船的葡萄酒和白酒，打算拿来卖，但是后来议会立法宣布，除国王之外的任何人在殖民地出售比啤酒烈的酒水都是违法，所以我们最后留下了两百多瓶在酒窖里！”

她朝椅子边上的桌子伸手，都懒得转头去看。她不用看，因为管家轻轻地放下一个水晶玻璃杯，刚好放在她的手能够触碰到的地方。她拿住那个杯子，然后把它端起来，送到鼻子下面闻着，在感官的愉悦中闭上了眼睛。

“酒还剩很多。我跟你说，我自己放开喝也喝不完！”她睁开眼睛，微笑起来，同时朝我们举着杯子，“外甥，敬你和你的妻子，希望你们能把这里当作自己的家！干杯！”

“干杯！”詹米回答道，然后我们全都喝了酒。

这种威士忌确实不错，像涂过黄油的丝绸那样丝滑，像太阳光那样让人振奋。我能够感觉到它抵达胃的底部，在那里扎根，然后沿着我的脊柱向上扩散。它在詹米身上似乎也有类似的效果——我能看到他轻微皱着的眉心缓和开来，表情也放松下来。

“今晚我让尤利西斯写信，告诉你姐姐你们安全到这里了，”乔卡斯塔说，“我想你们这一路上或许遭遇了种种麻烦事，所以她肯定也很担心她的小家伙。”

詹米放下杯子，清了清嗓子，准备应付坦白带来的痛苦。

“说到麻烦事，姨妈，恐怕我必须得跟你说……”

我把目光移开，不想在他解释我们财产的悲惨情况时看着他，让他更加不舒适。乔卡斯塔仔细地听着，在詹米讲述我们遭遇海盗的事情时，她发出了惊愕的轻微声音。“缺德，呵，缺德！”她惊呼道，“那个人居然这样来报恩！真该被绞死的。”

“姨妈，这也只能怪我了，”詹米懊恼地说，“如果不是我，他就被绞死了。我一开始就知道他是个坏蛋，所以在他最终干坏事时，我也没法觉得太惊讶。”

“嗯。”乔卡斯塔在座位中坐直，看着詹米左肩上方，然后开口说：“尽管这样，外甥，我刚才说希望你们把这里当作家，我是认真的。你和你的人在这里都受欢迎。我肯定我们能够想办法弥补损失的。”

“谢谢你，姨妈，”詹米低声说，但是他也不愿意看她的眼睛。他低头看着地板，我能看到他端着威士忌杯子的那只手紧紧地捏着，指关节都发白了。

还好我们的话题转移到詹妮和她在拉里堡的家庭上了，詹米的尴尬也缓和了一点。乔卡斯塔已经下令准备晚宴了，夜晚的微风吹过草坪和花坛，将厨房里烤肉的诱人香味短暂地带了过来。

菲格斯站起来，得体地道歉离开了，而伊恩则在房间里闲逛，拿起各种东西看看，然后又放下。在室内觉得无聊的洛洛，勤奋地沿门槛嗅着。十分讲究的管家明显反感地看着它。

整座房子，以及房子里的所有装饰品，全都很简单，却又精致、漂亮，而且并不只是按照喜好来摆放的。伊恩突然在墙上的一幅画前停下来时，我意识到了那种优雅的均衡和得体的摆放的真正原因是什么。

“乔卡斯塔姨婆！”他惊呼道，急切地转身面对着她，“这是你画的吗，上面有你的名字？”

我觉得她的脸上突然闪现过一丝阴影，但接着她又微笑起来。“那幅山景画吗？是的，我总是喜欢那些群山的景色。赫克托进山去交换兽皮时，我总会跟着他去。我们在山里露营，点起熊熊的篝火，用人们让篝火日夜不熄灭，把它当作信号。不出几天，印第安人就会穿过森林下山来，坐到火边聊天、喝酒和做生意。而这个时候，我就拿着素描本和木炭坐在那里，画下我能看到的所有东西。”

她转过身，朝房间远端点点头：“孩子，去看看角落里的那幅画，看看你能不能找到我画在里面的印第安人，藏在树中间的。”

乔卡斯塔喝完威士忌，放下酒杯。管家过来给她倒酒，但她没有看他，就挥手回绝了。管家放下酒壶，然后安静地消失到了走廊里。

“没错，我爱那些群山的景色，”乔卡斯塔又轻声地说，“它们不像苏格兰的山那样黑暗和荒芜，但是照在石头上的阳光和弥漫在树林中的迷雾，确实会不时让我想起理士城堡。”她摇了摇头，然后稍微有些灿烂地朝詹米笑着，“但是这里成为我的家已经很久了，外甥，我希望你也能把它当作你的家。”

我们几乎没有其他选择，但詹米迅速点了点头，恭敬地低声说着感激的话。不过，洛洛抬起头，惊讶地低吼起来，打断了詹米的话。

“怎么了，洛洛？”伊恩说，走过去站在那条大狼狗边上，“你闻到什么东西了？”洛洛呜呜地嚎叫着，向外凝视着幽暗的狭长花坛，不安分地抽动着颈子上厚厚的皮毛。

乔卡斯塔把脑袋转向那扇打开的门，然后发出声音地闻着，漂亮的鼻孔抽动起来。“是臭鼬。”她说道。

“臭鼬！它们会来离房子这么近的地方？”伊恩迅速转身，惊讶地盯着她。

詹米已经匆忙站了起来，走过去朝傍晚的门外仔细看。“我还没有看到它，”他说着，下意识地伸手在腰带上摸索，但他穿的是便装，显然没有佩带匕首。他朝乔卡斯塔转身：“姨妈，你家里有武器吗？”

乔卡斯塔张大了嘴巴。“有，”她说，“有很多，但是……”

“詹米，”我说，“臭鼬不……”

我和乔卡斯塔都还没把话说完，长着金鱼草的花坛中突然就有了一阵骚动，高高的草茎来回摇摆起来。洛洛发出低吼声，后颈毛都竖了起来。

“洛洛！”伊恩往周围看，寻找可以临时当作武器的东西，然后从壁炉里抓起拨火棍，在头顶上挥舞着朝门边走去。

“等等，伊恩！”詹米抓住伊恩扬起的胳膊，“你看。”他指着花坛那边，脸上挂起灿烂的微笑。金鱼草被分开，一只肥大、漂亮的臭鼬闲逛进我们的视野。它的身子黑白相间，很好看，它显然觉得自己的个人世界里一切正常。“那就是臭鼬？”伊恩不敢相信地问，“哎，就是像鸡貂那样的小臭东西！”他皱着鼻子，一副既可笑又放心的表情，“呸！我还以为是个危险的大野兽呢！”

洛洛受不了那只臭鼬那种满足的无忧无虑，朝前面冲出去，发出短促、尖厉的吠叫声。它在露台上来回佯攻，低吼着，朝臭鼬那边短距离地猛扑。那只臭鼬看到吵闹的洛洛，显得很不开心。

“伊恩，把狗叫回来，臭鼬很危险。”我躲到詹米身后说。

“它们危险吗？但是……”詹米回头，迷惑地看着我。

“鸡貂只是臭，”我解释道，“而臭鼬……伊恩，别！别管它，进来！”好奇的伊恩已经把手伸了出去，用拨火棍戳着那只臭鼬。臭鼬被这种不恰当的接触惹怒，跺了跺脚，抬起了尾巴。

我听到椅子向后滑动发出的声音，于是向身后看了看。乔卡斯塔已经站了起来，看上去很担心，但她没有朝门口走去。“怎么了？”她说，“他们在做什么？”让我惊讶的是，她正在往房间里面凝视，朝两边转头，似乎想找出黑暗中的某个人。

突然，我知道了真相。她之所以要把手放在管家的胳膊上，要在迎接詹米时抚摸詹米的脸，要管家把酒杯递到手里，以及伊恩提及她的画作时，她脸上闪现过的阴郁，是因为她的双眼看不见东西。

一声哽咽住的尖叫和一声尖厉的叫喊，让我的心思猛然回到了露台上更为紧急的事情上。一阵难闻的气味如潮水般涌进房间，落到地板上，像蘑菇云那样在我周围升腾起来。

我被臭气呛得透不过气来，眼睛也被熏得流泪，在黑暗中摸索詹米。他正在用盖尔语上气不接下气地说着话。在外面嘈杂的呻吟声和可怜的哭号声中，我勉强听到了乔卡斯塔在我背后摇响铃铛。

“尤利西斯？”她有些无奈地说，“你最好去跟厨师说晚宴得推迟了。”

* * *

“幸好是在夏天，”第二天吃早餐时乔卡斯塔说，“想想要是在冬天不能开门！”她大笑起来，露出了牙齿。在她这个年龄，牙齿的状况仍然好得叫人惊奇。

“噢，是的，”伊恩低声说，“夫人，请问我能再要点烤面包吗？”此前，他和洛洛先到河水里浸泡，然后从屋后茅房上长满的西红柿新藤上摘下西红柿，擦拭身体。西红柿那种除味的特性，能够去除人类粪便的没有那么严重的臭味，也很好地去除了臭鼬造成的恶臭，但无论是人类粪便，还是臭鼬的恶臭，西红柿的中和效果都不彻底。伊恩独自坐在长餐桌的一端，边上是敞开着的落地门，但我看到那个给他呈上烤面包的女佣，在把盘子放在他面前时，不张扬地皱起了鼻子。

或许是因为伊恩在旁边，再加上想要呼吸户外的空气，乔卡斯塔建议我们坐车去河场上面森林里的树脂厂。

“来回需要一天，不过我觉得天气会一直很好。”她朝敞开着的落地窗转身，窗外种植着野黄菊和福禄考的花坛上方，许多蜜蜂在嗡嗡飞着。“听见没？”她说着，把有些奇怪的笑容转向詹米，“蜜蜂说了，天气会炎热，会很不错。”

“你耳朵真好，卡梅伦夫人，”菲格斯礼貌地说，“不过，如果我能从你家马厩里借匹马，我自己宁愿去镇上。”我知道他渴望去给身在牙买加的玛萨丽寄信，前一天晚上，我帮他写了一封长信，讲述我们历尽辛苦，最终安全到达。等不及奴隶每周一次的送信，他很想自己亲手去把这封信寄出去。

“当然可以，菲格斯先生。”乔卡斯塔和蔼地说，并微笑地看着桌边的大家，“我之前说过的，你们一定要把河场当作你们自己的家。”

乔卡斯塔显然打算和我们同行，她下楼来时穿着惯常的深绿色平纹细布衣服。那个叫费德拉的女孩跟在她身后，拿着一顶天鹅绒帽子。乔卡斯塔在大厅里停下来，但并没有立即戴上帽子，而是站着，让费德拉在她头上紧紧系上一条白色亚麻布带，蒙住她的眼睛。

“我只能见到光线，没法辨别东西。”她解释说，“但是，太阳光会让我的眼睛疼，所以冒险外出的时候，我必须把眼睛蒙起来。亲爱的，你们准备好了吗？”

这解释了我对于她失明的某些推测，但并没有完全解释。视网膜色素变性？我好奇地想着，跟着她沿着宽敞的前厅走过去。或许是黄斑变性，不过最有可能是青光眼。我用手握着看不见的检眼镜，想要去检查用裸眼无法看到的东西——这不是第一次，肯定也不是最后一次。

让我惊讶的是，在我们朝马厩走去时，用人们为乔卡斯塔准备的是一匹备好鞍具的母马，而不是我所想的马车。那种吸引马匹的天赋，在麦肯锡氏血脉中传承得很强劲。看到女主人时，那匹母马抬起头，嘶鸣起来，然后乔卡斯塔立即走到母马身边，愉悦得容光焕发。

“你还好吗？”她用盖尔语说，抚摸着母马那高鼻梁的柔软鼻子，“这是我亲爱的克莉娜，它是个可爱的姑娘。”她伸手到口袋里，掏出一个不大的青苹果。克莉娜优雅地接受了这个苹果。

“我的心肝，他们有没有照料你的膝盖？”乔卡斯塔弯下腰，沿着马腿向下摸，摸到母马的膝盖内侧，用熟练的手指探寻着一条正在愈合的伤疤，“你觉得怎么样，外甥？它状态不错吧？能够骑一天的路程吗？”

詹米弹了弹舌头，克莉娜顺从地向他走近一步，显然意识到有人在说它的语言。詹米检查了它的腿，拉着马笼头，用盖尔语轻声说了些什么，催促它走动起来。然后，他拉它停下来，翻身骑上马鞍，围着马厩院子和缓地小跑了两圈，然后停到了等待着的乔卡斯塔身边。

“嗯，”他说着，从马背上下来，“它足够精神。它怎么受伤的？”

“因为一条蛇受伤的，先生。”马倌说。他是个年轻的黑人，站在我们背后，专注地观察着詹米和那匹马。

“肯定不是蛇咬的吧？”我惊讶地说，“看上去像是撕伤，脚被什么东西绊住造成的。”

马倌扬起眉毛看着我，恭敬地点了点头：“没错，夫人，不是蛇咬伤的。那是一个月前的事情，我当时听到这个小姑娘罕见地尖叫，叮叮咚咚地到处冲撞，弄得整个马厩都要塌下来一样。我跑去看发生了什么事，发现一条死掉的大毒蛇被踩烂在马槽下面的干草里。马槽破成了几块，这个小姑娘在角落里发抖，大股大股的血沿着腿流下来，伤口是木头碎片造成的。”他明显自豪地看了看那匹马，“哎呀，好姑娘，你真是个勇敢的小家伙。”

“那条大毒蛇大概有一英尺长，”乔卡斯塔干巴巴地低声对我说，“除此之外还有条绿色的袜带蛇，但那个蠢东西特别害怕蛇。它要看到蛇，就会完全疯掉。”她朝年轻马倌那边点了点头，然后微笑起来，“小乔什也不那么喜欢蛇，是吧？”

马倌咧嘴微笑，表示回应。“是的，夫人，”他说，“我比这匹小母马更受不了蛇。”

一直听着我们对话的伊恩，再也忍不住自己的好奇心了。“嘿，你是从哪儿来的？”他问马倌，入神地打量着他。

乔什皱起了眉头。“从哪儿来？我没有从……噢，我懂你的意思了。我是在上游的乔治·博内特先生家出生的。在两年前的复活节周，乔夫人把我买了过来。”

听到乔什的口音，詹米轻声对我说：“想来博内特先生本人也是在离阿伯丁很近的地方出生的，是吧？”

河场所占的地域很广，不仅包括河边的优质土地，还包括十分广阔的覆盖了该地区三分之一的长叶松林。此外，赫克托·卡梅伦还狡猾地买了地皮，在众多流进开普菲尔河的小河中，就有一条宽阔的河流从这片地皮流过。

所以，河场不仅生产木材、沥青和松脂等值钱的商品，还拥有将这些商品运输到市场的便利方式，也难怪这个地方能够繁荣发展，即使这里生产的烟草和木蓝并不太多，即使我们骑马穿过的那些散发着芳香的青色烟草地在我看来很少。

“那里有个小工厂，”乔卡斯塔在马背上解释道，“就在溪流和河流的汇合处上面。木材就在那里加工，然后木板和木桶用驳船运往下游的威尔明顿。走水路的话，从家里到工厂并不远，但我想让你们看看这个地区。”她愉悦地呼吸弥漫着松树芳香的空气，“我自己已经很久没有出来了。”

这个地区确实怡人。才走进松林，我就觉得凉爽了很多，因为太阳光都被头顶的茂密松针遮挡住了。再往高处，树干挺拔二三十英尺，然后才分出了枝丫。所以，在听说工厂的大部分产品都是为皇家海军生产的桅杆和船柱时，我并没有觉得很惊讶。

从乔卡斯塔的话来看，河场似乎与海军有许多生意往来——桅杆、船柱、板条、木材、沥青、松脂和焦油。詹米骑马紧挨在她旁边，专注地听她详细解释各种事情，而我和伊恩则跟在后面。显然，乔卡斯塔曾经与丈夫亲密合作，建设了河场。我在想，现在她丈夫去世了，她是怎么独自管理这个地方的呢？

“看！”伊恩指着说，“那是什么？”

我让马停下来，然后慢慢地和他骑着去到他指出的那棵树边。一大块树皮已经被剥掉，露出了树皮下面的木头，长约四英尺或更长。在这片区域里，黄白色的木头被交叉刻划过，划出了人字形平行花纹，就好像被刀来回砍过似的。

“我们快到了，你们看到的应该是松油树，我闻得出来。”乔卡斯塔说。詹米见我们停了下来，所以他也骑回来加入了我们。

我们大家都闻得出来，树木被割开后散发的香气，以及松脂的刺鼻气味，都十分强烈，甚至让我有些睁不开眼。我们现在停了下来，我能够听到远处的声音——人们工作时的轰隆声和碰撞声、斧头砍在树上发出的啪嗒声，以及来回叫喊的声音。呼吸时，我还感觉到了有东西在燃烧的微弱气味。

乔卡斯塔让克莉娜靠近那棵被割开的树。“这里，”她摸着切口底部说，那里有个被凿出来的粗糙空槽，“我们叫它树槽，树汁和松脂滴到里面，然后被收集起来。这个差不多满了，很快就会有奴隶来把它舀出来。”

她才说完，就有个奴隶从树林里出现，他只围着缠腰布，牵着一只白色的大骡子，骡子背上挂着宽大的布带，两边各吊着一个桶。看到我们时，那只骡子完全停了下来，扭转脑袋，歇斯底里地嘶鸣起来。“那应该是克拉伦斯，”乔卡斯塔大声说道，在骡子的叫声中我们也能听见，“它看到人就很欢喜。和它一起的是谁？是你吗，庞培？”

“是的，夫人，是我。”那个奴隶口齿不清地说。他拉住骡子的上唇，用力地扭动。他又叽里咕噜地说了些什么，我在脑中把他的话翻译出来，他说的是：“别叫了，杂种！”这个时候，他朝我们转过身来，我看到他之所以口齿不清，是因为他的下颌骨的左边缺了一半；他脸颊骨以下的脸庞就是个坑洼，里面全是白色的伤疤组织。

乔卡斯塔肯定听见了我惊讶的吸气声——或者只是觉得我会惊讶——因为她把蒙着的眼睛转向了我。

“那是因为柏油爆炸，幸运的是，他没有死。来，我们快到工厂了。”她不等马倌，就熟练地掉转马头，动身穿过树林，朝着燃烧的香味走去。松脂加工厂和寂静森林之间的反差令人惊奇——一大块林中空地，挤满了忙忙碌碌的工人，大多数工人是奴隶，身上的衣物少到不能再少，四肢和身体被木炭弄得脏兮兮的。

“棚子里有人吗？”乔卡斯塔转头看着我。

我站在马镫上探身去看，在空地的远端，一排破烂棚屋旁边，我看到有颜色闪过——三个穿着不列颠海军制服的人，还有一个穿着深绿色外衣的人。“那应该是我很好的朋友，”乔卡斯塔听到我的描述，微笑着说，“法科尔德·坎贝尔先生。走，外甥，我把你引见给他。”

走近了看，坎贝尔原来是个六十来岁的人，身材只能算中等，但是有着苏格兰人随着年长而展现出来的那种皮革般的粗糙——与其说是因为经过风吹雨淋，倒不如说是经过了鞣皮工艺，这种工艺生产出来的表面，就像皮革小圆盾，能够抵挡最锋利的刀刃。

坎贝尔愉悦地跟乔卡斯塔打招呼，有礼貌地向我鞠躬，扬起眉毛向伊恩致意，最后把那双精明的灰色眼睛全力转向詹米。

“弗雷泽先生，我很开心你能来这里，”他说着，伸出了一只手，“真的很开心。自从你姨妈知道你打算来河场后，我就经常听她说起你。”

看上去，能够认识詹米，他是真诚地感到开心，这让我觉得奇怪。不是说大多数人在结识詹米时会不开心——詹米确实很吸引人——但在坎贝尔的那种热烈致意中，有种近乎解脱的神态。对于一个寡言少语的人来说，这样的表现显得不同寻常。

如果说詹米注意到了什么奇怪的东西，他也把自己的迷惑掩盖在礼貌的外表之下了。

“坎贝尔先生，我竟然得到你的关心，真是受宠若惊。”詹米怡人地微笑起来，然后朝几位海军军官鞠了躬，“先生们？我也很高兴能够认识你们。”

得到机会后，一个叫沃尔夫上尉的矮胖男人和他的两个少尉做了介绍。在敷衍的鞠躬过后，他们不再关注我和乔卡斯塔，也不和我们谈话，立即把注意力转移到了讨论木材和松脂上面。

詹米朝我扬起眉毛，朝乔卡斯塔稍微点了点头，用夫妻间的默契方式暗示，让我在他们做生意时带着乔卡斯塔走开。

然而，乔卡斯塔丝毫没有表现出想要动身的意愿。“你去吧，亲爱的，”她催促我道，“乔什会带你转完所有地方的。几位先生在做生意，我就站在荫凉下等着，天气太热，恐怕我有些受不了。”

几个男人坐到一个正面敞开的棚子里商讨生意，里面有一张粗陋的桌子和几把凳子。奴隶们或许就是在这里忍受着因为空气而生长出来的黑蚜虫，食用每顿饭菜的。另外还有两个棚子，一个棚子用作仓库，一个四周围着，我推测它肯定是宿舍。

朝棚子之外的空地中心看去，可以看到两三堆火，火上烧着几口大锅，它们悬挂在三脚架上，在太阳光里冒着蒸汽。

“他们在熬松脂，把松脂熬成沥青，”乔什解释道，带我走近其中一口锅，“有些松脂已经装进桶里了……”他朝那个棚子点点头，那里停着一辆马车，木桶在车上堆得很高，“但剩下的都要熬成沥青。来的那几位海军先生会说他们需要多少，然后我们才知道熬制多少。”

一个七八岁的小男孩坐在一把摇摇晃晃的高凳子上，用长棍子搅拌着锅里的东西；一个较高的年轻人站在旁边，拿着巨大的勺子把顶部那层较稀的精炼松脂舀出来，倒入边上的木桶。

我看着他们时，一个奴隶牵着骡子从森林里出来，朝那口锅走去。另外有个男人过来帮忙，一起从骡子背上把明显很沉的几个木桶卸下来，把木桶里刺鼻、泛黄的松脂倒进锅里，每倒一桶就会发出巨大的哗哗声。“噢，夫人，你最好往后站些，那东西会溅出来，还会燃，你可不想被烫伤。”乔什说着，拉住我的手臂，让我离火堆远些。

在森林里见过那个男人后，我很确定自己不想被烫伤。我走开了，回头朝那几个棚子那边看了看。詹米、坎贝尔和那几个海军军官在棚子里，围着桌子坐在凳子上，喝着一个瓶子里的东西，翻着桌上的一沓文件。乔卡斯塔站在几个男人看不见的地方，紧靠着棚屋墙壁。她现在抛弃了伪装的疲惫，显然是在尽可能地听他们讲话。

乔什看到我的惊讶表情，转身看到了我正看着的那幕场景。

“乔夫人讨厌管不到事情，”他遗憾地低声说，“我自己没有听到过，但那个叫费德拉的姑娘说过女主人在管不到事情时是什么样子——咆哮得让人害怕，狠狠地踩东西。”

“那场面肯定很壮观，”我低声说，“可是什么东西是她管不到的呢？”从各个表面来看，乔卡斯塔·卡梅伦无论有没有失明，都把自己的住宅、土地和用人管理得很好。

现在该乔什表现得惊讶了：“噢，她管不到该死的海军。她没有说我们今天来这里的原因吗？”

我还没来得及深入探询为什么乔卡斯塔·卡梅伦在今天或其他某一天会想要去管海军这个吸引人的问题，我们的谈话就被空地远端传来的惊叫打断了。我转身去看，几个半裸着的男人惊慌地朝棚屋跑去，差点把我撞倒在地。

空地远端的地上有个奇怪的土丘，我之前就注意到了它，但还没有机会询问关于它的信息。这片空地的地面大多是泥土，而那个土丘却覆盖着野草，但那些野草不寻常，参差不齐，部分是绿色，部分变成了黄色，偶尔还会有一块矩形明显呈现出枯萎的褐色。

我才意识到这种现象是因为土丘上面覆盖着挖掘出来的泥炭时，整个土丘就爆炸了。没有爆炸的声音，只有类似巨大喷嚏的闷响，以及从我脸上掠过的空气中的微弱震荡波。

如果说这听上去不像是爆炸，但看上去绝对像，许多泥炭块和被烧过的木屑开始从整块空地上方飘落。许多人在喊叫，詹米和他的同伴冲出棚屋，好似一群被惊吓到的野鸡。

“你没事吧，外乡人？”他抓住我的胳膊，显得很担心。

“我没事，到底发生什么了？”我说，感觉特别迷惑。

“我也不知道！”他简洁地说着，已经开始四下观察空地了。

“伊恩在哪儿？”

“我不知道。你不会觉得这和他有关吧？”我擦掉几点飘落到我胸上的木炭，在上面留下了几条黑色的痕迹，然后跟着詹米走到那一小群奴隶中。他们在那里用盖尔语、英语和少数几种非洲方言，含混不清地嘀咕着。

我发现伊恩和那位年轻海军少尉在一起。他们正好奇地朝那个取代了土丘的黑色坑洞里看着。

“我知道，这种事情经常发生，”那位少尉在我们到达时说，“不过，我之前没有见过爆炸得特别有力的。”

“什么事情经常发生？”我问道，同时绕过伊恩前去查看。那个坑洞里填满了被爆炸掀得乱七八糟的黑色松木。土丘的根基还在，比坑洞边沿高出一截，就像馅饼的外层。

“沥青爆炸。”那个少尉转身向我解释道。他个子不高，脸颊红红的，年纪和伊恩看起来差不多。“夫人，你看到没，他们生起炭火，在火上架起装着沥青的大锅，然后用泥巴和泥炭封起来。这样做是为了保存热量，但还要让足够的空气通过裂缝，让火不熄灭。沥青被熬出来，通过中空的木材流到桶里。看到没？”他指给我看。一个残留下来的渗着黏稠黑色液体的破烂木桶上，还悬吊着一根破裂的圆木。空气里弥漫着木材燃烧发出的臭味和强烈的沥青气味，于是我尝试只用嘴巴呼吸。

“控制空气流量是一件难事，”小个子少尉继续解释，因为自己知道这些而得意扬扬。“空气太少，火就会熄灭。空气太多，火就会太大，散发出的能量无法控制，有可能点燃沥青的烟气，发生爆炸。你看那边，夫人。”他自以为是地指了指旁边的一棵树，那里曾经发生过爆炸，泥炭被炸飞起来，包裹在树干上，就像某种杂乱生长的黄色菌类。

“这需要精确地掌控，”他说着，踮起脚尖，好奇地往四周看，“那个负责控火的奴隶呢？希望这个可怜的家伙没有被炸死。”

他没有被炸死。在我们说话时，我已经细心地检查了人群，寻找受伤的人，但这次大家似乎都安然无恙。

“姨妈！”詹米突然想起乔卡斯塔，惊呼起来。他迅速朝棚屋转身，但接着又停住，放松下来了。她穿着绿色衣服显而易见，还在棚屋边上僵硬地站着。

我们走到她边上时，发现她不只是僵硬，而且还十分生气。在爆炸带来的忙乱中，她被大家忘记了，因为失明而没法走动，所以无助地站在那里，听着周围的混乱情景，却又做不了什么。

我回想起乔什说过乔卡斯塔的脾气不好，但她无论如何生气，都不会失态地在公共场合跺脚、发火。

乔什用特别像阿伯丁人的口音，为自己没有在身边帮助她而道歉，但她以善意——尽管不客气——的不耐烦打发了他。

“年轻人，不用说了，你是在按我的吩咐做事。”她烦躁地朝两边转头，似乎是想要看穿蒙眼布。

“法科尔德，你在哪里？”

坎贝尔先生走到她边上，她伸手挽住他的手臂，他轻轻地拍了拍她的手。

“亲爱的，没有造成什么大的伤害，没人受伤，只有一桶沥青被毁了。”他安慰她说。

“那就好。”她说，紧张的高大身子稍微放松下来。“可是贝尔纳斯在哪里？”她问道，“我没有听到他的声音。”

“那个监工？”沃尔夫上尉用一块亚麻大手帕擦掉脸上的几处污物，“我也在想这个问题。今早就没有人来这里接我们。幸运的是坎贝尔先生很快就来了。”

法科尔德·坎贝尔从嗓子里发出了低弱的声音，对自己被牵涉其中表示反对。

“贝尔纳斯应该在工厂，”他说，“有个奴隶跟我说工厂里锯子的主锯片有些问题，他肯定是去处理这件事情了。”

沃尔夫一副不屑的表情，似乎觉得锯片出问题这件事情并不足以成为他们没有得到恰当接待的借口。从乔卡斯塔紧绷着的嘴唇来看，她也这么觉得。

詹米咳嗽了两声，伸手把我头发里的草叶拉了出来。“姨妈，我记得我看到用人们装了一篮子午餐来，是吧？或许你可以请上尉吃点东西，让我去处理这里的事情？”

这个建议是正确的。乔卡斯塔的嘴唇放松了一些，沃尔夫也因为詹米提到午餐的事情而明显开心起来。

“没错，外甥。”她站直身子，重拾了那种命令的神态，朝沃尔夫的声音那边点了点头，“上尉，有请。”

* * *

在吃午饭时，我猜上尉是每季度到访一次松脂厂，来起草购买和运送各种海军用商品的合同。海军上尉负责制定和审核与从十字溪到弗吉尼亚边界的众多种植园主之间的类似合同。沃尔夫上尉清楚地表现出了他更喜欢殖民地生意的哪个方面。

“如果要我承认苏格兰在某个行业做得出色，那就是酿酒业。”沃尔夫上尉特别自负地说，端起他的第三杯威士忌喝了一大口。

法科尔德·坎贝尔一直在小口小口地品尝自己白镴酒杯里的威士忌，只是干巴巴地微笑，并没有说话。乔卡斯塔坐在他旁边的不结实的长凳上。她的手指轻轻地放在他的手臂上，就像地震仪那样灵敏，感受着隐藏在地下的种种迹象。

沃尔夫没忍住打了个嗝，然后才为时已晚地向我展示他自己所谓的魅力。

“在其他大多数方面，”他亲密地朝我倾身，继续说道，“他们既懒惰又固执，这两个特征让他们不适合……”说到这里，那个最年轻的少尉打翻了一盘苹果，尴尬得满脸通红，而这足以阻止上尉说完这句话，但不幸的是，这不足以完全改变他的思路。

上尉擦了擦假发下面的汗水，用满是血丝的眼睛看着我。“但是我想你并不是苏格兰人，夫人？我觉得你说话的声音很好听，很有教养。你丝毫没有粗野的口音，尽管你和他们有关系。”

“噢，谢谢你。”我低声说，心想到底是什么样的无能政府，才会派上尉这家伙来开普菲尔河谷处理海军的生意，开普菲尔河谷或许是新世界中苏格兰高地人聚居最多的地方啊。我现在开始明白乔什当时说“该死的海军”是什么意思了。

乔卡斯塔仍然微笑着。她身边的坎贝尔先生则只是对我扬了扬灰白的眉毛，看上去很严肃。显然，想要用水果刀在上尉心脏上捅一刀不可行——至少在他签征购订单之前不可行，所以我做了另外一件我能够想到的事情——我拿起威士忌酒瓶，把他的杯子倒得满满的。

“这个酒真是好喝，是吧？上尉，你难道不多喝点吗？”

酒确实好喝，香醇且温暖，同时也很昂贵。我朝最年轻的那个少尉转身，热情地朝他微笑，让上尉自己慢慢把那瓶酒喝干。

大家的对话不太平稳地继续下去，但是再没有任何摩擦，尽管两个少尉担心地看着桌子那边的上尉喝成醉鬼。这也难怪——他们两个要负责把上尉扶上马，安然无恙地送回十字溪。我开始明白为什么要来两个少尉了。

“弗雷泽先生应付得似乎还不错，你觉得呢，长官？”年长的那个少尉低声说着，朝外面点了点头，无力地想要再续中断的对话。

“啊？噢，当然不错。”沃尔夫已经对其他事情没有了兴趣，只知道一杯杯地把酒喝干，但詹米确实应付得很好。在我们坐着吃饭时，詹米——在伊恩的协助下——成功地恢复了空地上的秩序，架起了沥青锅炉，催促收集松脂的人们回去工作，还收拾了爆炸带来的垃圾。现在，他在空地的远端，只穿着衬衫和马裤，帮忙把烧到一半的木材抬回沥青坑里。我特别嫉妒他，那看上去要比与沃尔夫上尉共进午餐愉快许多。

“是的，他应付得不错。”法科尔德·坎贝尔迅速地看了看空地，然后又把目光转移回桌上。他评估了上尉的状况，轻轻地捏了捏乔卡斯塔的手。乔卡斯塔没有转头，便开口对始终安静隐藏在角落里的乔什说话。

“乔什，把第二瓶酒装到上尉的鞍包里，”她说，“我不想它被浪费了。”她朝上尉迷人地微笑起来，在上尉看不见她双眼的情况下，这种微笑让她的话显得更加可信。

坎贝尔先生清了清嗓子：“先生，既然你很快就要离开我们了，或许我们可以把征购的事情解决了？”

听说自己就要走了，沃尔夫显得有些惊讶，但他的两个少尉欣然站了起来，开始把文件和鞍包收集起来。其中一个拿出便携墨水池和削好的羽管笔，放到上尉面前。坎贝尔先生从衣服里取出对折起来的文件，展开放在桌上，准备好让他签字。

沃尔夫上尉皱眉看着文件，稍微摇晃了一下。

“就签在那里，长官。”年长的那个少尉说着，把羽管笔放到长官无力的手中，指着那张文件。

沃尔夫上尉端起酒杯，稍微仰头，喝干了最后一滴酒。他砰的一声放下杯子，茫然地朝四周微笑，目光显得涣散。年轻的那个少尉无奈地闭起了眼睛。

“噢，好的。”上尉草率地说，然后用羽管笔蘸了墨水。

* * *

“你不想现在就去洗澡换衣服吗，詹米？你身上有浓重的难闻的沥青和木炭气味。”乔卡斯塔优雅地张了张鼻孔。

我心想，还好她看不见詹米。詹米身上岂止是难闻，他双手黢黑，新衬衫变成了肮脏的破布，而且他脸上也脏兮兮的，让他看起来像是清理过烟囱一样。他的身上除了黑色，就只有红色了。在正午的太阳下干活时，他没有戴帽子，所以他鼻梁的颜色就像煮熟的龙虾。不过，我觉得那种红色不全是被太阳晒出来的。“我可以等会儿再去洗，”他说，“首先，我想知道你耍那个小把戏的意图是什么。”他用阴郁、沉闷的眼神盯着坎贝尔先生。

“我被以闻到松脂为借口引诱到森林里，然后还没搞清楚自己在什么地方，就和不列颠海军坐下来，应承和拒绝着我一无所知的事情，而你的那个小男孩在桌子下面像个被训练过的猴子一样踢我的小腿！”

听到詹米的话，乔卡斯塔微笑起来。

坎贝尔叹了口气。尽管劳累了一天，但他整洁的外套上丝毫没有泥土，过时的假发仍然稳稳地戴在头上。

“很抱歉，弗雷泽先生，今天的事情对你的良好本性来说肯定特别的不合理。你的到来确实特别偶然，我们没有足够的时间来沟通。我昨晚之前都还在亚弗埃斯波罗，在得知你的到来时，我已经没有时间来这里带你熟悉环境了。”

“是吗？好，想来现在我们有点时间了，我请你带我熟悉下环境。”詹米说，说完这句话时稍微咬了咬牙。

“你不先坐下来吗，詹米？”乔卡斯塔插话道，优雅地挥了挥手，“要花些时间才能解释清楚，而且你今天也挺累的，不是吗？”尤利西斯不知从什么地方冒出来，手臂上搭着亚麻毯子。他动作夸张地把毯子铺在椅子上，示意詹米坐下去。

詹米仔细地打量着管家尤利西斯，但他今天确实很累了，我能看到他黑黢黢的双手上长出了水疱，汗水在他肮脏的脸颊和脖子上流过，留下了明显的痕迹。他慢慢地坐到那张椅子上，接过了管家递给他的一个银杯子。

一个类似的杯子也魔法般地出现在我的手里，我感激地对管家微笑了；我没有费力地扛着木头到处跑，但在炎热的天气里长时间地骑马，也已经让我精疲力竭。我深深地尝了一口，那是很冰凉但苦涩的苹果酒，有些打舌头，但立即缓解了我的口渴。

詹米喝了一大口，然后看上去稍微冷静了一些。“坎贝尔先生，接下来呢？”

“这是个关于海军的问题。”坎贝尔开口说。

乔卡斯塔哼了一声，然后纠正道：“这是关于沃尔夫上尉的问题吧。”

“反正是一样的，乔，你知道的。”坎贝尔先生有些犀利地说。

乔卡斯塔之前跟我们说过，河场的大部分收入来自出售木材和松脂制品，而最大和最能挣钱的顾客就是不列颠海军。

“但是海军今非昔比了，”坎贝尔先生说着，遗憾地摇了摇头，“和法国打仗的时候，他们几乎供养不起舰队，只要有个可以运作的锯木厂，谁都可以发财。但是，过去十年来，海军没有打仗，军舰都腐烂了，海军部已经五年没有造新船了。”他叹了口气，感叹和平对经济的不利影响。

海军要保证那些渗漏的舰船不沉下去，现在仍然要征购沥青、松脂、圆木之类的商品，焦油也仍然有市场。然而，焦油市场也严重萎缩了，所以海军就能够选择与哪些种植园主做生意了。

海军要求所有东西都具有可靠性，他们按季度续签丰厚的合同，续签之前需要高级军官——比如说这次的沃尔夫的——检查和批准。与沃尔夫打交道总是很难，但赫克托·卡梅伦精明地应付了他，直到死去。

“赫克托会陪他喝酒，”乔卡斯塔直白地说，“在他离开的时候，他的鞍包里会有瓶酒，还有些其他的东西。”但是，赫克托·卡梅伦的去世严重影响了庄园的生意。

“而且不仅是因为贿赂得少了。”坎贝尔说着，斜眼看了看乔卡斯塔，严肃地清了清嗓子。

看上去，沃尔夫上尉在赫克托·卡梅伦去世的时候，来向乔卡斯塔表示过哀悼。当时他穿着正规的制服，有两个少尉陪同。第二天，他又独自来了，目的是求婚。

正在吞酒的詹米被呛到了。

“他感兴趣的不是我这个人，”乔卡斯塔听到这里严厉地说，“是我的土地。”

詹米明智地决定不做评论，只是带着新的好奇心打量着乔卡斯塔。

在听说背景信息后，我觉得她说得不错——沃尔夫的兴趣在于收购有利可图的种植园，而且这个种植园在他的影响下，可以通过海军的合同挣更多的钱。与此同时，乔卡斯塔个人也是额外的重要诱因。

无论有没有失明，她都是一位俊秀的女性。不过，除了肌肤和体形上的简单美以外，她还流露出一种肉欲的活力，在她靠近时，连法科尔德·坎贝尔这样干瘦的男人也会觉得激动。

“我觉得这能够解释上尉在吃午饭时的那种冒犯行为，”我好奇地说，“女人被拒绝后会大发雷霆，男人也会。”

乔卡斯塔惊讶地朝我转过头——我想她已经忘记我的存在了——但法科尔德·坎贝尔则大笑起来。

“男人确实会，弗雷泽夫人，”他眨着眼睛对我说，“我们可怜的男人都是些脆弱的东西，怠慢我们的感情可是有风险的。”

乔卡斯塔听到这里，不那么淑女地哼了一声。

“感情！”她说，“那男人对装不进瓶子的东西都没有感情。”

詹米饶有兴趣地打量着坎贝尔先生。“姨妈，既然你提到了感情的事情，”他有些尖锐地说，“我能不能询问你这位朋友的兴趣所在呢？”

坎贝尔反过来盯着詹米。“我家中有妻子，先生，”他干巴巴地说，“还有八个孩子，最大的那个或许还比你年长几岁。但是，我和赫克托·卡梅伦相识已经三十多年了，我会尽全力帮助他的妻子，因为我和他是朋友——和她也是。”

乔卡斯塔把手放在他的胳膊上，朝他转过头去。如果说她没法再用双眼来装扮自己，她也还知道把睫毛梳得向下弯是什么效果。

“一直以来，法科尔德给了我很多帮助，詹米，”她有些责备地说，“在可怜的赫克托去世过后，要是没有他的帮助，我不可能应付得来。”

“噢，是啊。”詹米说，口气里几乎没有怀疑，“先生，我和姨妈一样很感激你。但是我仍然在想这与我有什么关系？”

坎贝尔小心地咳嗽，然后继续叙述故事。

乔卡斯塔当时婉拒了上尉，假装因为丧夫之痛而晕倒，让人把她扶回卧室，然后她一直待在那里，直到上尉在十字溪做完生意，离开去了威尔明顿。

“贝尔纳斯当时在管理合同的事情，管理得相当糟糕。”乔卡斯塔插话说。

“噢，贝尔纳斯先生，那个没有见到的监工。今早他在哪里？”

一个女佣端着散发着香味的温水和毛巾出现了。她没有询问，就直接跪在詹米的椅子旁边，拉起詹米的一只手，开始轻轻地把他手上的煤烟洗掉。詹米对于这种特别的照料有些惊讶，但他忙着说话，没有把她打发走。

坎贝尔的脸上露出了苦笑：“贝尔纳斯先生尽管是个有能力的监工，但恐怕他和上尉有着同样的小弱点。我首先派奴隶去锯木厂找他，但那个奴隶回来告诉我，说贝尔纳斯在宿舍里不省人事，满身酒气，喊不醒。”

乔卡斯塔又不那么淑女地哼了一声，坎贝尔慈爱地看了看她，然后又回头看着詹米。

“在文件方面，你的姨妈在管家尤利西斯的帮助下，能够很好地管理庄园的生意。但是，你自己也看到了，”他得体地朝那盆已经变得像墨水的温水指了指，“身体上的工作也是需要的。”

“沃尔夫上尉就是这么跟我说的，”乔卡斯塔说，回忆起往事时，她的嘴唇紧绷了起来，“他说我不仅是个女人，还双眼失明，没法独自管理我的庄园。他还说我没法去森林和工厂里看工人们有没有在干活，不能依靠贝尔纳斯。”想到这里，她紧紧地闭住了嘴。

“这也很对，”坎贝尔遗憾地插话说，“我们这里有句谚语——‘幸福是自家的事情’。在涉及钱财和奴隶的问题上，你不能信任亲戚以外的人。”

我深吸一口气，看了看詹米。詹米点了点头。最终我们都懂了是怎么回事。

“这点就是詹米起作用的地方。是吗？”我说道。

乔卡斯塔已经把法科尔德·坎贝尔招募过来，在沃尔夫上尉第二次到来时对付他，打算通过坎贝尔来避免贝尔纳斯在签合同时做出傻事。而我们正好到达，所以乔卡斯塔想到了更好的计划。

“我送信去给法科尔德，让他通知上尉我外甥要来管理河场。那样会让上尉行事谨慎，”她解释道，“因为如果一位有共同利益的亲戚支持我，他就不敢逼迫我。”

“我懂了。”詹米不禁一副被逗乐的表情，“那么说，上尉会觉得，在这里本来十拿九稳的事情，却被我的到来搅乱了。难怪他那么不喜欢我。看他说话的那个样子，我还以为是不喜欢所有苏格兰人。”

“想来他现在是不喜欢所有苏格兰人了。”坎贝尔说，用餐巾仔细地擦着嘴唇。

乔卡斯塔伸手到桌子对面摸索，詹米本能地把手伸给了她。“你不会怪我吧，外甥？”她说。詹米用手引导她，她能够朝詹米脸庞看去，从她那双美丽的蓝色眼睛里的恳求神情来看，别的人或许不会知道她的双眼看不见。

“你应该知道，在你来之前，我完全不知道你性格怎么样。要是我一开始就告诉你，我怕你会拒绝参加这个骗局。詹米，看在亲爱的艾伦的分上，告诉我你没有怪我。”詹米轻轻地捏了捏她的手，向她保证自己没有怪她。

实际上，他很开心能够及时来帮忙，而且他姨妈在需要帮忙时，也会期待他伸出援手。

坎贝尔先生眉开眼笑，摇响了铃铛。尤利西斯送来特别的威士忌，还用托盘端来几个水晶高脚酒杯，以及一碟小菜，然后我们为不列颠海军的困惑干了杯。

然而，看着乔卡斯塔那张骨骼精致的脸庞，那张隐藏着许多想法的脸庞，我不禁回忆起詹米之前跟我简短说过的家族成员的突出特征。

“姓弗雷泽的固执得像石头，”他之前说，“姓麦肯锡的迷人得像田地里的云雀，但也狡猾得像狐狸。”

* * *

“你去哪儿了？我觉得你没有钱去喝成这样啊。”詹米问道，严肃地上下打量菲格斯。

菲格斯理了理蓬乱的头发，然后坐下来，流露出不开心的情绪。

“我遇到两个在镇上做皮毛生意的法国人。他们不太会英语，而我的英语很流利，所以只好答应帮他们做买卖。如果他们选择邀请我去他们的旅馆吃顿便饭……”他动了动一边的肩膀，用盖尔语说了句话，表示不再谈论这件事，然后把注意力转向更重要的事情，伸手到衬衫里拿出一封信。“这封寄到十字溪的信是你的，”他说着，把信递给了詹米，

“邮政局长让我把它带回来。”

那是个厚厚的纸包裹，封蜡已经破烂不堪，但看上去却要比菲格斯的状况好些。尽管拆开包裹时有些惶恐，但詹米在看到其中的信时还是面露喜色。三封信掉了出来，我认出来其中一封是他姐姐的字迹，另外两封显然是其他人写的。

詹米捡起他姐姐写的那封信，打量着它，就好像其中有爆炸物一样，然后轻轻地把它放在桌上的果盘旁边。

“我先读伊恩写的信，手里没有威士忌杯子，我不确定自己想读詹妮写的信。”他说，咧嘴笑着捡起第二封信。

他用银水果刀的刀尖撬开封蜡，拆开那封信，扫视着第一页。“我在想他是否……”他开始读信，声音渐小，最终消失了。

我好奇地站起来，走到他椅子后面，从他背后看那封信。伊恩·默里的字迹清晰、大气，即使我站得远，读起来也不费劲。

亲爱的弟弟：

我这里万事安好，感谢上帝让你们安全到达了殖民地。我把这些东西寄给乔卡斯塔·卡梅伦，请她代为转交。如果乔卡斯塔在你身边，那么詹妮让你代她向姨妈转达最诚挚的问候。

从随信附带的东西中，你就可以看出我的妻子对你已经不再严苛；她就像不谈论魔鬼那样，不再谈论关于你的事情，而且我最近也没有听她说你没有骨气之类的话，这或许可以让你心里好受些。不开玩笑，她和我一样，在听到小伊恩仍然安全的消息时，心情放松了许多。想来你应该知道我们对于他得到解救有多么感激，所以我就不再三道谢，以免让你觉得厌倦。不过说实话，对你的感激之情，我都可以写部小说来表达了。

虽然冰雹让大麦歉收，但我们还是努力让大家没有饿肚子。腹泻病在村子里流行，已经在这个月害死了两个孩子，这两个孩子的父母也很伤心。死去的两个孩子是安妮·弗雷泽和阿拉斯代尔·卡比，愿上帝怜悯这两个无辜的孩子。

说点开心的，迈克尔·默里在巴黎给我们写了信，他的酒生意做得仍然不错，考虑要在最近结婚。

我很高兴地告诉你，我又有了一个外孙，安东尼·布莱恩·蒙哥马利·莱尔。我把这个这个消息告诉你就够了，让詹妮来细说这个外孙的事情；她和大家都特别喜欢和心疼这个外孙。孩子的父亲保罗——也就是玛吉的丈夫——是个当兵的，所以玛吉和小安东尼住在了拉里堡。保罗目前在法国。我们每晚都会祈祷，希望他留在相对和平的法国，不要被派到危险的殖民地或者荒芜的加拿大去。

这个星期有客人来拜访了——洛瓦特勋爵西蒙和他的随从。他来这里是为了重新为他带领的高地军团征兵。你在殖民地或许听说过他们，据说他们在那里小有名气。西蒙讲了他们英勇对抗印第安人和邪恶法国人的伟大故事，其中有些无疑是真的。

看到这里詹米咧嘴笑了笑，然后翻了页。

他的故事把亨利和马修都迷住了，几个姑娘也听得入迷。约瑟芬（“小凯的大女儿。”詹米低声对我说。）深受鼓舞，所以密谋去袭击鸡笼，最后她和几个堂兄弟都弄得全身鸡毛，脸上敷着菜地里的泥巴，是他们为出征而化的装。

他们全都希望扮演野蛮人，所以小詹米、小凯的丈夫乔迪和我不得不扮演高地军团的士兵，不得不忍受他们用印第安战斧（厨房里的汤勺和长柄勺）的攻击，还要忍受其他各种类型的激烈进攻，所以我们尝试用阔剑（板条和柳枝）英勇地抵抗。

他们提议用火箭把鸽棚点燃，所以我让大家停止战斗，但最终被迫投降，接受被割头皮的结局。我得自夸地说，在这场战斗中，我的结局比那些鸡好。

伊恩的信接下来也都是这种风格，叙述了更多关于家族的消息，但涉及的更多是农场上的生意，还讲述了许多发生在当地的事情。伊恩写到移民变得“风行”起来，谢格烈村庄的几乎所有居民都决定采取这种权宜之计。

詹米读完信，把它放下。他微笑着，双眼有些恍惚，似乎他看到的是拉里堡的凉爽雾气和石头，而不是围绕着我们湿润、茂盛的丛林。

第二封信也是伊恩的字迹，但在蓝色的封蜡下面写着“私密”两个字。“这封会是什么呢？”詹米低声说着，撬开封蜡，打开了它。这封信的开头没有问候，显然是刚才那封的续篇。

詹米，我有一件重要的事情要告诉你，所以单独写了这封信，以便你在不透露这件事的情况下，让伊恩读那封较长的信。

你上次写信来说要在查尔斯顿让伊恩坐船回来。如果真的成行，我们当然也会开心地欢迎他回来。但是，如果他刚好没有离开你，那么如果不给你和克莱尔添麻烦的话，我们希望他还是跟着你们。

“没有给我添麻烦。”詹米低声说，从信纸上抬头看了看窗外，鼻孔稍微抽动着。伊恩和洛洛正在草地上与两个年轻奴隶摔跤，他们四肢缠着，彼此揪着衣服，咯咯地笑着，而洛洛也摇着尾巴。“嗯。”他转身背对着窗户，继续读信。

我跟你提起过西蒙·弗雷泽，说过他来这里的原因。有段时间，我们有些担心军团征兵的事情，尽管这件事情并不紧迫，而且幸好我们这个地方偏远，要过来不容易。

洛瓦特的征兵几乎没有什么困难，年轻人都愿意去领国王的军饷。

他们在这里能有什么呢？只有贫困的生活和绝望的苦楚。他们为什么要留在这里呢？他们在这里没有东西记忆继承，被禁止穿披肩，无权佩带武器。他们为什么不抓住重拾男人信念的机会——即使那意味着他们要穿花格布衣服和佩剑去为一个篡夺王位的德国人效劳？

我有时觉得这是最糟糕的情况。我们要忍受许许多多杀戮和不公，毫无对策，也无人可以求助，而且我们的年轻人，我们的希望和未来，都因此被输送出去，都为了征服者的利益而被挥霍掉，而他们得到的报酬只是引以为豪的小硬币。

詹米扬起一边眉毛，抬头看我："看不出来伊恩还会写诗吧？"

篇章在这里中断，蔓延成愤怒的潦草字迹，到处是墨渍和涂痕。篇章继续时，字迹又变得整洁有序起来。

抱歉我说得太有激情。我本来没打算说这么多的，但我始终特别想对你敞开心扉。这些事情我不会跟詹妮说的，但想来她也应该知道了。

我太唠叨了，回到重点上来。小詹米和迈克尔现在很好，至少不担心他们两个会憧憬军队生活。伊恩则不同，你知道那个孩子，他那种冒险的精神，和你实在太相像。这里没有实质性的工作可以让他做，而且他又对学习不感兴趣，也没有经商的头脑。在一个要么选择乞讨，要么选择参军的世界里，他又如何才能成功？因为他几乎没有其他选择。

如果你愿意的话，我们希望他跟着你。或许在新世界他会找到更好的机会。即使他没有找到好机会，至少也可以避免让他母亲看到自己的儿子离家从军。

把他交给你管着再好不过，而且你也是他最好的榜样。我知道自己请你帮的不是小忙，但是我希望这件事情不是全然给你添麻烦，伊恩在身边带来的假想愉悦除外。

“不仅会写诗，还很会讽刺。”詹米说着，又看了看草坪上的那几个男孩。

篇章又中断了，这次只有几个词语，但都是用才削尖的羽管笔仔细写下的，反映着词语后面的思绪。然后篇章又继续了。

詹米，我刚才停下写信，希望在我说这件事情之前，我的思绪能够清晰，没有因为疲劳而迷糊。其实我几度提笔，又几度放下，不知道是否要说。我担心在请你帮忙的同时，我还冒犯到你。但是我必须得说。

之前我在信中提及西蒙·弗雷泽。尽管他父亲是那样的人，但他有正义感，不过他也很残暴。我和他从小就认识——小时候的事情有时恍如昨日，有时又觉得过了许多年——他现在有种冷酷，双眼后面有种钢铁般的冷静，而这在卡洛登之前是没有的。

詹米，让我担心的是——你知道我是爱你的，所以我才有胆量说出来——我在你的双眼中也看到了那种钢铁般的冷静。

我很清楚那些让人心肠变硬、眼神变得冷酷的场景。我相信你会原谅我的直率，卡洛登战役以来，我为你的灵魂担心过许多次。

我没有对詹妮说过这件事，但她也看出来了。此外，她是女人，能够以某些我无法做到的方式了解你。我想，她之所以把莱里强加给你，是因为那种担心。我确实觉得你和莱里不配，但是……（故意而为的大片墨渍在这里遮住了好几行文字）。能够拥有克莱尔，你真的很幸运。

“嗯。”詹米说道，然后看了我一眼。我捏了捏他的肩膀，然后向前俯身，去阅读剩下的文字。

不早了，我也闲扯了不少。我刚才说到西蒙——他现在与人的仅有联系，就是对他麾下士兵的关心。他无妻无子，没有家庭生活，祖传财产也被他侍奉的那个征服者控制着。这样的男人有烈火，但没有心肠。

我希望不要看到你或者小伊恩变成那样。

所以，我让你们两人相伴，希望上帝的祝福，以及我的祝福，能够始终伴随你们。

请尽快回信。我们很希望知道你们的消息，听你们现在所居住的奇异的地方。

伊恩·默里

最爱你的姐夫

詹米小心翼翼地折起那封信，把它放进外套。

“嗯。”他说。

CHAPTER 11

流血法律

1767 年 7 月

我逐渐熟悉了河场的生活节奏。奴隶的存在让我不舒服，但对此我无能为力，只有尽量少让他们做事，尽可能地自己取东西和搬东西。

河场有一个药草间，本质上就是个小橱柜，里面装着干药草和药品。里面的东西并不多，只有几根蒲公英根和柳树皮，还有少许质量不错的泥敷剂，都因为许久未用而积满灰尘。听说我想用这个药草间，乔卡斯塔表示很开心。她耸着肩膀说自己对药物没有天赋，那些奴隶也没有。

“有个新来的女人在这方面有些能力，不过她不是做家务的奴隶，她几个月前才从非洲过来，既不会说话，也不懂礼仪。我想过要训练她，但是既然你在这里了……啊，纺线变得太细了，看见没？”她说道。纺车转动着，她把纤长的手指从纺锤的羊毛线里抽了出来。

我每天都会花点时间陪乔卡斯塔聊天，试着向她学习纺线的技术，而詹米则每天与管家尤利西斯待上一两个小时——除了充当乔卡斯塔的双眼和总管家中事务以外，管家显然在赫克托·卡梅伦去世过后就一直管理着种植园的账务。

“而且他把账务管得很好，”在一次与尤利西斯交流后，詹米私下对我说，“他要是白人，我姨妈在处理财务上就不会有难事了。可实际上……”詹米耸了耸肩。

“实际上，你姨妈很幸运能够有你在这里。”我说，倾身靠近他，在他身上闻了闻。他整天都在十字溪，处理复杂难懂的交易，交易掉许多木蓝块、木材、三对骡子、五吨水稻，还在仓库里收到一个镀金时钟。结果，他外套和头发上附着了许多迷人的香味。

* * *

“晚宴会，我必须办场恰当的盛宴，把你们俩介绍给这里的人们。”乔卡斯塔几天后宣布道。

“没必要的，姨妈，”詹米从书本上抬头，温和地说，“我觉得，上个星期收购原料的时候，我就已经见过了大部分人。至少见过了大部分男人，”他朝我微笑着补充道，“不过，我想了想，或许应该让克莱尔结识这里的女士们。”

“我不介意多认识些人，”我承认道，“不是说我找不到足够多的消遣活动，”我安慰乔卡斯塔说，“但是……”

“但是你都不感兴趣，”她回答道，不过她脸上挂着微笑，足以让她的话显得不刻薄，“我觉得你对针线活没有特别喜欢。”她伸手到那个装着彩色毛线的大篮子里，拿出一团绿色的毛线，要把它们织到她正在编织的披肩上。

女佣们每天早上都会细心把线团按层次摆放成螺旋状，所以乔卡斯塔数着就能拿到正确的颜色。

“噢，是的，她不喜欢这种针线活，”詹米插话道，并且合上书本，朝我微笑，“她更喜欢缝合裂开的血肉。她这几天只处理了一个摔破头的病人和一个痔疮病人，应该变得坐立不安了。”

“哈哈。”我刻薄地说，不过詹米说得很对。河场的居民整体上都很健康，营养充足，对此我虽然很开心，但是作为医生我能做的很少。我当然没有对任何人抱有恶意，但我不否认我正在变得坐立不安。詹米肯定也坐立不安，但我觉得最好暂时不要讨论他的事。

“我真的希望玛萨丽能够安好。”我变换话题说。在詹米的劝说下，菲格斯最终相信詹米暂时不需要他帮忙，所以在之前一天就离开，去了下游的威尔明顿，在那里坐船去牙买加。如果一切顺利，他会在春天带着玛萨丽和——承蒙上帝之恩——他们新生的孩子返回河场。

“我也希望，”詹米说，“我跟菲格斯说过——”

乔卡斯塔突然朝门那边转头：“怎么了，尤利西斯？”

我专心说着话，没有注意到走廊里的脚步声。乔卡斯塔的听力让我感到惊讶，而且这已经不是第一次了。

“法科尔德 · 坎贝尔先生。”管家轻声说，向后靠墙站着。

我心想，法科尔德 · 坎贝尔竟然没有等尤利西斯回去邀请他进来，这说明他对这个家庭很熟悉。他紧跟在管家身后走进客厅，帽子马马虎虎地塞在胳膊下面。

“乔，弗雷泽夫人，”他说，快速地朝我和乔卡斯塔鞠躬，然后又对詹米说：“您好，先生。”坎贝尔先生骑马过来，而且骑得很辛苦，他外套的下摆沾满了灰尘，脸上淌着汗水，假发歪歪斜斜地套在头上。

“怎么了，法科尔德？发生什么事了吗？”乔卡斯塔向前坐到椅子边沿上，面容反映着坎贝尔的明显焦虑。

“是的，”他生硬地说，“锯木厂出事了，我来问弗雷泽夫人……”

“噢，好的。我去拿箱子。尤利西斯，你让人把马牵过来好吗？”我匆匆站起来，寻找着被我蹬掉的拖鞋。我的着装不适合骑马，但是从坎贝尔的表情来看，我没有时间去换衣服。“严重吗？”

我弯腰穿拖鞋时，他伸手让我停了下来。“是的，很严重。但你不必过去，弗雷泽夫人。如果你丈夫能够顺便带点你的药品过去……”

“我当然要去。”我说。

“不用！”他粗鲁地说，然后我们全都盯着他看。他露出苦相，紧绷着嘴唇，与詹米对视。

“这不是女士们的事情，”他说，“但是，弗雷泽先生，如果你能陪我过去，我将十分感激。”

我还没来得及抗议，乔卡斯塔就站了起来，抓住坎贝尔的胳膊。“什么事情？”她生硬地问，“是哪个黑人怎么了？贝尔纳斯做了什么事吗？”

她比坎贝尔先生高一两英寸，坎贝尔不得不抬头回答她。我能看到他脸上的紧张，乔卡斯塔肯定也感觉到了，她更用力地抓住了坎贝尔先生的灰色哔叽外套的袖子。

他看了看尤利西斯，然后又回头看着乔卡斯塔。尤利西斯似乎收到直接的指示，转身离开了房间，脚步如往常那样轻盈。

“乔，这是一件关乎流血的事情，”他轻声地对她说，“我不知道是谁，也不知道为什么，甚至不知道伤会有多重。麦克尼尔的孩子过来找我，但是另外那个……”他犹豫了，然后耸了耸肩，“这是法律。”

“那你是裁判！”她大声说道，“看在老天的分上，你就不能做点什么？”她摇着脑袋，失明的双眼试图操纵他，让他听从她的意志。

“不行！”他粗鲁地说，然后又温和地重复，“不行。”他从袖子上拉起她的手，然后紧紧握住。

“你知道我不能那样做，”他说道，“即使我能……”

“即使你能，你也不会那样做。”她刻薄地说，把手从他手里抽出来，向后退了一步，双拳紧握在身侧，“那就去吧。他们让你当裁判，那你就去给他们裁判。”她因为没办法而生气，迅速转身，离开了客厅，裙摆发出沙沙的响声。坎贝尔盯着她的背影，然后在听到摔门的声音从走廊那边传来时，带着啼笑皆非的表情，吐了口气，朝詹米转过身去。

“弗雷泽先生，我们才相识不久，我不知道该不该请你帮这个忙。

但是如果你能与我同去，我会特别感激。因为卡梅伦夫人自己不能到场，在这件事情上让你代表她前去……”

“是什么事情，坎贝尔先生？”詹米打断他说。

坎贝尔看了看我，显然希望我离开。我没有动，所以他只好耸耸肩，从口袋里掏出手帕，擦了擦脸。

“先生，如果黑人攻击白人，让白人流了血，那么这个黑人就必须为其罪行而受死。这是这个殖民地的法律。”他不情愿地停顿下来，“还好这种事情很少见，但是真正发生这种事情时……”

他停了下来，紧紧闭着嘴唇，然后叹了口气，轻拍着通红的脸颊，把手帕收了起来。

“我必须得走了。你会一起去吗，弗雷泽先生？”

詹米站了片刻，目光在坎贝尔的脸上搜寻。“我会去。”他生硬地说。他走到餐柜前面，拉开上面的抽屉，抽屉里放着已故的赫克托·卡梅伦用来决斗的手枪。

见此情景，我转身面对坎贝尔：“有危险吗？”

“说不准，弗雷泽夫人。”坎贝尔耸了耸肩，“唐纳德·麦克尼尔只跟我说锯木厂有人吵起来了，说是关乎流血法律的事情。他让我立即去做裁判，监视死刑的执行。我还没来得及问他细节，他就离开去通知其他庄园主了。”

“死刑？你是说你还不知道这个人做了什么，就要执行他的死刑？”我在焦虑不安中打翻了乔卡斯塔的纱线篮子。五颜六色的小毛线团在地毯上弹跳着，滚得到处都是。

“我知道他做了什么，弗雷泽夫人！”坎贝尔抬起下巴，满脸通红，但是显然努力地抑制住了他的不耐烦。

“抱歉，夫人。我知道你才来这里，你会觉得我们的有些方式有问题，甚至粗野，但是……”

“没错，我真觉得有些方式很粗野！什么样的法律会判决一个人有罪……”

“一个奴隶……”

“一个人！什么样的法律会判决一个人有罪，却不经过审判，甚至都不经过调查？那是什么样的法律？”

“不好的法律，夫人！”他斥责道，“但它仍然是法律，而我负责执行这条法律。弗雷泽先生，你准备好了吗？”他把帽子扣到头上，朝詹米转过身去。

“准备好了。”詹米把手枪和子弹装到外套的深口袋里，然后伸展身体，把衣服的下摆向下理平整，“外乡人，要不你去……”

他还没有说完，我就已经走到他边上，拉住了他的胳膊。“詹米，求你了！别去，你不能参与进去。”

“嘘。”他握着我的手，用力捏了捏。他盯着我的眼睛，让我不要说话。

“我已经身在其中了，”他安静地说，“这是我姨妈的庄园，牵涉到的是她的人。坎贝尔先生说得不错，我是姨妈的亲戚，我有责任过去，至少去看看。”他犹豫了片刻，似乎想要说更多，但他只是又捏了捏我的手，然后放开了我。

“那我要和你去。”我十分平静地说，在知道即将发生灾难时，我有种奇怪的超然。

他动了动宽大的嘴巴。“我想你也会去，外乡人。去拿你的小药箱，我去把马牵过来。”

我没有等着听坎贝尔先生抗议，而是迅速朝蒸馏室走去。我的拖鞋拍打在地砖上，节奏就像是焦急的心脏在跳动。

* * *

我们在路上遇到了安德鲁·麦克尼尔，他在栗子树的树荫下歇马。

他一直在等我们，听到马蹄声后，他从树荫下走了出来。我们停在他身边，他朝坎贝尔点了点头，但他皱眉看着的却是我。

“坎贝尔，你没有告诉他吗？”他说，然后又蹙眉看着詹米，“这不是女人该掺和的事情，弗雷泽先生。”

“你说这是会有人流血的事情，不是吗？我妻子是医生，她还和我经历过战争。如果你想要我去，那么她就要和我一起去。”詹米说道，嗓音里有种明显的怒气。

麦克尼尔紧闭着嘴唇，没有继续争论。他突然转身，跨上了马背。

“麦克尼尔，给我们讲讲这次不幸事件的来龙去脉。”坎贝尔驱赶他的母马，让它从詹米的马的鬐甲旁走过，熟练地穿过麦克尼尔和詹米中间，“弗雷泽先生才来没多久，你知道的，而且你的孩子也只是跟我说这是流血事件。我不知道详细情况。”

麦克尼尔稍微抬起魁梧的肩膀，向后耸了耸。他的铁灰色辫子搭在衣领的正中间，帽子紧紧地扣在头上。他说话的方式，以及他的外表，都显得古板和直接。

我们一边骑马小跑，一边听麦克尼尔连珠炮似的讲了这件事。故事其实很简单——锯木厂的监工贝尔纳斯与其中一个收集松脂的奴隶起了争执。因为需要采集松脂，所以这个奴隶有一把大砍刀。他尝试通过砍下贝尔纳斯的脑袋来解决问题，但是他没有砍中脑袋，只是砍掉了一只耳朵。

“像给松树割皮那样砍了他，”麦克尼尔说，声音里明显有种阴冷的满足感，“砍掉了他的耳朵，还在脸上留下了一点伤。不会给他的美貌造成大的伤害，那个满脸脓疮的丑鬼。”

我看了看詹米，他反过来朝我扬了扬眉毛。显然，当地种植园主都不喜欢贝尔纳斯。

贝尔纳斯当时尖叫救命，然后在两个顾客和几个奴隶的帮助下，成功地制服了砍伤他的那个奴隶。大家给贝尔纳斯止了血，把那个奴隶关起来，然后立即派小唐纳德 · 麦克尼尔——他本来是去安装锯条的，没想到遇到了这出闹剧——去给附近的种植园主送话。

“跟你们说，在有奴隶被处决时，附近的种植园都要带奴隶来看，有震慑作用，防止他们在未来干傻事。”坎贝尔在马鞍上扭着身子对詹米解释道。

“是的，”詹米礼貌地说，“在起义过后，我祖父被国王处决在塔丘上，我相信国王当时就是这么想的。这种做法也很有用，自那以后我的亲戚全都变得十分遵纪守法了。”

我在苏格兰人当中生活得足够久，能够理解那种杀鸡儆猴式做法的效果。詹米会在坎贝尔的请求下过来，但是作为老狐狸的孙子，他不会轻易服从任何人的命令，也不会总是很看重英格兰法律。

麦克尼尔听懂了詹米的意思，他的后颈红得像火鸡，但法科尔德却一副被逗乐的表情。他干巴巴地短暂大笑，然后把身子转了回去。

“你知道是哪个奴隶吗？”他问较为年长的麦克尼尔。

麦克尼尔摇了摇头：“小唐纳德没有说。但你我都清楚，肯定是那个该死的鲁弗斯。”

坎贝尔耷拉着肩膀，表示认可。“乔听到了会很伤心。”他嘟哝道，遗憾地摇了摇头。

“这不是她的错，”麦克尼尔说着，凶残地拍死一只停在靴子上方腿上的马蝇，“贝尔纳斯连猪都管不住，更不用说管黑人了。我和你都经常跟她这样说啊。”

“是啊，但是雇用贝尔纳斯的是赫克托，不是她，”坎贝尔温和地抗议道，“她也不能直接解雇他，那样她就得亲自来管理这个地方了，是吧？”

麦克尼尔哼了一声表示回答，同时挪了挪马鞍上的宽大臀部。我看了看詹米，发现他面无表情，双眼隐藏在帽檐投下的阴影当中。

“几乎没有什么能比固执的女人糟糕了，”麦克尼尔稍微有些大声地说，“如果受伤的是她们自己，那么她们就怪不得谁，只能怪自己。”

“但是，”我插嘴说，同时向前倾身，提高嗓音，让自己的话足以在马蹄声中被听见，“如果她们受伤是因为某个男人，那么光是责怪这个男人足以补偿她受到的伤害吗？”

詹米发出被逗乐的哼声，坎贝尔大声地咯咯笑了起来，用短马鞭戳了戳麦克尼尔的肋骨。

“你被难住了，安德鲁！”他说。

麦克尼尔没有回答，但是他的颈子变得更红了。此后我们便沉默着骑马，麦克尼尔的双肩都耸到了耳朵下面。

虽然有些满意，但这次对话并没有让我的神经放松下来。我揪紧了心，担心我们到达锯木厂时会发生的事情。尽管他们不喜欢贝尔纳斯，显然都认为这件事情可能是他的错，但丝毫没有迹象表明这会改变那个奴隶的命运。

“不好的法律，但它仍然是法律”，坎贝尔之前说过。而且，我之所以双手发抖，手心的汗打湿了缰绳，并不是因为我在想到司法暴行时的愤怒或恐惧，而是因为我在想詹米会怎么做。

我从他的表情上什么都看不出。他放松地骑着马，左手拉着缰绳，右手松散地蜷曲着搭在大腿上，旁边鼓起的就是外套里的手枪。

他之前准许我同行，但我甚至不确定是否应该因此而感到安慰。他那样做或许意味着他觉得不会有暴力行为，但是这是否就意味着他会站在边上，让他们处决那个奴隶？

如果他袖手旁观……我口干舌燥，鼻子和喉咙里都阻塞着在马蹄踩踏下团团扬起来的棕色灰尘。

他说他已经身在其中。但是，身在什么当中呢？身在氏族和家庭中，没错——但是身在这件事当中吗？苏格兰高地人会因为触及荣耀或激起热血的事情而拼命搏斗，但是他们对外界的事情大多都漠不关心。他们在山区要塞中与世隔绝数百年，不乐意去干涉别人的事情，但是那些来干涉他们事情的人就惨了！

显然，坎贝尔和麦克尼尔都觉得这件事情是詹米的事情，但是他自己这么想吗？詹米不是那种与世隔绝的高地人，我这样安慰自己。他周游各地，受过良好教育，有文化。他很清楚我对现在这件事情是什么态度。但是，我有种不好的感觉——我的意见在今天几乎不会被考虑。

这个下午炎热无风，知了在路边的草丛中大声鸣叫，但我的手指在缰绳上冰冷又僵硬。我们在路上超过了一两批人——小群小群的奴隶，步行着朝锯木厂那边走去。我们路过时，他们没有抬头看，而是退到旁边的树丛里，给我们让路，让我们骑马小跑过去。

詹米的帽子碰到低矮的树枝，掉了下来，他灵巧地接住帽子，扣回到头上，但是我瞥到了他暂时没有遮挡的面容，他脸上的线条焦虑地紧绷着。

我们突然进了松林，摇曳的黄绿色山桃木树叶或桤树叶突然变成了清凉的深绿色，就好像我们从海洋表面潜入了深海。

我伸手去摸那个挂在马鞍背后的木盒子，试着不去想待会儿会发生什么事情，心里为我可能会在这场才开始的灾难中恰当扮演的唯一角色做准备。我可能没法阻止伤害的发生，但我能够试着去救治已经受伤的人。我可以消毒和清洗伤口——我有一瓶蒸馏酒，还有用鲜榨蒜水和薄荷制成的清洗液；然后我可以包扎伤口——没错，我有亚麻绷带——但是包扎前肯定要先缝合？在思考如何处理贝尔纳斯被割下的耳朵时，我停了下来。我耳朵里那种嗡嗡声不是来自知了。走在前面的坎贝尔突然停下来聆听，我们其他人全都停在了他后面。那是远处的许多说话声，低沉、愤怒，嗡嗡嗡的，就像蜂巢被翻过来摇晃了似的。然后，有低弱的喊叫声传过来，接着又传来一声突兀的枪声。

我们冲下最后那个斜坡，避开树木，冲进锯木厂的空地。空地里全是人——奴隶、契约劳工、女人、儿童，惊慌且混乱地跑着穿过一堆堆锯过的木材，就像斧头劈开木材后暴露出来的白蚁。

接下来，我完全不再关注人群。我的注意力全部集中在锯木厂那边，那里配装着一台起重机，上面有个巨大的吊钩，用来把圆木升到锯床的高度。

一个黑人男性被刺穿挂在吊钩上，像蠕虫那样可怕地扭动着身体。起重机下面的平台上就积着一摊血，空气中血液的味道带着甜味。

我的马在人群的阻挡下，不安分地停了下来。喊叫声淡去，变成了呻吟声和人群中女人的杂乱的低声尖叫。我看见詹米溜到我前面，从人群中挤着朝平台走过去。坎贝尔和麦克尼尔跟着他，严肃地推搡着穿过人群。麦克尼尔的帽子不小心掉了下来，被人群踩在了脚下。

我呆坐在马鞍上，动弹不得。起重机旁边的平台上有其他人，一个小个子男人，脑袋上荒诞地缠绕着绷带，身体一侧满是血迹；此外还有几个白人和黑白混血的男人，他们拿着棍棒和火枪，不时凶狠地向人群戳动。

人们看上去丝毫不像是在往平台冲过去；相反，他们看上去是想离开。我身边的那些脸庞上，大多印着从恐惧到震惊的各种表情，只有零星几个闪现着愤怒——或者满足。

法科尔德·坎贝尔从拥挤的人群中挤出来，倚着麦克尼尔的结实肩膀爬到平台上，然后立即朝那群拿着棍棒的人走去。他挥舞着双手，喊着我听不清楚的话，但是我周围的尖叫和呻吟声都逐渐消去，变成惊讶的沉默。詹米抓住平台边沿，也随着坎贝尔而爬上平台，然后停下来拉了麦克尼尔一把。坎贝尔与贝尔纳斯面对着面，清瘦的脸颊因为愤怒而抖动着。

“……无法形容的残忍！”他大喊道。他的话部分被我身边的嘈杂声淹没，断断续续地传到我耳朵里，但是我看到他伸出手指，明确地指着起重机和上面那个恐怖的负担。那个奴隶已经没有挣扎了，一动不动地挂在上面。

我看不见贝尔纳斯的脸，但他的身体却因为愤怒和反抗而僵硬着。

他的一两位朋友正慢慢地朝他靠近，显然是打算去支援他。

我看见詹米站了片刻，评估着事态。他从外套里掏出两把手枪，冷峻地检查了枪里的点火药。然后他走上前去，用一把手枪顶着贝尔纳斯那绑着绷带的脑袋。贝尔纳斯惊讶得一动不动。

“放他下来，不然我就把你朋友剩下的这部分脸打爆，然后……”詹米对最近的那个暴徒说。他说话的声音足够大，在人群的逐渐消逝的嘟囔声中也能够听见。詹米举起另外那把手枪，直接瞄着那个人的胸脯，脸上还露出了不必要的威胁表情。

那人不情愿地挪动身子，小眼睛盯着詹米的手枪。他抓住控制起重机的绞车的制动杆，然后向后拉动。吊钩慢慢降下来，吊着那个奴隶的缆绳变得紧绷绷的。那个奴隶的无力的身体触碰到地面时，观众们发出了巨大的惊叹声。

我成功地骑马挤过人群，直到离平台边沿还有一两英尺。闻到强烈的血腥味时，我的马跺着蹄子往后退，甩着脑袋，扑哧扑哧地喷着气，但它被训练得很好，没有飞奔出去。我滑下马背，让旁边的一个人给我带上药箱。

平台的木板踩在脚下有种奇怪的感觉，就像下船时踩着的干燥沙滩那样上下起伏。我离那个躺着的奴隶就几步路，在我走到他身边时，我的思绪变得清晰起来，而这种清晰的思绪正是外科医生的主要资源。我没有理会身后的热切争论，也没有管在场的其他观众。那个奴隶还活着，他的胸脯随着低弱、颤抖的喘气而起伏着。吊钩刺破了他的肚子，穿过了胸廓的下部，然后又从背后与肾差不多的位置刺出来。他的皮肤变成怪异的深蓝灰色，嘴唇白得就像黏土。

“嘘。”我轻声说，尽管那个奴隶没有发出任何声音，只有低弱的呼吸声。他双眼茫然，瞳孔已经扩散，淹没在黑暗里。

他没有吐血，这说明他的肺部没有被刺破。他的呼吸微弱，但是有节奏，这说明他的横膈膜没有撕裂。我用双手轻轻地从他身上摸过，试着在心中沿着他受伤的地方移动。血液从他的两个伤口中渗出来，在腹部和背部线条明显的肌肉上形成黑色的一层，就像抛光钢刀上的红宝石那样泛着红光。血液没有喷出来，那就意味着主动脉和肾动脉没有受伤。在我身后，他们已经特别激烈地争吵起来。我的一小部分离散的思绪注意到，贝尔纳斯的同伴就是来自附近两个种植场的监工，他们现在正接受着法科尔德 · 坎贝尔的凶狠指责。

“……公然无视法律！先生们，你们会在法庭上为此负责的，肯定会的！”

“这有什么关系？”有人不开心地咕哝道，“这是关乎流血和身体伤害的事情！贝尔纳斯有他的权利！”

“权利不是你们这种人决定的。”麦克尼尔用低沉的声音吼道，“乌合之众，你们就是乌合之众，还不如……”

“你居然敢这样说？你只知道把你那苏格兰长鼻子凑到不需要你凑过去的地方，呃？”

“你需要什么，外乡人？”

我没有听见詹米走上来的脚步声，但他就在我身边。他蹲在我旁边，我的箱子在木板上打开着。他一只手里仍然握着上了膛的手枪，大部分注意力仍然在我身后的人群上。

“我不知道。”我说。我能够听到后面的人们在争吵，但他们争吵的内容变得模糊，毫无意义。我手下的事情才是唯一的现实。

我慢慢意识到，我摸着的这个人的伤尽管很吓人，但或许并不致命。从我能觉察和感受到的一切来看，我以为那个吊钩向上刺穿了他的肝脏。右边的肾脏有可能受损，空肠和胆囊或许也被刮伤，但这些都不会让他立即丧命。

如果他安静死去，那么让他死去的是休克。但是，我能够看到他被汗水浸湿的肚子上脉搏在跳动，就在穿破肚子的吊钩上方。他的脉搏虽快，却像鼓声那样稳定。把手放到上面时，我能够感到它在我的指尖震动。他流了血——血液的气味很浓，盖过了汗水和恐惧的味道——但不足以让他死去。

我突然有种不安的想法——我或许能够让这个人活下来。也有可能不行。在这种想法之后，我紧接着想到了各种可能会出问题的事情——取出吊钩后的出血就是最直接的问题，此外还有内出血、延迟出现的休克、肠穿孔、腹膜炎。

在普雷斯顿潘斯战场上时，我见过一个男人被剑刺穿身体，伤口位置和这次特别相似。当时那个人没有得到治疗，只是有人用绷带包扎了他的身体，但是他却恢复了。

“无法无天！不管有没有挑衅，这都无法容忍。你们全都会被指控的，我保证！”坎贝尔正在说话，他提高声音，压过了嘈杂的争论声。

没人关注这次争论的真正对象。才过去几秒钟，但我只剩下几秒钟就得行动。我把手放在詹米的胳膊上，把他的注意力从争论上面拉过来。

“如果我救了他，你会让他活下去吗？”我低声问詹米。他迅速地看了看我身后的那些人，权衡着各种可能性。

“不会。”他轻声说。他看着我的眼睛，双眼里充满了体谅的神情。他稍微挺起肩膀，把手枪放在大腿上面。我不能帮他做决定，他也不能帮我做决定，但是无论我做什么决定，他都会维护我。

“把最上面那排左边的第三个药瓶给我。”我说着，朝药箱点了点头。药箱里面装着三排透明的玻璃瓶，全都用软木塞紧紧封住，装着各种各样的药品。

我有两瓶纯酒精，一瓶白兰地。我往白兰地里倒了不少棕色的乌头根粉末，麻利地摇了摇，然后爬到那个奴隶的头边，把酒瓶塞到他的嘴唇边上。

他目光呆滞，我试着往他那双眼睛里看。为什么？即使在我俯身靠近他，我也在想为什么。我没法问他是否会选择这样——我已经为他做了选择。在做了选择过后，我既不能寻求许可，也不能寻求原谅。

他吞了白兰地，一口，两口。他苍白嘴巴旁边的肌肉颤动着，几滴白兰地从他嘴边流下来。在痉挛着吞下一大口白兰地后，他紧绷着的脖子放松了下来，脑袋沉重地靠在了我的手臂上。

我闭眼坐着，扶着他的头，手指感受着他耳朵下面的脉搏。它的脉搏跳动着；在短暂停顿后，它又继续跳动了。一阵战栗贯穿他的全身，肮脏的皮肤抽动起来，就好像有上千只蚂蚁在上面爬动一样。

我回忆了教科书里的描述：

> 麻木；刺痛；皮肤有颤动感，似有昆虫侵袭；恶心、腹上部疼痛；呼吸困难、冒冷汗、面无血色；脉搏微弱紊乱，但头脑仍然清晰。

这些症状他都有，尤其是腹上部疼痛。丨五分之一格令[①]的乌头能在几秒钟内毒死一只麻雀，十分之一格令能在五分钟内毒死一只兔子。据说，美狄亚试图毒害忒修斯时，在杯中用的毒药就是乌头。

除了手指下面断断续续的跳动以外，我试着不去听任何声音，不去感受任何事物，不去知道任何事情。我试着用尽全力去屏蔽头上的说话声、附近的低语声、炎热、尘土，以及血液的臭味，去忘记我身处何处，在做什么事情。

但头脑仍然清晰。哦，天哪。我心想。他的头脑确实仍然清晰。

---

① 格令，重量单位，等于0.0648克，常用于称量药物。

CHAPTER 12

约翰·昆西·梅耶斯回归

锯木厂的事情让乔卡斯塔极为震惊和烦恼，但她还是说想要继续举办之前计划好的宴会。

“这可以让我们不去想悲伤的事情。”她坚定地说。她转身对着我，伸出手来，吹毛求疵地用手指触摸着我的平纹细布衣袖。

“我会叫费德拉给你做件新礼服，”她说，“她是个不错的裁缝。”

我倒是觉得，要让我不去想锯木厂的事情，光是新礼服和宴会并不够，但我看到詹米警告地看了我一眼，于是紧紧闭上嘴巴，没有把话说出口。

最后，考虑到时间不够，又没有合适的布料，乔卡斯塔决定改制一件她自己的礼服来给我穿。

“看上去怎么样，费德拉？可以吗？”乔卡斯塔朝我这边皱着眉头，似乎她能够通过纯粹的意志召唤出视力。

“很好看。”费德拉嘴里含着大头针回答道。她在礼服上接连别进三颗大头针，眯眼看着我，然后捏住礼服的腰部，又别了两颗大头针上去。

“刚好合适，她比你矮些，乔夫人。”她现在口齿清楚地解释道。“她的腰围小一点，不过胸围要大一些。”她悄悄地补充道，咧嘴对我微笑起来。

“是的，那我知道。”听到了她的悄悄话，乔卡斯塔尖刻地说，“把紧身胸衣剪开，然后我们能够用绿色丝绸做底子，在丝绸上面搭配华冷西恩花边来填充开口的地方。绿色丝绸从我丈夫那件旧礼服上面剪，颜色应该搭配得上。”她抚摸着我的衣袖，衣袖上面有明亮的绿色条纹，“开口上也要加上绿色丝带，那样可以展现出她的胸脯。”她用纤长、苍白的手指指示着礼服上面要改制的褶子，近乎心不在焉地从我胸部上面滑过。那种触感凉凉的，没有感情，而且轻得刚好可以感觉到，但我用力忍住没有退缩。

“你对颜色的记忆力很不错。”我既惊讶又有些心慌地说。

“噢，这件礼服我记得很清楚，”她说，轻轻地抚摸着礼服的衣袖，“曾经有位先生说我穿着这件礼服像珀耳塞福涅①，说我是珀耳塞福涅在春天的化身。”回忆起往事，她脸上隐约露出了微笑，然后在她朝我抬起头时，那种微笑消失了。

“你的头发是什么颜色，亲爱的？我之前没想起来问你。听起来，你的头发应该有些金黄色，但我不知道实际上是不是这样。千万不要告诉我你头发的颜色是黑色偏黄！”她微笑起来，但这个玩笑听上去有些像命令。

“算是棕色的吧，”我下意识地摸着头发说道，“但是有点褪色了，有些头发的颜色变淡了。”

听我这么说，她皱起了眉头，似乎是在思考棕色是否很合适。没法独自想清楚这个问题，她于是朝费德拉转过身去。“她看上去怎么样，费德拉？”

费德拉向后退一步，眯眼看着我。我意识到她肯定——就像其他用

---

① 珀耳塞福涅（Persephone），希腊神话中得墨忒耳和宙斯的女儿，她被冥神哈得斯劫持但被其母所救，从此以后每年在人间过六个月，然后在地狱过六个月。

人那样——习惯了仔细向女主人做描述。她那双黑眼睛迅速地打量我全身，目光在我脸上停下来衡量了片刻。她从嘴里拿出两颗大头针，然后才回答。

“还不错，乔夫人，”费德拉说，慢慢地点了点头，“还不错，”她再次说道，“她皮肤白皙，就像脱脂牛奶，穿亮绿色真的很不错。”

“嗯。但是衬裙是乳白色的，会不会让她看上去太白了？”

我不喜欢被人评头论足，好像我是件艺术品——而且还可能是一件有瑕疵的艺术品——但是我没有表达出我的反对。

费德拉明确地摇了摇头。“噢，不会的，夫人，”她说道，“不会太白。她看上去明暗有致，而且还有双棕色的眼睛，千万不要以为是泥巴的那种颜色。想想你那本书，有各种奇怪动物的图片的那本。”

“《印第安次大陆探索记》吗？”乔卡斯塔说道，“我记得那本书。尤利西斯上个月才读给我听过。你是说弗雷泽夫人让你想起了其中的一幅插图？”她被逗乐了，大笑起来。

“嗯，嗯。”费德拉仍然看着我，“她看上去像只大猫，”她盯着我轻声地说，“像书中从树丛里往外看的老虎。”

乔卡斯塔的脸上闪过惊讶的神情。“很好。”她说，然后大笑起来。但是她没有再次伸手来碰我了。

* * *

我站在楼下的大厅里，整理着胸前的绿色条纹丝绸。费德拉作为裁缝确实名不虚传。那件礼服就像手套一样合身，醒目的祖母绿纱巾饰带，在乳白色和叶绿色衬底上散发着微光。

因为对自己的浓密头发很满意，乔卡斯塔并没有戴假发，所以很幸运，她也没有建议我戴。不过，费德拉想用米粉来给我的头发扑粉，被我坚定地拒绝了。她肯定觉得我不懂时尚，但是不充分地隐藏了这种想法，将就着用白色丝带把我浓密的鬈发扎起来，然后把它们高高地别在我的脑袋后面。

她想要用低廉花哨的首饰把我打扮得更俗气，但是被我拒绝了。我不知道我为什么要拒绝，或许只是因为我不喜欢过于花哨，又或许是因为我在心里不愿意被当作物品，被人按照乔卡斯塔的意思去装扮和展示。反正，我拒绝了她那样做。我没有戴什么首饰，只戴了婚戒和一对小巧的耳坠，在颈子上围了一条绿色的天鹅绒丝带。

尤利西斯从上面的楼梯上走下来，他穿着的制服无可挑剔。我动了动身子，他瞥到了我的裙摆抖动，于是转过了头。看到我时，他睁大了眼睛，目光中是直白的欣赏神情。我就像人们被赞赏时那样，面带微笑低下了头。然后我听到他倒吸了一口气，于是迅速抬头，看到他仍然睁大着眼睛，但眼神中充满了恐惧，他的手紧紧抓住栏杆，指关节也因此发白。

"抱歉，夫人。"他有些哽咽地说，然后冲下楼梯，低着头从我身边迅速走过，留下那扇通往厨房通道的门在背后摇晃着。

"到底怎么……"我大声说道，然后才想起我们所处的地方——以及所处的年代。

这个家中没有男主人，而女主人看不见东西，他在这里独自生活太久，因此也变得粗心起来。他短暂地忘记了他拥有最基本的保护物——奴隶唯一拥有的真正的保护物：能够隐藏所有想法的毫无表情的面容。

难怪在他意识到自己的行为时会那么惊恐。如果发现他那种不谨慎表情的人是其他女人……我的手里冒出了冷汗，我吞咽了一口唾液，记忆中那种血液和松脂的气味在我喉咙中显得很强烈。

我提醒自己，看到他那种表情的人只是我，没有其他人。尤利西斯或许会担心，但他不会有危险。我要表现出什么也没有发生，所有事情都会……呃，会如常进行。上面走廊里的脚步声打断了我的思绪。我看了看上面，然后倒吸了一口气，脑中的所有思绪都立即被驱散了。

盛装打扮的高地人，无论老少，无论美丑，都很引人注目，而一位高大、挺拔、英俊，而且正值盛年的高地人，盛装打扮起来简直令人叹为观止。

詹米自从卡洛登战役过后就再没穿过苏格兰短裙，但是他穿上短裙的样子并未走样。“噢！”我说道。

他看见了我，露出洁白的牙齿，优雅地伸出一条腿，银鞋扣闪闪发光。他挺直身体，踩着脚后跟转身，长披肩也随着摆动起来。他凝视着我的脸庞，慢慢走了下来。

有那么一会儿，我看着他，似乎那就是结婚那个清晨的他。他的格子呢服饰几乎就和当时的一模一样，深红底子上印着黑色的格子；长披肩用银胸针别在肩上，悬到穿着长袜的、整洁的小腿旁边。

他现在穿的亚麻衬衫，以及外套，都比结婚时的更为精致；长匕首佩在他的腰间，刀柄上有金色的条纹装饰。他看上去就是一位“有价值的人”。但蕾丝饰边上那张粗犷的脸庞仍然相同，现在看上去稍显年老，但年岁中却带有睿智；偏斜着的显眼脑袋、宽大而坚实的嘴巴、与我相视的倾斜着的透彻猫眼，全都与之前相同。这里站着的是一个始终知道自己价值的男人。

“乐意为您效劳，夫人。”他说道，然后灿烂地笑起来，走下最后几级楼梯。

“你看上去棒极了。”我几乎哽咽着说。

“还过得去。”他同意道，丝毫没有虚假的谦虚。他细心地整理着肩膀上的衣服。“当然了，这就是长披肩的好处——不担心它会不合身。”

“赫克托·卡梅伦的？”他穿得这么华丽，我连伸手去碰他都会感到害羞。所以我摸了摸他的长匕首的刀柄，刀柄顶部有个不大的金球，形状大致像一只飞翔的鸟。

詹米深吸了一口气。“现在是我的了。尤利西斯给我拿来的，同时还带来了姨妈的祝愿。”我听到他的话中有种奇怪的感情，于是抬头看了看他。尽管再次身穿短裙显然让他很开心，但他却有些心事。

我抚摸着他的手："有什么事情吗？"

他淡然一笑，却担心地皱起了眉头："倒是没什么事情，只是……"

楼梯上的脚步声打断了他的话，然后他把我拉到旁边，让开一个抱着一沓亚麻布匆匆走下来的奴隶。房子里的用人们正忙碌着做最后的准备；即使到了现在，我还能听到房子后面车轮轧在石子上发出的声音；用人们飞奔着从厨房把大平盘端进来，饭菜的香味在空气中飘散出来。

"我们不能在这里说话，"他低声说，"外乡人，宴会上你随时做好准备好吗？如果我给你信号——"他拉了拉他的耳垂，"你就转移大家的注意力，好吗？怎么做都没关系——把酒杯打翻、晕倒、用叉子捅一起吃饭的人……"他朝我咧嘴微笑，于是我便放了心。无论他担心的是什么，那都不是关乎生死的事情。

"没问题，"我向他保证道，"可是为什么……"

上面走廊的门打开了，乔卡斯塔的声音传了下来，向费德拉下达最后的指令。听到乔卡斯塔的声音，詹米迅速弯下腰亲吻了我，然后转过身去——深红色的披肩和银鞋扣也随之旋动——利落地消失在两个用托盘端着高脚酒杯往客厅去的奴隶中间。我惊讶地盯着他的背影，没有来得及躲开那两个用人，差点被他们踩到。

"是你吗，亲爱的克莱尔？"乔卡斯塔在最下面的阶梯上停下来，脑袋转向我这边，双眼刚好对准我的肩膀上方。她真让人觉得不可思议。

"是的。"我说着，伸手触摸她的手臂，让她更准确地知道我在哪里。

"我闻到了礼服上的樟脑味，"她回答着我没有说出口的问题，把手塞到我的臂弯里，"我好像听到詹米的声音了，他在边上吗？"

"没有，"我实事求是地说，"他应该出去招呼客人了。"

"噢。"她抓紧我的手臂，然后叹了口气，既像是满足，又像是不耐烦，“我不会对无法弥补的事情感到惋惜，但我发誓，只要有一只眼睛的视力能够恢复一会儿，让我看看詹米今晚穿着长披肩的样子，那么我愿意放弃另外那只眼睛！”

她摇头表示不再谈此事，耳朵上的宝石在光线中闪闪发光。她身穿深蓝色的丝质礼服，映衬着她的闪亮白发。她的衣服上绣有许多蝴蝶，在她从墙上烛台和载着许多蜡烛的枝形吊灯的光线下走过时，它们看上去就像在衣服的褶子里飞动。

“噢，好了。尤利西斯在哪里？”

“在这里，夫人。”他已经很安静地走了回来，出现在她的身边，我甚至没有听见他的动静。

“跟我来。”她说，然后拉住了他的手臂。我不知道这条命令是给尤利西斯的，还是给我的，但我还是顺从地跟在她闪亮的身后，躲开两个厨房里的男童。他们抬着一盘引人注目的菜肴——一只完整烤制的野猪，长着獠牙的脑袋完好无损，目光凶狠，多肉的后背油亮亮的，准备好被刀切割。它闻上去香极了。

我整理头发，准备去见乔卡斯塔的客人，感觉自己也很像是口中含着苹果，被放在银盘子上端着送出去一样。

* * *

如果有宾客名单，那么名单应该就是开普菲尔河乡绅名录。坎贝尔、马克斯韦尔、麦克尼尔、马克伊齐恩……来自苏格兰高地的姓，以及来自不列颠群岛的姓。巴拉牧场的麦克尼尔、伊斯雷岛的麦克劳德……许多种植园的名字里还带着种植园主血统的味道，他们说话的方式中同样也有。高高的石膏天花板下面，响彻着抑扬顿挫的盖尔语。

其中几个人来的时候穿着短裙，有的在外套和丝质马裤上裹着长披肩，但我没有见到有谁像詹米那样引人注目——连他的缺席也显得那么招人注意。我听到乔卡斯塔低声对尤利西斯说了些什么，然后尤利西斯拍手叫来一个正在上菜的小女孩，然后她迅速朝点着灯笼的昏暗花园里走去了，或许是去寻找詹米。几乎同样引人注意的是那少数几位不是苏格兰人的宾客——一位肩膀宽大、文雅微笑着的贵格会教徒，名叫赫蒙·赫斯本德；一位高个瘦削的先生，名叫亨特；还有一位让我很吃惊——菲利普·怀利，他穿得特别整洁，戴着假发，而且头发上还扑了粉。

“又见面了，弗雷泽夫人，我承认，再次见到你让我如痴如醉！”他说，同时握住我的手，握手的时间长得不符合社交礼仪。

“你在这里做什么？”我很粗鲁地说。他无礼地咧嘴笑了。

“带我来这里的是我的东道主，巴拉牧场的高贵而有权势的麦克尼尔先生，我才从他那里买了两匹灰色的好马。说到这里，野马的事情并不足以让我不来参加这场为你举办的晚宴。”他的目光慢慢地在我身上游走，带着某种超然的气势，就像鉴赏家在欣赏珍稀的艺术品。

“夫人，我可以评论你这一袭绿衣到底有多么合身吗？”

“我不觉得我能阻止你。”

“撇开烛光照在你皮肤上的效果不说，‘你的颈项如象牙塔，你的眼目像希实本、巴特那拉并门旁的水池’。”他引用《圣经》里的话说着，谄媚地把大拇指伸到我的掌心上方。

“‘你的鼻子仿佛朝大马色的利巴嫩塔。’”我说道，尖利地看着他那显眼得如贵族的长鼻子。

他大笑起来，但并没有放开我的手。我偷偷看了看乔卡斯塔，她所站的地方离我只有几英尺远。她似乎正聚精会神地与新到来的客人聊天，但经验告诉过我她的耳朵有多么灵敏。

“你多大了？”我问，眯眼看着他，试着得体地从他手里把手挣脱出来。

“二十五岁了，夫人。难道我看上去憔悴得不像样吗？”他很惊讶地回答，并用另外那只手的手指拍了拍嘴边的星形戒烟贴片。

“没有，我只是想确定，在我告诉你我年长到可以当你母亲的时候，我并没有说错！”

这条消息似乎丝毫没有让他觉得紧张，他反而把我的手抬到唇边，热烈地把嘴唇压了上去。

“我很欣喜，我可以叫你妈妈吗？”他低声说。

尤利西斯站在乔卡斯塔后面，黑色的双眼专注地看着那些沿着灯火通明的步道从河边走上来的宾客。他不时地向前倾身，在乔卡斯塔耳边低语。我用力把手从怀利手里挣脱，然后拍了拍尤利西斯的肩膀。

“尤利西斯，”我说，同时有魅力地朝怀利微笑，“吃饭的时候麻烦你一定把怀利先生的座位安排在我旁边，好吗？”

“好的，夫人，我会安排的。”他向我保证道，然后立即转身回去监视着那些客人了。

怀利先生夸张地鞠了个躬，不停地表达着谢意，然后被一位男仆驱使着走进了房子。我在他身后和蔼地挥手，心想我在把叉子捅到他身上时会有多开心。

* * *

我不知道是因为幸运，还是因为周到的计划，我发现自己坐在怀利先生和那位贵格会教徒赫斯本德先生中间，对面则是也不会说盖尔语的亨特先生。在翻滚的苏格兰语海洋中，我们几个组成了一个英语小岛。

詹米是在最后时刻才出现的，现在坐在餐桌的上座，他的右边是乔卡斯塔。我再次心想到底发生着什么事情。我敏锐地注意着他，盘子里放着干净的叉子，随时准备行动，但是我们已经一切顺利地吃到了第三道菜。

“赫斯本德先生，看到有你这种信仰的先生来参加这种晚宴，我真的很惊讶。这样的无聊活动有没有让你觉得心烦？”在吃前面两道菜时，怀利未能成功地把我的注意力转移到他自己身上，所以现在他把身子从我前面倾斜过去，漫不经心地用大腿挨着了我的大腿。

赫蒙·赫斯本德微笑着：“即使是贵格会教徒，也必须吃东西，怀利朋友。而且，我有幸在许多次场合中受到过卡梅伦夫人的热情招待，我不能因为她也热情招待了许多人，就拒绝来参加这次晚宴。”他把注意力转移回我身上，继续我们之前被打断的谈话。

“你之前不是问过关于改革者协会的事情吗，弗雷泽夫人？”他朝餐桌对面点了点头，“我要把你的问题推荐给亨特先生来回答，因为如果说改革者协会拥有不错的领导人，那么这位先生就是。”

听到赫斯本德先生的赞美之词，亨特先生谦恭地点了点头。他是位下巴尖细的高个子，尽管不是贵格会教徒，但他的穿着打扮比大多数宾客都更朴素。他和赫斯本德先生同行，都从威尔明顿返回位于偏远地区的家中。我还记得特赖恩总督的提议，所以想要尽可能地搞清楚这个地区的事情。

“我们只是一个松散的组织，”他放下酒杯，谦虚地说，“实际上，我并不愿意要什么头衔，我只是很幸运，拥有一个位置很方便开会的庄园。”

“听说改革者都只是乌合之众，毫无法纪，很可能对国王正式授权的治安官使用暴力。”怀利轻轻擦着嘴唇，小心翼翼地不去弄掉戒烟贴片。

“我们其实并不是那样的，”赫斯本德插话道，口气仍然温和。听到他宣称自己与改革者协会有关联，我感到有些惊讶，或许改革者协会的运动并不像怀利暗示的那样充满暴力、目无法纪。“我们只追求正义，而正义不是通过暴力就能得到的东西，因为暴力一旦出现，正义肯定就会落荒而逃。”怀利大笑起来，与他的纨绔习气相比，那种笑声显得非常深沉和阳刚。

“正义显然会落荒而逃！上个星期在我和法官道奇森先生讨论时，他给我的印象就是这样。先生，或许他认错了那些闯到他的内庭里把他打倒，然后拉脚后跟把他拉到街上的暴徒？”他朝亨特先生露出迷人的微笑，而亨特先生那张被太阳晒黑的饱经风霜的脸庞则变得通红。他的手指在酒杯底部握得紧紧的。我满怀希望地看了看詹米，他丝毫没有要给我做暗号的意思。

“法官道奇森先生，”亨特确切地说，“是一个放高利贷的家伙，是小偷，玷污法律行业，而且……”

我之前一直听到外面有些吵闹的声音，但最终把它们归因于与主屋隔着一条有顶通道的厨房里发生的某种危急事情。然而，吵闹声现在变得更清楚了，我听到其中有个熟悉的声音，它让我的注意力从亨特先生的指责上分散开来。“邓肯！”我在座位上几乎站了起来，身边的人们也都好奇地把头转了过去。

外面的露台上突然骚动起来，人影纷纷从开着的落地窗边经过，有人在呼喊、争论和劝说。餐厅里人们的对话都停了下来，大家都在看发生了什么事情。我看到詹米把椅子往后推，但是他还没有来得及站起来，一个人就像幽灵那样出现在了门口。

那是山民约翰·昆西·梅耶斯，他的身子填满了整个双开门，仍然穿着我初次见他时的那身华丽衣服。他沉重地倚靠在门框上，用充血的眼睛打量着餐厅里面的人。他满脸通红，大声地喘着气，一只手里还拿着一个长长的玻璃瓶。

看到我时，他的眼睛明亮起来，面容也扭曲成了让人害怕的满足表情。

“找到你了，”他用特别满意的口气说，“我就说嘛。邓肯不相信我。没错，克莱尔小姐说过要我喝醉了才给我开刀。所以我就喝醉了，醉得……”他停顿下来，危险地摇晃着，然后又举起了酒瓶，“像条臭鼬！”他扬扬得意地说完话，然后踏进了餐厅，面朝地板倒了下去，然后就没有动静了。

邓肯出现在门口，看上去也是酩酊大醉。他的衬衫已经撕破，外套搭在肩膀上，眼睛的周围也开始发青。他看了看脚下那个俯卧着的身体，然后抱歉地看着詹米。

“我真的试过去拦住他，麦克杜。”

我离开座位，和詹米同时走到梅耶斯身边，后面跟着许多好奇的宾客。詹米扬起眉毛，看了看我。

“嗯，你确实说过他得昏迷，”他说，然后弯下腰去，用大拇指拉开了梅耶斯的眼睑，让他茫然的白色眼球露了出来，“我看他昏迷得挺彻底的。”

“是的，但是我没想让他醉得像个死人！”我蹲到毫无知觉的梅耶斯边上，敏捷地把两根手指伸到了他颈动脉上把脉。他的脉搏正常有力，但是……

“酒精根本就不是正常的麻醉剂，”我摇着头说，“它是毒药，它会压抑中枢神经系统。酒精中毒，再加上手术带来的休克，会很容易把他害死。”

“死了也无妨。”宾客中有人说道，但这种尖刻的意见被一片责备的嘘声淹没了。

“浪费这么多白兰地，真是可惜。”另外一个人说道，引来了众人的笑声。说话的是菲利普·怀利，我看见他那张扑了粉的脸带着邪恶的微笑，隐隐出现在詹米的背后。

“我们听很多人说过你的医术，弗雷泽夫人。现在你有机会证明自己了，我们都可以见证！”他优雅地朝聚集在我们四周的人群挥了挥手。

“噢，滚开。”我生气地说。

“噢！你们听！”我的身后有人敬佩地说。怀利惊讶地眨了眨眼，但紧接着又更灿烂地笑了起来。“遵命，夫人。”他嘟哝着，鞠躬退出了人群。

我站起来，心中充满了疑虑。手术或许能行，技术上讲，这只是个简单的手术，没有遇到并发症就花不了几分钟。手术切口不会大，但是确实需要深入腹膜，而这有可能会带来各种感染。

不过，目前的条件是我能遇到的最好条件——充足的酒精可以用来消毒，还有许多愿意帮忙的助手。没有其他可用的麻醉方法，而且我无论如何都不能在病人清醒的情况下做这个手术。最重要的是，这个手术是梅耶斯请我给他做的。

我寻找詹米的脸，想要他提供建议。他在那里，就站在我旁边，他看到了我双眼中的问题。呃，他之前需要有转移大家注意力的事情，该死。

“最好给他做，外乡人。”詹米打量着俯卧着的梅耶斯，“他没勇气，也没有钱，不可能再醉成这样了。”我弯腰再次检查他的脉搏——就像挽马一样强健和平稳。

乔卡斯塔的庄重的脑袋出现在麦克尼尔身后那些若隐若现的好奇面孔里。

“把他带到会客厅去。”她简洁地说，替我做了决定，然后把脑袋缩了回去。

我之前在奇怪的条件下做过手术，我心想着，匆忙地在从厨房里端来的醋里面洗手，但我从来没有遇到过这么奇怪的条件。梅耶斯先生被脱掉下体的衣服，雅致地躺在那张红木桌子上，柔软得就像一只烤熟的野鸡，而且也差不多和烤野鸡一样有观赏性。他不是直接躺在平盘上，而是躺在一床从马厩里找来的毯子上，就像餐桌中间的花哨装饰品，身穿山民的破烂衬衫，脖子上戴着熊爪项链，四周装饰着许多酒瓶、破布和绷带。

我没有时间换衣服，用人们从熏肉棚里拿来切肉时戴的皮围裙，给我用来盖住衣服。费德拉把我的饰有褶边的长袖子卷起来别上，让我的前臂裸露出来。

用人们额外端来蜡烛给我照亮，餐柜上的灯台无所顾忌地消耗着芳香的蜂蜡，照耀出明亮的光线。不过蜂蜡不如梅耶斯芳香——我毫不迟疑地从餐柜里拿出酒壶，在他那长着黑色卷毛的胯部洒了价值几先令的优质白兰地。

白兰地冲出了许多匆忙逃窜的小虱子，我身后有人挑剔地说："这样除虱有点昂贵。"

"哦，不过它们会死得很开心，我把你的小箱子带来了，舅妈。"另外有人说。我能听出那是伊恩的声音，他把药箱放到我手肘旁边，并且替我打开了它。

我拿出我那个装着珍贵蒸馏酒精的蓝色瓶子和直刀刃的手术刀。我把刀拿到一个碗上面，朝刀上面倒酒精，同时扫视人群，寻找适合的助手。志愿者不会少；旁观的人们躁动不安，压抑着笑声，低声地评论，晚宴被打断的事情也因为突如其来的好奇心而被抛诸脑后了。

两个结实的马车夫被从厨房里叫来按住梅耶斯的双腿，安德鲁·麦克尼尔和法科尔德·坎贝尔自愿去按住梅耶斯的双臂，小伊恩则被安排到我身边，端着烛台给我额外的光线。詹米充当主麻醉师，站到了梅耶斯的脑袋旁边，而梅耶斯那打着呼噜的松弛嘴巴旁边，则放着一满杯威士忌。

我检查并准备好药品和缝伤口的针，深吸一口气，然后对几位助手点了点头。

"我们开始吧。"

梅耶斯的阴茎在众人的关注下感到窘迫，所以已经缩了回去，在体毛丛中害羞地往外看着。梅耶斯的长腿被抬起来分开，尤利西斯仔细地把松垮垮的阴囊捧开，让疝气露了出来——一个鸡蛋大小的光滑肿块，在紧绷的腹股沟皮肤上呈现出深紫色。

"天哪，我的天哪！"其中一位马车夫看到这一幕后瞪大双眼说，

“是真的，他真的有三个蛋！”

旁观的人们异口同声地发出惊叹和笑声，但我没空去纠正他们的错误看法。我在梅耶斯的会阴上擦满纯酒精，然后把手术刀浸到酒精里，再来回在蜡烛火焰里燎烤，进行最后的消毒，接着又迅速地给梅耶斯开了刀。

刀口不大也不深，刚好足够割开皮肤，让我看到从肌肉层裂口里肿胀出来的那团闪亮的粉灰色肠子。血液涌了出来，形成一条深色的细线，然后流下去弄脏了毯子。

我扩大切口，在消毒碗里唰唰地洗了手指，然后把两根手指伸到那团肠子上，轻轻地向上推动。梅耶斯突然抽动，差点让我的手滑了下来，然后又同样突然地放松了下来。他又紧绷起身体，抬起臀部，双腿几乎从我的助手手下挣脱。

“他要醒了！”我对詹米喊道，声音盖过了各种惊叫声，“再给他喝些，快！”我对于用酒精来麻醉的疑虑全都被证实了，但现在要改变主意已经来不及了。

詹米抓住梅耶斯的下巴，捏开了他的嘴巴，把威士忌滴淌了进去。梅耶斯被呛得喉咙里噗噗作响，然后又发出水牛溺水似的声音，但已经有足够多的酒精流下了他的喉咙，让他那巨大的身体放松了下来。他消停下来，咕哝着一动不动，然后呼哧呼哧地打起了又长又湿的呼噜。

我努力没有让手指滑落。他的流血量有点多，但那团疝气的肠子并没有因为他的挣扎而落回来。我抓起一块浸着酒精的干净布片，吸干了伤口上的血液。现在我可以看到肌肉层的边缘，皮肤下有层薄薄的黄色脂肪，和梅耶斯本身一样干瘦，将皮肤和下面的深红色纤维隔了开来。

我能感受到他呼吸时肠子的移动，他身体的那种黑暗、湿润的温暖围绕着我没有戴手套的手指，我感受到了那种只属于外科医生的奇怪的单向亲密感。我闭上双眼，抛弃了所有的紧迫感，以及对围观人群的所有知觉。

我慢慢地吸气，让呼吸的节奏跟随着梅耶斯的呼噜声。除了酒臭和稍微让人恶心的食物气味，我还能闻到他身体的那种泥土气息——难闻的汗液、沾满污垢的皮肤、刺鼻的少许尿液气味，以及血液的铁腥气，这些东西或许会让别人觉得被冒犯，但我不会，至少此时此刻不会。

这副身体存在于此。不好不坏，它就存在于此。我知道这点，因为它属于我。

它全都属于我，我手下这具昏迷的身体，它的秘密对我完全敞开；那些按着这具身体的人，他们的目光都在我身上。意识结合到单独的人体里，这种感觉不是每次都有，但是每次都很难忘。我控制着这具身体，融入其中，迷失了自己。

时间停滞。我能够敏锐地感受到每个动作、每丝呼吸，能够感受到缝合腹股沟开口时长线的拉拽，但我的双手并不属于我。我用尖厉、清晰的声音向助手下达命令，他们则立即照办。我脑袋中有个微小的观看者，在远处某个地方带着冷漠的好奇心，看着手术的过程。

手术完成，时间再次流动。我后退一步，断开了与那具身体的联系，不习惯的独处感让我有些头晕。

“好了。”我说，旁观人群的嗡嗡声爆发成巨大的掌声。我仍然感觉头晕——难道梅耶斯身上的醉意渗透到了我身上？单脚转过身去，面朝参加晚宴的客人，行了个很低的屈膝礼。

过了一个小时，大家因为我的功德，为我碰了十多次杯，我也因此喝醉了。我借口要去查看梅耶斯的状况，干脆地逃离了酒桌，跌跌撞撞地朝楼上梅耶斯睡的那间客房走去。我在走廊里停了下来，抓住围栏，让自己站稳。楼下传来嗡嗡的谈话声和笑声；参加宴会的人们仍然兴致勃勃，但是都分散成小群小群的人，站在门厅和客厅的镶花地板上。从这里看去，下面就像一个蜂巢，众人戴着毛茸茸的假发，穿着薄翼般的礼服，在六边形的地砖上来回走动，端着装满甘美的白兰地和黑啤酒的杯子，繁忙地发出嗡嗡声。

如果说詹米想要我去分散大家的注意力，我晕乎乎地心想，那么我所做的绝对是最好的。无论之前有什么事情会发生，都被这出闹剧抢先了一步。但是，那会是什么事情呢？能够被阻止多久？我摇头不再想这件事情，但是结果不怎么样。然后我走进房间去看我的病人了。

梅耶斯仍然睡得很香很沉，缓慢地长舒着气，吹动了上面的棉床帘。奴隶贝蒂微笑着，朝我点了点头。

“他还好，克莱尔夫人，”她低声说道，“用枪都打不醒他，我觉得。”

我不用检查他的心脏，他偏着头，我能看到他颈子侧边上那条粗大的血管，随着如锤子击打般缓慢、沉重的脉搏而跳动。我摸了摸他，感觉他的皮肤又凉又湿。没有发烧，也没有休克的迹象。他的整个巨大躯体流露着安宁和幸福。

“他怎么样？”如果我没有这么醉，我或许会被这个说话声惊吓到，但实际上，我只是摇摆着转过身去，看到詹米站在我的身后。

“他还好，用大炮都打不死他。就像你一样，无法毁灭。”我说，然后不自觉地依靠在他身上，双臂搂着他的腰，把通红的脸庞埋到他冰冷的亚麻衬衫里。

他亲吻我的头顶，把我在做手术时从发髻里落下来的几缕鬈发给捋了回去。“你做得不错，外乡人，”他对我耳语，“做得很好，美人。”

他身上散发着葡萄酒和蜡烛的气味，散发着草药和苏格兰高地羊毛制品的气味。我把双手往下滑动，感受着他臀部的曲线；他的臀部在短裙下面既光滑，又不受约束。他稍微移动身体，大腿短暂地碰了碰我的大腿。“你需要新鲜空气，外乡人——我们必须谈谈。你能暂时不管他吗？”

我看了看躺在床上鼾声如雷的梅耶斯。“可以的。只要贝蒂坐在旁边，确保他不在睡着时因呕吐被呛到就好，嗯？”我看了看贝蒂。我竟然会这样问，她显得很惊讶，却又顺从地点了点头。

“在草药园见。注意下楼的时候不要摔断脖子，好吗？”他抬起我的下巴，迅速但用力地亲吻了我，让我头晕目眩，既感觉到比之前清醒，又感到醉得比之前厉害。

CHAPTER 13

检验良知

有个黑黢黢的东西扑通一声跳到我们面前的路上，我突然停了下来，紧紧抓住詹米的胳膊。

“青蛙，”詹米镇定地说，“你听到它们唱歌没有？”

河边芦苇丛里传来的呱呱和咕咕的声音，并不会让我想到“唱歌”这个词。话说回来，詹米对音调没什么概念，而且对此毫不掩饰。

他伸出脚尖，轻轻地踢了踢那个矮胖的黑东西。

他学了几声青蛙叫，那只青蛙跳走了，消失在路边潮湿的植物里。

“我知道你有语言天赋，”我觉得好笑地说，“但是不知道你还会说青蛙语。”

“呃，我说得不流利，”他谦虚地说，“不过，不是我吹嘘，我的口音绝对不错。”

我大笑起来。他捏了捏我的手，然后松开了手。这个笑话带来的短暂激情逐渐退去，变成了平淡的对话。我们继续往前走，身体紧挨着彼此，但心思却相距千里。

我本应该筋疲力尽的，但肾上腺素却仍然在我的血管里奔流。我感受到成功完成手术所带来的喜悦，更不用说酒精带来的些许兴奋。这些因素让我稍微有些双腿不稳，但我对于身边的所有事物都有着清楚和敏锐的知觉。

码头边上的树下有个装饰性的坐处，詹米引领我走进树荫，走到坐处边上。他坐到大理石长凳上，深深地叹息了一声，让我想起并非只有我才觉得今晚充满变故。我过分注意地扫视四周，然后坐到了他旁边。“这里就我们俩，没人能看到，”我说，“你现在要告诉我到底有什么事情吗？”

“哦，好的。”他伸展后背，坐直身子。“我应该早点跟你说的，只是我们没有预料到她会做这样的事情。”他伸出手，在黑暗中摸索到了我的手。

“就像我跟你说的那样，这真的不是什么大事。只是在尤利西斯给我拿来披肩、匕首和胸针的时候，跟我说乔卡斯塔想要在今晚的宴会上宣布事情，告诉大家她打算要我继承……这些。”

他挥手指了指我们身后的房子和土地，以及其他的种种事物：河边的停泊区、果园、花园、马厩、广阔无垠的生产树脂的松树林、锯木厂和松脂厂，以及经营它们的四十个奴隶。

我能够看到乔卡斯塔之前肯定设想好的画面：詹米坐在餐桌上座，穿着赫克托·卡梅伦的格子呢衣服，佩带着他的匕首，别着他的胸针——胸针上面醒目地刻着卡梅伦氏族的宣言“团结！”——四周是赫克托的老同僚和同志，全都急切地想要欢迎赫克托的年轻亲戚继承他的位置。

让她在那些忠实的苏格兰人中间宣布这件事情，他们都很开心地享用了已故赫克托的优质葡萄酒，会当场拥立詹米为河场的主人，在他身上涂抹野猪油，用蜂蜡蜡烛给他加冕。

我心想，这着实是麦肯锡氏风格的计划，大胆，富有戏剧性，不考虑所牵涉人员的意愿。

“如果她那样做了，我会觉得拒绝这个位置会非常尴尬。”詹米说，异常精确地附和着我的想法。

“是的，非常尴尬。”

他太过烦躁，没法安静地坐着，于是突然站了起来。他没有说话，向我伸出了一只手。我也在他旁边站了起来，然后我们转身走进了果园里的小路，绕着整齐有序的花园环行。之前为宾客照亮的灯笼已经被移走，灯笼里的蜡烛被节俭地掐灭，留着以后再用。

“为什么尤利西斯会告诉你？”我把心中的疑问说了出来。

“你想想，外乡人，河场现在的主人是谁？”他说。

“噢？”我说，然后又说，“噢！”

“噢，是的。”他干巴巴地说，“我姨妈看不见东西，是谁在管账？是谁在管理整个家庭？该做什么事情或许是由我姨妈决定，但事情有没有完成又是谁来确定呢？在她身边给她说明情况的是谁？她会听信谁的话？她最相信谁的判断？”

“我懂了。”我低头看着地面思考，“你不会觉得他在篡改账目，或者做类似的事情吧？”我希望没有，我非常喜欢乔卡斯塔的管家，觉得他和乔卡斯塔之间既有喜爱，也有尊重，我不愿意想象他会冷血地欺骗乔卡斯塔。

詹米摇摇头：“他没有。我看过账簿，没有问题，完全没有问题。我确定他是个老实人，是个忠实的仆人，但是他不会通人情，不会开心地把位置让给陌生人。”

他哼了哼：“我姨妈看不见，但那个黑人看得很清楚。他没有说什么阻止我的话，也没有劝说什么，只是跟我说了姨妈的打算，然后就让我自己选择要做什么，或者不做什么。”

“你觉得他知道你不会……”我说到这里就停了下来，因为我并不确定詹米不会接受。自尊、谨慎，或者这两者都有可能让他去阻挠乔卡斯塔的计划，但这也并不意味着他会拒绝她的提议。

他没有回答，一阵寒意贯穿了我的全身。尽管夏日的空气很温暖，但我还是打了个寒战，然后我边走边拉住他的胳膊，从手指下他肌肉的结实感里寻找安慰。

七月中旬，果园里逐渐成熟的水果散发着甜蜜的香味，香气那么浓，我几乎都能尝到新苹果散发出来的清新、干脆的甜味。我想到了诱惑，想到了潜藏在光亮果皮下面的蠕虫。

不仅是对他的诱惑，也是对我的诱惑。对他而言，诱惑就是成为他天生就要成为的人，得到命运之前没有给他的东西。他的出身，以及他接受的教育，都是要他管理大型庄园，照料庄园上的人民，接受同样有钱有势的人们的尊敬。更重要的诱惑是，他能够复辟氏族和家族。他之前说过，他已经身在其中了。

他对财富本身不感兴趣，我知道这点。我觉得他也不想要权力，如果他想要权力，那么当时在知道我所知的未来的情况时，他就会选择北上，去建国者当中寻找一席之地。

但是，他之前当过领主。他很少给我谈起他在监狱里的事情，但我回想起了他说过的一件事情。说到那些与他一同被关在监狱里的人时，他说他们都属于他，而且这让他活了下去。我记得伊恩对于西蒙·弗雷泽的评价："对士兵的关心，是他现在与人性之间的唯一联系。"

是的，詹米需要人民；他需要人民来让他去领导、照料、保护和并肩作战，但不是去拥有。

我们仍然没有说话，经过了果园，沿着那条两边长满杂草的长步道行进，闻着百合花、薰衣草、银莲花和玫瑰花的香味，它们香得那么浓烈，那么令人陶醉，光是在闷热的空气中穿行，就让人感觉像是一头扑到了铺满芳香花瓣的床上。

噢，河场是个世俗乐园，没错……但我曾经把一位黑人称为朋友，把女儿交给他照料。

想到乔·艾伯纳西和布丽安娜，我就有种奇怪的混乱感觉，好像自己同时身处两个地方。我能够在心中看见他们的脸庞，听到他们的声音，但我身边这个男人才是现实，他低头焦虑地思考着，短裙随着迈出的步子而摇摆。

我受到的诱惑就是詹米，不是无关紧要的松软床铺，不是富贵安逸的房间，也不是丝质礼服和社会地位。没错，就是詹米。如果他不接受乔卡斯塔的提议，他就必须做其他的事情，而这个其他的事情，很有可能就是接受威廉·特赖恩总督的危险引诱：土地和人民。这其实好过于乔卡斯塔的慷慨提议；他建造的东西都会是自己的，而且他想把自己建造的东西留给布丽安娜。前提是他得活着去建造那些东西。

我仍然生活在两个维度里。在这里，我能听到他的短裙与我的裙摆摩擦而发出的窃窃私语，能够感觉到他湿润、温暖的身体——甚至比炎热的空气还要温暖。我能够闻到他身上散发出来的麝香气味，让我想要把他从思绪中拉出来，拉进路边的花坛，解开他的腰带，让他的格子呢披肩从肩膀上滑下来，把我的衣服拉下去，把乳房贴到他身上，再让半裸着、完全被激起的他倒在湿润的绿地上，强迫他把思绪转到我身上。

但是在记忆的维度里，我闻到的是紫杉树和海风的气味，我手里抓着的不是温暖的男儿身，而是刻着他名字的冰冷、光滑的大理石墓碑。

我没有说话，他也没有。

我们已经绕完一圈，回到了河边。灰色的石阶往下延伸，消失到了拍打着河岸的光亮河水里；即使是在这么上游的地方，也能看到潮汐的微弱身影。

那里停着一条船，一条靠手划的小船，适合用来坐着独钓或进行悠闲的短途旅行。

“我们去划船好吗？”

“好的，为什么不呢？”我想他肯定也有与我相同的欲望，想要逃离那座房子和乔卡斯塔，想要走得足够远，让自己能够清晰地思考，不担心被人打扰。

我走下去，抓着他的胳膊保持平衡。但是，我还没来得及踏上小船，他就转身对着我，把我拉过去，温柔地亲吻了我一下，然后把我抱在怀里，下巴靠在我的头上。

“我不知道。”他安静地说，回答了我没有问出来的问题。他走上了小船，然后伸手来牵我。

* * *

在我们慢慢地划船前往河上时，他没有说话。没有月亮，夜晚黑黢黢的，但是在我的眼睛适应了交错闪烁着微光的河水和树影后，河面上映射的星光就明亮到能够看得见了。

“你不打算说什么吗？”他最终突然说。

“这不是由我做选择的事情。”我说，感觉到一阵与紧身胸衣无关的胸口发紧。

“不是吗？”

“她是你姨妈。这是你的生活。所以必须由你来选择。”

“那你就站在边上看着，是吗？”他嘟哝着说，把船桨伸到水中，划船往上游前进，“这就不是你的生活，或者你最终没有打算留下来？”

“你说不留下来是什么意思？”我惊讶地坐起来。

“事情或许有些让你难以承受。”他埋头划着船，我看不见他的面容。

“如果你指的是发生在锯木厂的事情……”

“不是，不是那件事情。”他把船桨往后拉，亚麻衬衫下的肩膀舒展开来，然后给了我一个不诚实的微笑，“死亡和灾难都不会让你太难受，外乡人。但是那些日常小事……在黑人女佣给你梳头发，或者在男佣把你的鞋拿去洗的时候，我看到你会退缩。还有那些在松脂厂工作的奴隶。这些事情会让你心烦，是吧？”

“是的，没错。我是……我不能拥有奴隶。我已经跟你说过……”

“是的，你说过。”他把船桨放了会儿，把一缕头发从他脸上捋走。

他的双眼径直地与我对视。

“外乡人，如果我选择接受姨妈的提议……你能留在我身边，只是看着，什么都不去做吗？因为在她去世前，或者甚至在她去世后，我们什么都做不了。”

“什么意思？”

“她不会放了她的奴隶——她怎么可能会呢？在她还活着的时候，我也不能。”

“但是只要你继承了这个地方……”我犹豫了。尽管我们在残忍地讨论乔卡斯塔去世的事情，但更实在的事情是她短时间内并不会去世。她才六十出头，尽管失明，但是身体强健。我突然明白了詹米的意思。我能够日复一日、月复一月、年复一年地以奴隶主的身份生活下去吗？我不能假装，没法用我只是个客人和外人的想法来安慰自己。

我咬住嘴唇，以免自己立马开口拒绝。

“即使到了那个时候，”他说，回答我没有说完的话，“你不知道奴隶主要是没有议会的书面允许，也没法解放自己的奴隶吗？”

“什么？”我茫然地盯着他，“为什么啊？”

“种植园主担心黑人武装复仇，”他说，然后又讽刺地补充道，“这要怪他们吗？”

“除了伐木刀之类的工具，奴隶禁止携带武器，而且还有流血法律阻止他们使用武器。”他摇了摇头，“不会的，议会最不愿意做的，就是让一大群自由的黑人在乡村里不受约束。即使有人想解放自己的奴隶，并且得到了许可，但被解放的奴隶也必须在短时间内离开殖民地，否则就有可能被其他人抓起来奴役。”

“你已经考虑过了。”我慢慢地说。

“你没有吗？”

我没有回答。我把手伸进河水，细小的水浪潺潺地冲上我的手腕。没有，我没有考虑过这个可能性。没有有意识地去考虑过，因为我不想面对现在摆在面前的这种选择。

“我觉得这会是个很好的机会，”我说，声音在我自己听来显得既紧张，又不自然，“你会管理所有事情……”

“我姨妈不是傻子，”他插话说，声音里有些怒气，“她会让我当继承人，但不会让我拥有她的庄园。她会利用我去做她无法做到的事情，我只会是被她利用的猫爪。没错，她是会询问我的意见，倾听我的建议，但什么也不会改变，而且她也不希望有改变。”他摇了摇头。“她丈夫已经去世了。不管她喜不喜欢他，她现在都是这里的女主人，不用向任何人负责。而且她很喜欢权力的感觉，不会松手。”

对于乔卡斯塔的性格，他的判断显然不错。她的性格就是她计划的关键。她需要一个男人，需要他去那些她无法踏足的地方，去应付海军，去料理巨大庄园里那些她因为失明而无法管理的琐事。

与此同时，她想要的显然不是一个丈夫，不想要一个会篡夺她的权力、指使她做事的人。尤利西斯如果不是奴隶，就可以代表她行事——但是，尽管尤利西斯是她的耳朵和眼睛，但不可能成为她的双手。

所以，詹米是最佳人选——他强壮而且称职，能够得到同辈人的尊重和下属的服从，熟知如何管理庄园和劳工，而且他还与她有亲属关系，受到过她的恩惠，会服从她的指令——但本质上却没有权力。他会变得依赖她的赏金，接受河场本身带来的巨大好处，从而会被她紧紧控制；这些赏金和好处不需要他去偿还，直到事情对乔卡斯塔·卡梅伦来说不再是世俗的问题。

我找寻着话语，越发觉得哽咽。我心想，我不能，我做不到。但是，我也不能面对另外的选择；我不能劝他拒绝乔卡斯塔的提议，我知道那样会让他返回苏格兰，去迎接未知的死亡。

“我不能说你该怎么做。”我最终说，声音在规律的船桨声中刚好可以听得见。

有棵大树倒在河水里，树枝拦住了漂往下游的所有垃圾，形成了一个旋转着的水塘。詹米朝那边划过去，利索地倒着把船划进平静的水域。他放下船桨，用衣袖擦拭额头，因为之前的用力而喘着粗气。夜晚的四周很安静，几乎没有声响，只有潺潺的水声，以及被淹没的树枝偶尔刮擦船身发出的声音。最终他伸手抚摸我的下巴。

“你的脸就是我的心，外乡人，”他低声说，“对你的爱就是我的灵魂，但是你说得对，你不能当我的良知。”

我最终感到精神缓和下来，就好像某种无以名状的负担被抛弃了似的。

“噢，我很高兴，”我说，然后又冲动地补充道，“压力会特别大的。”

“噢，是吗？”他显得有些惊讶，“那你觉得我很邪恶？”

“你是我见过的最好的人，”我说，“我的意思只是……试着为了两个人而活，试着让他们去适应你的正误观，会让你压力很大……当然了，你这样做是为了孩子，你必须这样做，但即使是这样，你也会特别辛苦。我没法替你做这件事——甚至都不应该去尝试。”

我让他很吃惊。他稍微把脸转过去，坐了片刻。

“你真的觉得我是好人吗？”他最终说道。他的话中有种奇怪的口气，让人很难解读。

“是的，”我不假思索地说道，然后又有些开玩笑地补充道，“难道你不觉得吗？”

他停顿了很久，然后十分严肃地说：“不，我不觉得。”

我张着嘴，无语地看着他。

“我是个暴力的人，我很清楚，你也很清楚，或者说也应该清楚。”他安静地说。他在大腿上把双手展开；他的手掌宽大，能够轻松地使剑和匕首，还能轻松地掐死别人。

“那些事情都是你被迫去做的啊！”

“是吗？”

“我觉得是，”我说，但是即使我这么说，我的话语外面也围绕着怀疑的阴影。如果是在最紧急、最必要的情况下做出来的，那些事情就不会在灵魂上留下印记吗？

“你不认为我和史蒂芬·博内那种人是同类？他也可以说自己是迫不得已才那样做的。”

“如果你觉得你和史蒂芬·博内有任何相似，那么你就大错特错了。”我坚定地说。

他有些不耐烦地耸了耸肩，然后在狭窄的座板上不安分地挪动身子。“我和博内之间没有太多差别，只是我有荣誉感，而他没有。除了荣誉感，还有什么能让我不变成窃贼？”他问道，“让我不去劫掠那些可以劫掠的人？我天性如此——我的一位祖先建造起理士城堡，基础就是在苏格兰高地的道路上打劫而来的金子；另一位祖先家财万贯的基础，则是那些他为了财富和头衔而强行占有的女人的身体。”

他伸展身体，强壮有力的双肩向上提起，被波光粼粼的河水映衬成黑影。然后，他突然抓起双膝上面的船桨，把它们扔到船底，碰撞的声音让我吓了一跳。

“我已经满四十五岁了！”他说，“这个年龄的人应该安定下来了，不是吗？应该有房子住，有土地种庄稼，至少还有点钱能够养老。”

他深吸一口气，我能够看到他衬衫的白色胸襟鼓了起来。

“我没有房子，没有土地，也没有钱。我没有小农场，没有种马铃薯的土地，没有奶牛，没有绵羊，没有猪，也没有山羊！我没有屋顶，也没有床架，甚至还没有尿壶！我连像样的衣服都没有！”他把拳头砸到座板上，让木质的座板在我身下震动起来。

我们沉默了很久，只听到蟋蟀的稀疏歌声。

“你拥有我啊。”我小声说。拥有我似乎并没有什么大不了的。

他在喉咙中发出微弱的声音，听上去既像是嘲笑，又像是抽泣。

“是的，我拥有你，仅此而已，是吗？”他说。他的声音有点颤抖，但我不知道那是因为怒气，还是因为可笑。

“是吗？”他特别不耐烦地挥了挥手，“如果你拥有的只有我，又有什么关系呢？我可以像梅耶斯那样生活，去住在森林里，自己打猎或捕鱼为生，等我老到无法动弹，我就躺在安宁的树下死去，让狐狸啃咬我的骨头。谁会在乎呢？”

他急躁、用力地耸了耸肩，好像衬衫过于紧身似的。

“但是我要考虑的不只是我，”他说，“还有你，还有伊恩，还有邓肯，还有菲格斯，还有玛萨丽——天哪，还有莱里！”

“噢，那我们不要去考虑。”我说。

“你不明白吗？”他几乎绝望地说，“我要让世人仰慕你，克莱尔，可我什么都不能给你。”他真的觉得这很重要。

我坐在那里看着他，在心中寻找着话语。他半转过身去，肩膀绝望地耷拉着。

在过去一个小时里，我最先是想到会在苏格兰失去他而痛苦，然后是在杂草丛生的路边想要与他交合，后来又明显地想要用船桨敲打他的脑袋。现在，我又回到了痛苦的状态。

最终，我拉住他那只长着老茧的大手，向前滑动身子，跪到他双膝中间的船板上。我把头靠在他的胸脯上，感受着他的呼吸吹动我的头发。我没有话说，但我已经做出了选择。

“‘你往哪里去，’”我说，“‘我也要到哪里去；你在哪里过夜，我也要在哪里过夜；你的同胞就是我的同胞，你的神就是我的神：你死在哪里，我也要死在哪里，葬在哪里。’”我不管它是苏格兰的山岗，还是南方的森林，“你做你必须做的事情，我会始终在你身边。”

* * *

河流中间附近的水浅，流速快，我能够看到闪亮水面下的黑色巨石。詹米也看到了它们，于是用力把船往远端划，靠到倾斜的沙砾河岸边，停在垂柳树根圈起来的水塘里。我把身子探出去，拉住一根柳树枝，把缆绳系到了上面。

我以为我们就要返回河场，但显然这次出行的意义不只是休闲。相反，我们又继续往上游前进了，詹米逆着缓慢的水流用力地划着桨。

我现在独自思索着，只能够听到他呼吸时发出的微弱呲声，心想他会选择怎么做。如果他选择留下来……也好，这或许并没有他想象的那么困难。我不了解乔卡斯塔·卡梅伦，但我也不会低估詹米·弗雷泽。科拉姆·麦肯锡和杜格尔·麦肯锡都曾经试图让他听从他们的意愿，但都以失败告终。

回忆起最后见到杜格尔·麦肯锡时的场景，我短暂地感到有些不安。当时他躺在自己的血泊里，嘴里说着无声的咒骂，詹米的匕首插在他喉咙底部。詹米说过："我是个暴力的人，你知道的。"

但他说的仍然不对。杜格尔和史蒂芬·博内之间有区别，我心想着，看着他划桨时屈伸身体，优雅、有力地摆动手臂。除了他所说的荣誉感以外，他还有其他几样东西：善良、勇气……以及良知。

他单桨倒退着划船，横穿水流，朝一条宽大溪流的溪口划去，溪口上面悬吊着大齿杨树，我意识到了我们要去什么地方。我之前从来没有乘船来过这里，但乔卡斯塔说过不远。我本来不应该感到惊讶的；如果他今晚出来的目的是对抗他的魔鬼，那么这个地方最为合适。

溪口往上不远，锯木厂的寂静黑影隐约可见。锯木厂主体的后面有昏暗的光线，那是从林边的奴隶棚屋照过来的。我们四周是夜晚中的寻常声响，树林、青蛙和水流发出喧闹的声音，但这个地方似乎安静得奇怪。虽说是在晚上，但锯木厂的巨大建筑似乎仍然投下了阴影——尽管这显然只是我的想象。

"白天很繁忙的地方，在晚上总是会显得特别阴森森的。"我说道，想要打破锯木厂的寂静。

“是吗？”詹米听上去有些心不在焉，“我白天不太喜欢那个地方。”

回忆让我颤抖了一下：“我也不喜欢。我只是说……”

“贝尔纳斯已经死了。”他没有看我，他的脸朝向锯木厂，一半被柳树的阴影遮挡着。

我扔掉缆绳的末梢。“那个监工？什么时候的事情？”我说道，他的突然死亡比他的死讯更让我感到惊讶，“怎么死的？”

“今天中午。坎贝尔的小儿子在日落前来送的信。”

“怎么死的？”我再次问道。我把大腿上面的乳白色丝绸裙摆紧紧捏着手里。

“破伤风。”他说得漫不经心，语调平缓，“死得很难看。”

他说得没错。我虽然没有真正见人死于破伤风，但我很清楚破伤风的症状：不得安宁，吞咽困难，身体随着四肢和颈部的肌肉开始痉挛而逐渐变得僵硬；痉挛会变得越发厉害，持续时间会越来越长，直到病人的身体僵硬得像木头，在反复的痛苦中弯曲成弓形，最后不停抽搐，只有死亡才能让他解脱。

“他死的时候在笑，罗尼·坎贝尔说的。但我不觉得他死的时候开心。”这是个阴冷的笑话，但他声音里有少许的幽默感。

我坐得笔直，在温暖的夜晚中仍然感到脊柱发凉。

“他死得也不痛快，破伤风发病后要好几天才死。”我说。我的脑中满是冰冷的猜疑。

“从发病到死去，戴维·贝尔纳斯花了五天。”如果说他最初有些幽默感，那么那丝幽默感现在也已经不见了。

“你见过他，你去看了他！而且还没有跟我说？”我说，一丝怒意开始解冻我内心的冰凉。

我之前给贝尔纳斯包扎了伤口——他伤得很重，但不致命——有人告诉我他会被安置到“安全”的地方，直到私刑的风波退去。我虽然对此事很伤心，但没有进一步询问他的下落和状况；让我感到生气的是我这种疏忽带来的内疚，我知道这点——但这并没有用。

“你还能做什么吗？我以为你跟我说过，破伤风即使在你的时代，也是无药可救的。”他没有看我，我能够看到他的身影朝锯木厂转过去，脑袋在浅色树叶的更明亮阴影里，印出了一个更为浓重的黑影。

我强迫自己松开了裙摆，抚平被捏皱的部分，悲观地心想费德拉会费点劲才能把它熨烫平整。

“没错，”我稍微费力地说，“没错，我救不了他。但是我应该去看看他，或许可以让他稍微不那么痛苦。”

他现在看着我，我看见他转过头，感觉到他在船上挪动身子。

“是的。”他平缓地说。

“可你不会让我……”我停顿下来，回想起过去这个星期里他不在家的那些时候，回想起在我问他去了什么地方时他的含糊其词。我能够清楚地想象那个场景：法科尔德·坎贝尔家那个闷人的狭小阁楼——我之前就在那里给贝尔纳斯包扎了伤口；床上躺着那个饱受痛苦的人，垂死在迫于法律才与他联盟的那些人的冷眼注视下，知道自己会在人们的鄙视中死去。我再次感到寒冷，手臂上起了鸡皮疙瘩。

“是的，我不会让坎贝尔派人去叫你，”他轻声说，“这世上有法律，外乡人，也有正义。我很清楚它们的区别。”

“也有仁慈这种东西。”之前要是有人问，我会说詹米·弗雷泽是个仁慈的人。他曾经是，但是当时到现在的这些年头都很艰难——而且同情心是种软弱的情感，很容易就会被环境腐蚀。但是，我之前觉得他仍然还有善心；想到这种善心消失了，我就感觉到一阵奇怪的疼痛。不，我不应该这么想的。他那样只是诚实而已吗？

我们的小船漂浮着转了半个圈，垂下来的树枝挡在了我们中间。树叶那边的黑暗中传来低弱的哼声。

“仁慈的人们都有福，”他说，“因为他们能够得到仁慈。贝尔纳斯不是仁慈的人，也没有得到仁慈。至于我，上帝说明了他对贝尔纳斯的看法，我觉得不该去干涉。”

“你觉得是上帝让他得破伤风的？”

“我不觉得其他人会想到破伤风。而且你会到其他什么地方去寻找正义？”他继续有逻辑地说。

我找寻话语，最终没有找到合适的。我放弃了尝试，回到了唯一有可能的论点上面。我感觉有点恶心。

“你应该跟我说的。即使你觉得我帮不上忙，也不是该你去决定……”

“我不想让你去。”他的声音仍然平静，但其中有种钢铁般的坚定口气。

“我知道你不想！但是不管你是否觉得贝尔纳斯活该受折磨，都没有关系……”

“不是因为他！虽然我丝毫不在意贝尔纳斯是死得轻松还是痛苦，但我不是残忍的怪物！我不让你去看他，不是想让他受折磨；我那样做，是为了保护你！”他凶狠地说，然后动了动身子，小船突然摇晃起来，我只好抓住船舷保持平衡。

听到他这么说，我感到宽慰，但是我逐渐明白了他所做的事情，也就变得越来越生气。

“那不是该你去决定的事情。如果我不是你的良知，那么你是不是我的良知，你说了也不算！”我生气地拂动我们中间的那层柳条，试着去看他。

突然一只手从柳条中伸过来，抓住了我的手腕：“让你不受伤害就是我说了算。”

我试着挣脱，但他握得很紧，不打算放手。

“我不是需要保护的小女生，也不是傻瓜！如果有什么原因让我不去做某些事情，那么你直接跟我说，我会听的。但是，你不能不问我就决定我要做什么，要去哪里。那样我不能忍，你该死的也很清楚！”

船突然倾斜，然后随着树叶的一阵巨大沙沙声，他从柳叶中间把头伸了出来，怒视着我。

“我没有说你应该去哪里！”

“你决定了我不能去哪里，那照样很烦！”小船随着他的猛烈摇晃而动了起来，柳叶滑到了他肩膀后面。我们在船上慢慢地旋转，从柳树的影子里漂了出来。

他赫然来到我面前，巨大得就像锯木厂，脑袋和肩膀遮蔽了身后的许多景色，又长又直的鼻子与我的鼻子相距一英寸，双眼也已经眯了起来。在这样的光线里，他那双眼睛的深蓝色看起来近乎黑色，近距离看它们让人感觉特别不安。

我眨了眨眼，而他没有。

穿过柳叶后，他就放开了我的手腕。现在，他用双手抓住我的上臂。透过衣服我能够感受到他双手的热量。他的双手很大很结实，对比起来，我突然意识到我自己骨骼的脆弱。他说过他是个暴力的人。他之前摇了摇我，让我感觉很不喜欢。以防他有什么暴力的想法，我把一只脚伸到了他的双腿中间，准备好用膝盖给他的要害位置以迅速有力的一击。

“我错了。”他说道。

在听到他说话时，我因为神经紧绷着，确实把脚猛地往上抬了。我还没来得及停住，他就紧紧地把双腿夹住，把我的膝盖夹在了他的大腿中间。

“我说我错了，外乡人，你介意吗？”他重复道，声音里有些不耐烦。

“噢……不介意。”我说道，感觉有些难为情。我试探性地扭动膝盖，但是他把大腿紧紧夹着不放松。

“考虑下放开我的腿，好吗？”我礼貌地说，我的心仍然在扑通扑通地跳动。

“不，不放。你现在要听我讲话吗？”

“应该要了，我现在看上去并没有特别忙。”我仍然礼貌地说。我离他很近，能够看到他嘴角抽动。他更用力地把双腿夹了片刻，然后放松开来。

“这样吵架真是特别蠢，你和我都清楚。”

“不，我不清楚。”我的愤怒算是退去了，但我不打算让他完全把它抛诸脑后，“这或许对你不重要，但对我却很重要。这样吵架不蠢。这点你是知道的，不然你就不会承认自己错了。”

这次他的嘴角抽动得更为明显了。他深吸一口气，然后把手从我的上臂上放了下来。

“嗯，我或许是应该跟你讲贝尔纳斯的事情，这点我承认。但是，如果我跟你讲了，你就会去看他，即使我告诉你他的病是破伤风。我知道那是破伤风，我之前见过。即使你治不好破伤风，你也还是会去，不是吗？”

“是的，即使……是的，我还是会去。”

实际上，我对贝尔纳斯的病无能为力。梅耶斯的麻醉品救不了破伤风病人。药性不如可注射箭毒的东西，都没法缓解破伤风病人的痉挛。我能给他的，只是我的在场所带去的安慰，不过他不大可能会感激，甚至都不会注意到。但是，我仍然会觉得有必要在场给他安慰。

“我不得不去，”我更加温柔地说，“我是个医生。你不明白吗？”

“我当然明白，”他生硬地说，“你觉得我完全不知道吗，外乡人？”不等我回答，他就又继续说，“有人谈论发生在锯木厂的事情——会有人说闲话，是吧？但是，如果你去治疗某个像他那样垂死的人——呃，没有人直说你故意杀死他……但是很容易就看得出人们是那么想的。不是说他们认为你杀死了他，只是他们会觉得你或许是故意让他死去，免得他接受绞刑。”

我盯着自己张开放在大腿上的双手，它们和下面的乳白色丝绸差不多苍白。“这点我也想过。”

“我很清楚你想过，”他干巴巴地说，“我当时看到了你的表情，外乡人。”

我深吸一口气，只是为了确保空气中不再有浓烈的血腥味。我只闻到松林中的松脂香味，清新而微涩。我突然清晰地回忆起医院，回忆起空气中那种松香消毒液的气味，它们掩盖但是无法消除潜藏着的疾病气味。

我再次呼吸新鲜的空气，然后抬头看着詹米：“你会好奇是不是我杀死了他？”

他显得有点惊讶：“你会选择去做你觉得最为恰当的事情。”他无视了我是否杀人这个次要的问题，继续关注事情的重点。

“但是让你去掌管两个人的生死并不明智，你应该懂我的意思。”

我懂，而且我已经不是初次意识到他所处的那个微妙网络，而在某种程度上，我则永远走不进去。这个地方对我而言很陌生，对他而言也同样陌生；但是他不仅知道人们在说什么——常出入酒馆和市集的人都能够知道——还知道人们在想什么。更让人生气的是，他知道我在想什么。

“所以你看，”他看着我说，“我知道贝尔纳斯肯定会死，你也无能为力。但是，如果你知道他的问题，你肯定会去看他。然后他会死去，可以说这两个人都死在了你的手里，人们不会说这件事情有多么奇怪，但是……”

“但是他们会那么想。”我替他把话说完。

他抽动的嘴角变成了不老实的微笑：“人们会注意到你，外乡人。”

我咬着嘴唇。不管是出于好意还是恶意，人们都会注意到我，而这种注意已经不止一次让我差点丧命了。

他站起来，抓住一根树枝保持平衡，然后走出去，踏到沙砾河岸上，把披肩拉到了肩上。

“我跟贝尔纳斯夫人说我会从锯木厂把她丈夫的东西给她带过去，”他说，“如果不想来的话，你就不必来了。”

锯木厂赫然耸现在那里，后面是点缀着星光的天空。它就算再尝试，也不可能显得更加不祥。你往哪里去，我也要到哪里去。

我想我现在知道他在做什么了。他是想在下定决心前观察整个地方，在知道这个地方或许会属于他的情况下来观察。步行穿过那些花园和果园，划船经过大片大片的茂密松林，到锯木厂来看看——他是在考察别人提议要给他的地域，进行权衡和评估，思考必须应对什么复杂情况，决定是否能够或者愿意去接受挑战。

我闷闷不乐地想，最终魔鬼坚持要向耶稣展示他所拒绝的一切，带他去到圣殿的最高处，凝视天下万国。唯一的困难在于，如果詹米决定纵身跃下，他可没有许许多多的天使等待着阻止他的双脚——以及其他的一切——重重地摔在苏格兰大理石石板上。只有我。

“等等，我也要去。”我说着，爬出小船。

* * *

锯木厂的园子里仍然堆着木材；自上次我来这里过后，就没人挪动过它们。黑暗带走了所有景致；新生产的木材堆成苍白的四方形，看上去就像漂浮在隐形的大地上，最先显得遥远，紧接着又近距离地赫然出现，足以剐擦到我的裙摆。空气中弥漫着水晶兰和锯末的气味。

而且，我还看不到自己脚下的大地，它同时被黑暗和我摆动的裙摆遮蔽。詹米扶着我的胳膊，以防我跌倒。当然，他自己从来都不会跌倒。我心想，他这辈子在日落后就没有想过室外会有光线，或许这给了他某种导航能力，就像蝙蝠那样。

奴隶宿舍棚屋中间的某个地方燃着火堆。天色已经很晚了，大多数奴隶应该都在睡觉。要是在西印度群岛，鼓声和哀号声会持续整晚，奴隶们会悼念死去的同伴，悼念活动会持续一周。而这里则什么都没有，除了松树的沙沙声便再无声响，除了森林边沿的微弱亮光便再无摇曳的火光。

“他们都害怕。”詹米轻声说，像我一样停下来聆听寂静。

“难怪，我也害怕。”我也低声说道。

他发出呼呼的声音，听上去像是被逗乐了一样。

“我也害怕，但不是害怕鬼。”他低声说。我还没来得及问他害怕什么，他就拉住我的胳膊，推开了锯木厂侧边那扇工人进出的便利门。

里面的那种寂静似乎有形。最初，我觉得像是战场上的那种奇怪死寂，但后来我意识到其中的不同。这里的寂静是活的；无论其中有什么活物，它都没有安静地躺着。我觉得我仍然能够闻到血腥味，在空气中显得很浓烈。

然后我深呼吸，再次思索，一阵阵寒冷的恐惧涌上了脊柱。我能够闻到血液的味道，新鲜的血液。

我抓紧詹米的胳膊，他也闻到了血液的味道，他的手臂在我的手下变得坚硬，肌肉警惕地紧绷起来。他没有说话，从我手中离开，然后消失了。

有那么一会儿，我以为他真的消失不见了，几乎惊慌失措，在黑暗中摸索寻找他，我的手在他原来站的那个地方抓了个空。然后我意识到他只是把深色的披肩搭到了头上，遮住了苍白的脸庞和亚麻衬衫。我听到了他的脚步声，脚步在泥巴地面上又快又轻，然后脚步声也消失了。

空气炎热、凝滞，充满血腥味。我闻到一种难闻的甜味，舌头后面有种金属的味道。这和一周前一模一样，让人产生幻觉。我仍然感到寒冷的战栗，转过身子，使劲朝那个又黑又大的房间远端看去，有些期待刻在我记忆中的那幕场景再次在黑暗中显现：木材起重机上面的绳索被绷得紧紧的，那个巨大的吊钩来回摇摆，上面挂着一个不断呻吟的人……

一声呻吟撕破了空气，我几乎把嘴唇咬破。我的喉咙因为压抑住的尖叫而肿大起来；我害怕吸引什么东西上身，所以没敢叫出来。

詹米在哪里？我想喊他，却又不敢。我的眼睛现在足够适应了黑暗，能够辨别出十英尺远的锯片的不规则的模糊影子，但是房间的远端还是一堵黑暗的墙壁。我睁大眼睛去看，这次意识到我穿着浅白色的衣服，房间里的任何人无疑都能看到我。

那个呻吟声再次出现，我被惊吓了一跳。我的两个手掌都在冒汗。那不是！我凶狠地告诉自己，那不是，不可能是！

我恐惧得无法动弹，过了会儿才意识到我耳朵里的声音来自何处。它不是从房间那边的黑暗中传来的，带着吊钩的起重机就在那边。它来自我身后的某个地方。

我迅速转身。我们走进来的那扇门仍然开着，它在黢黑的环境中就是个浅色的四边形。没有任何东西出现，没有任何东西在我和门中间移动。我迅速朝那扇门走了一步，然后停了下来。我双腿的每块肌肉都紧绷着想要狂奔——但是我不能离开詹米。

那种声音又出现了，就和躯体痛苦让人发出的抽泣喘息相同——那是厉害到让人叫不出来的痛苦。想到这里，我脑中又冒出了新的想法：如果发出那种声音的是詹米怎么办？

我因为谨慎而十分震惊，朝那个声音那边转过身去，叫喊詹米的名字，回音从高处的屋顶传了下来。

“詹米！”我再次喊道，“你在哪里？”

“在这里，外乡人。到这里来，好吗？”詹米的模糊声音从我的左边传来，冷静但有些急切。

发出那种呻吟声的不是詹米。听到他说话的声音，我宽慰得几乎发抖起来。我跌跌撞撞地穿过黑暗，不再关心那种呻吟声从何而来，只要它不是詹米的声音就行。

我的手摸到一堵木墙，然后茫然地摸索，最终找到了一扇开着的门。詹米在贝尔纳斯的宿舍里。

我踏进那扇门，立即感觉到了变化。里面的空气似乎更加压抑，更加炎热。地板是木质的，但我的脚步声并没有回响。空气凝滞得死气沉沉的，令人窒息。血液的气味也更加浓烈了。

“你在哪里？”我又喊道，这次声音放低了一些。

“我在这里，在床边上。过来帮帮我，这里有个姑娘。”他的声音竟然就在旁边。

詹米在小卧室里，里面没有窗户，也没有光线。我靠着感觉找到了他们。詹米跪在一张小床旁边的木地板上，床上躺着一个人。

正如詹米所说，那是个女人——才摸到她我立即就知道了。通过触摸，我还知道她的血液正在流干。我抚摸到的那张脸冷冰冰、湿乎乎的。我摸到的其他东西——她的衣服、被单，以及她身下的床垫——都温暖、潮湿。我跪在地板上，感觉到我的裙摆被浸湿了。

我伸手到她的喉咙上寻找脉搏，但是没有找到。她的胸脯在我手下慢慢地起伏，除了随之发出的微弱叹息，这就是她唯一的生命迹象了。

“没事了，我们在这里，你不是一个人了。发生了什么事情，你能告诉我吗？”我说。我的声音令人安慰，惊恐已经踪迹全无，尽管让我惊恐的事情现在其实更多了。

我的双手始终在她的脑袋、喉咙、胸口和肚子上快速摸索，掀开她湿透的衣服，疯狂、盲目地寻找伤口止血。什么都没有，没有动脉喷血，没有严重的伤口。但是，始终有微弱但稳定的噼啪声，就像一双小脚在奔跑一样。

“告诉……”与其说她说的是词，倒不如说是叹息。然后她哽咽住，抽泣着吸了一口气。

“谁把你弄成这样的，姑娘？告诉我，是谁？”詹米那不见人的声音低沉、急切。

“告诉……”

我摸遍了离皮肤较近的所有大血管，发现它们全都完好无损。我抓住并抬起她软绵绵的胳膊，把手伸到了下面去摸她的后背。她身体的全部热量都在那里；她裙子的上身因为汗水而湿乎乎的，但并没有浸着血。

“不会有事的，我们在这里呢。”我又说，“詹米，拉住她的手。”无望感降临到我身上，我知道是什么情况了。

“已经拉住了。”詹米对我说，然后又对她说，“别担心，姑娘，不会有事的，你能听见吗？”噼啪，噼啪，那双小脚跑动的速度正在放慢。

“告诉……”

我没办法，但还是再次把手伸到她的裙摆下面，这次在她无力分开的大腿中间把手指蜷起来。那里仍然温暖，特别温暖。血液缓缓地从我手上和指缝里流过，湿热得就像我们周围的空气，无法阻挡得就像从锯木厂堤坝里泻下去的水流。

“我……死……”

“我觉得你是被人杀害了，姑娘，”詹米很温柔地对她说，“告诉我们是谁杀的你，好吗？”

她的呼吸声现在变得更大了，喉咙中发出轻微的声音，噼、啪，噼、啪。

那双脚在轻轻地踮着脚尖走。“中……士。告诉……中士……”

我从她的大腿中间把手拿了出来，然后握住了她的手，不顾手上有血。毕竟，手上有没有血已经不重要了。

“……告诉……”她突然激动地说，然后又沉默下来。长时间的沉默过后，她又叹息着长时间地呼吸。然后又是沉默，甚至比之前还长，接着又是呼吸。“我会的，我会告诉他的，我保证。”詹米说道，他的声音在黑暗中听起来仅仅像耳语那么小。

噼、啪。

在苏格兰高地，人们说这是“死亡之音”，水滴的声音；屋里有人即将去世时，人们就会听到这种声音。我听见的不是水滴声，而是一种不容置疑的信号。

黑暗中再没有声音传来。我看不见詹米，但是在他向前倾身时，我的大腿感觉到了那张床的轻微晃动。

“上帝会原谅你，安息吧。”他朝着那种寂静低声地说。

* * *

第二天早晨，在我们踏进贝尔纳斯的宿舍时，我能够听到嗡嗡的声音。在巨大、充满灰尘的寂静锯木厂中，所有声音都被空间和锯末掩盖了。但是，在这个小隔间里，墙壁拦住并反弹了所有声音。我们的脚步声从木地板回响到木天花板。我感觉自己像是一只被封在小军鼓里的苍蝇，被卡在狭窄过道中的这两个男人中间，感受到了短暂的幽闭感。

宿舍只有两个房间，中间隔着从户外通往主锯木厂的短过道。我们右边那间较大的房间原来是贝尔纳斯的客厅和厨房，左边较小的那间是卧室。那种嗡嗡声就是从卧室里传来的。詹米深吸一口气，把披肩捂到脸上，然后拉开了卧室的门。

床上的苍蝇看上去像是一张毯子，一张点缀着绿色的暗蓝灰色毯子。詹米走进房间，苍蝇嗡嗡地从凝固了的餐食上飞起来，飞成一大群，贪婪地抗议着。

我忍住了厌恶的喊声，低下头，挥手赶走它们。饱食过后缓慢飞动的苍蝇撞到我的脸颊和手臂上，然后被弹开，在浓稠的空气中慵懒地盘旋着。法科尔德·坎贝尔用苏格兰语嘟哝，表示极度的恶心，然后低头从我身边挤了过去。他眯着眼睛，紧闭着双唇，鼻子已经被捏得发白了。

那个躺着死人的小卧室比棺材大不了多少，没有窗户，只有墙板之间的裂缝，昏暗、变幻的光线从中照射进来。空气又热又湿，就像在热带的温室里，充满了死亡的那种腐烂甜味。我能够感觉到汗水从身上蜿蜒流下，就像苍蝇的脚那样让人发痒，然后我试着只用嘴去呼吸。

她的体格并不大，我们昨晚出于礼仪给她盖了毯子，但她的身体几乎没有把毯子撑起来。与萎缩的身体相比，她的头似乎很大，就像火柴人的圆脑袋。

詹米撣走几只吃得太饱而无法动弹的苍蝇，然后拉开了毯子。那张毯子，也像其他东西那样，沾满了已经凝固的血污，底部仍然湿漉漉的。人的体内一般含有八品脱血液，但是这八品脱血液在被泼散开来时，会显得远远不止八品脱。

我在前一天晚上短暂地看到过她的脸，没有生命的面容在詹米用松树裂片照出的火光下泛着不自然的光亮。现在，她苍白地躺在那里，潮湿得像蘑菇，迟钝的面容在漂亮的棕色发丝里显现出来。没法判断她的年龄，只知道她年纪不大。我也没法判断她曾经是否漂亮；她的体形不美，但生命力或许会让她的圆脸红润，让她深陷的双眼充满亮光。或许会有男人觉得那双眼睛很漂亮。肯定会有男人那么觉得，我心想，反正它们足够漂亮。

詹米他们在低声说着话，在那副静止的躯体上方弯着腰。坎贝尔先生朝我转过身来，整齐的假发下眉头轻微地蹙着。

“弗雷泽夫人，你真的确定她的死因吗？”

“确定。”试着不呼进恶臭的空气，我拉起毯子边沿，揭开毯子，让尸体的双腿露了出来。她的双脚已经有些发青，开始变得肿胀了。

“我昨晚把她的裙子拉下来了，但是其他地方我都没有动。”我解释道，又把她的裙子拉了上去。

触碰到她时，我胃部的肌肉不由自主地紧绷起来。我之前见过尸体，这具尸体远非最恐怖的，但是炎热的气候和封闭的空间让它没有降温太多；她大腿上的皮肤与我的差不多温暖，却松弛得令人不适。一根串肉扦，长一英尺多，就在她双腿中间的床上，我昨晚发现时并没有动。它的上面也盖满了已经凝固的血液，这点显而易见。

“我……嗯……没有发现她的身体上有伤。”我尽可能得体地说。

“噢，我懂了。”坎贝尔先生蹙着的眉头似乎稍微放松了，“噢，好的，这至少可能不是蓄意谋杀。”

我张嘴回答，却看到詹米的警告眼神。

坎贝尔先生没有注意到，于是继续说：“问题是这个可怜的女人是自杀的，还是偶然被他杀的。你觉得呢，弗雷泽夫人？”

詹米在坎贝尔背后皱着眉头，但是他的警告并不必要。我们前一晚已经讨论过这个问题，也已经有了我们自己的结论——同时也决定我们不必与十字溪的执法和治安部门共享我们的意见，至少暂时不必这样做。我借口气味太臭而轻轻捏住鼻子，以便掩饰可能暴露实情的表情变化。我撒谎特别差劲。

“我确定她是自杀的，”我坚定地说，“这样流血身亡所需的时间很短，而且正如詹米跟你说的那样，我们发现她的时候，她还没有死。在我们进来之前，我们在锯木厂外面说了会儿话；要是有人从里面离开，我们肯定会看得见。”但是，有人或许可以很轻松地躲在另外那个房间里，趁我们忙着安慰那个垂死的女人，在黑暗中安静地偷偷离开。如果坎贝尔先生没有想到这种可能性，我觉得就没有必要让他注意到这点。

在坎贝尔先生转身面对詹米时，詹米已经做出了适合这个场合的严肃表情。坎贝尔先生遗憾地摇了摇头：“噢，不幸的可怜姑娘！我想我们只能说还好没人与她同享罪恶。”

“那让她怀上这个她想要打掉的孩子的男人呢？”我有些尖刻地说。

坎贝尔先生显得很惊讶，但是很快镇定下来。“嗯……确实是这样，”他说，然后咳嗽了一声，“不过我们不知道她是否结婚……”

“那么你不认识这个女人了，先生？”詹米赶在我再说出什么不明智的话之前插嘴说道。

坎贝尔摇了摇头："她不是布坎南先生家的仆人，不是麦克尼尔家的，也不是奥德戴斯法官家的。只有这三家的种植园足够近，她才可能走到这里来。不过，我确实好奇她为什么会到这个地方来做这么危险的事情……"

我和詹米也都想过。詹米再次插话，防止坎贝尔先生说出这个调查方向的下一步。

"她昨晚没说什么，但是提到什么'中士'。她当时说'告诉中士'。你或许能够想到她那么说是什么意思，先生？"

"好像有位负责守卫皇家仓库的军队中士。是的，我能肯定。"坎贝尔先生的表情稍微明亮起来，"噢！这个女人肯定与军方有些联系。这样就能够解释了。但我还是好奇为什么她……"

"坎贝尔先生，请原谅我，我恐怕觉得有点头晕。"我插话道，把一只手搭到了他的手臂上。我没有撒谎——我没有睡觉，也没有吃东西，高温和恶臭让我觉得头晕，我知道自己看上去肯定很苍白。

"你能送我妻子出去吗，先生？我看看能不能把这个可怜的姑娘带出去。"詹米说，并指了指那张床，以及床上那副可怜的身躯。

"千万别自找麻烦，弗雷泽先生，我的用人会把尸体搬出去的。"已经转身引领我往外走的坎贝尔抗议道。

"这是我姨妈的厂子，先生，所以也应该由我来操心。我会料理的。"詹米礼貌但坚定地说道。

* * *

费德拉在外面的马车边上等候着。"我跟你说过那个地方有鬼，你脸色白得就像床单，夫人。"她说道，带着严肃的满意神态打量着我，并递给我一瓶加香葡萄酒，敏锐地朝我这边皱着鼻子，"你比昨晚还要难闻，看上去就像去了屠宰场一样。坐到这里的阴凉下面，喝干那杯酒。重新振作起来。”她看了看我背后。我也回头去看，看到坎贝尔已经走到了溪边的悬铃木树荫下，专心地跟用人交谈着。

“找到她了。”费德拉立即压低声音说道。她瞟了瞟旁边，朝那一小群奴隶棚屋那边看去，在锯木厂的这边几乎看不见它们。

“你确定吗？你的时间并不多啊。”我喝了一口葡萄酒，然后端着酒瓶，愉悦地感受着从喉咙里冒出的芳香，它们清理了我味觉里的死亡味道。

费德拉点了点头，她的目光转移到了树下的人身上。“不需要太多时间。我昨晚从那些房子边上走过，看到有扇门开着，地上撒着些小垃圾，像是有人匆忙离开一样。我找来个小孩，问他谁住在那里，他说波丽安娜住在那里，说她已经走了，不知道去哪儿了。我问他波丽安娜什么时候走的，他说昨晚还见她吃晚饭，今天早上就不见了，没人见到她。”她的目光与我的相遇，其中充满了疑问，“现在你知道了。你打算做什么？”

真是个好问题，而且我还完全没有答案。我吞下葡萄酒，随之也吞下了逐渐出现的惊慌感。

“这里的奴隶们肯定全都知道她不见了，其他人还要多久就会知道呢？现在贝尔纳斯已经死了，这种事情又该让谁知道呢？”

费德拉抬起一边的肩膀，优雅地耸了耸肩。“先发现的人会来问的，但是该问谁……想来应该问他。”她说道，并朝锯木厂点了点头。我们之前没有关通往宿舍的那扇小门，詹米正从里面走出来，胳膊下面夹着裹着毯子的沉重物体。

“我已经身在其中了”。甚至在那场被打断的宴会之前，他就知道了这点。没有正式的宣告，没有人邀请他承担这个角色，他也没有接受，但他就是完美地融入了这个地方，就像拼图游戏中的碎片被拼入整体一样。他已经是河场的主人了——如果他想当主人的话。坎贝尔的用人过来帮忙抬尸体，詹米单膝跪在锯木厂引水槽的边沿，轻轻地把那具尸体放到地上。我把酒瓶还给费德拉，同时点头表示感谢。“去马车里把东西拿过来好吗？”

费德拉没有说话，去取我带来的东西——一张毯子、一个桶、干净的布片，以及一罐草药。而我则走过去找詹米，他跪在溪边洗手，尸体就在下游不远处。洗手准备我接下来要做的事情很愚蠢，但是习惯的力量很大。我跪在詹米旁边，也将手伸进溪水，让冰冷、清新的水流带走手上那种湿乎乎的触感。

“我没说错，”我低声对他说，“是个叫波丽安娜的女人，她在晚上逃跑了。”他皱起眉头，轻快地擦洗双手，然后朝背后看了看。坎贝尔现在站在那具尸体边上，仍然厌恶地稍微蹙着眉头。

詹米全神贯注地怒视，然后把目光转回到自己的手上。“嗯，那让事情更复杂了，是吧？”他弯腰捧水洗脸，然后猛烈地摇头，像湿身的狗那样把水滴甩了出来。然后他朝我点了点头，站起来，用沾有污渍的披肩擦干了脸。

“外乡人，你去料理那个姑娘，好吗？”他说完便怒冲冲地朝坎贝尔先生果断走去，长披肩左右摇摆着。

* * *

她的衣服没必要留下来，所以我把它们都剪掉了。她赤裸着，看上去应该二十多岁，营养不良，肋骨都可以数清楚，四肢纤细苍白得像剔掉叶子的树枝。尽管如此，她仍然重得惊人，而且还没消退的尸僵让她很难被搬动。还没处理完成，费德拉和我就大汗淋漓了。头发从发髻里散落下来，在我通红的脸颊旁披散着。

辛苦的劳动至少让我们很少说话，让我能够平静地思考。但这并不是说我的思绪特别平静。正如詹米说的，想要“打掉孩子”的女人，如果要自己完成的话，会在自己的房间里、在自己的床上动手。这个陌生女人来到这么远的地方，是来找其他能够替她堕胎，但又不会去她家的人。

我跟詹米说过，我们必须在锯木厂的营区找一个奴隶，一个可能有接生婆名声的奴隶，女人们会谈论她，会在私底下推荐她。

我说的话显然没错，但这并没有让我感到满意。那个帮忙堕胎的人害怕我们知道实情，所以已经逃跑了。如果她不逃跑，也不说什么，那么法科尔德·坎贝尔或许会相信我的话，认为那个女人是自己动手堕胎的——他几乎没法证明其他情况。但是，如果有其他人发现奴隶波丽安娜逃跑了——他们当然会发现！——那么她就会被抓回来审问，整件事情无疑就会被曝光。然后又会发生什么呢？

尽管天气炎热，我还是颤抖了一下。流血的法则在这件事情中也适用吗？当然应该适用，更不用说流了那么多血。我心想着，闷闷不乐地把另外一桶水冲到那个女人的洁白四肢上。

这个该死的女人。我心想着，用愤怒掩盖无用的怜悯。我没法为她做什么，只能为她收拾残局，真正的残局。或许我还能尝试拯救这出悲剧里的另外那个人，那个貌似帮忙却又无意义地害了人命、现在需要用生命来弥补过错的可怜女人。

我看见詹米已经拿到了酒瓶，与法科尔德·坎贝尔相互传递，热烈地说着话，偶尔转身朝锯木厂、河流和市镇那边指一指。

“夫人，你有什么东西可以用来给她梳头发吗？”费德拉的问题把我的注意力拉回到手中的任务上。她蹲在尸体边上，挑剔地用手指触摸着女尸缠结着的头发。“可怜的孩子，我不想就这样把你埋到土里。”她摇着头说道。

我觉得费德拉或许并不比那个死去的女人大多少，而且无论如何，是否要给这具女尸梳妆打扮过后才下葬并不重要。不过，我还是伸手到衣服口袋里摸索，掏出一把不大的象牙梳子。费德拉把梳子拿过去，开始边低声哼唱，边给女尸梳头发。

坎贝尔先生正要离开。我听到马匹的挽具嘎吱作响，以及马倌坐上马车时，它们期待地跺着脚，发出轻微的踩踏声。

坎贝尔先生看见我，深深地鞠躬，把头埋得很低。我简单地向他还礼，然后解脱地看着他们取车离开。

费德拉也停下了工作，凝视着那辆逐渐远去的马车。她低声说了些什么，然后朝灰尘里吐了口唾沫。她这个动作里没有明显的恶意，那是一种对抗邪恶的魔咒，我之前见过。她抬起头看着我。

“詹米先生最好在日落前找到那个波丽安娜。松林里面有野兽，而且尤利西斯先生说乔卡斯塔买她的时候花了两百镑。那个波丽安娜，她不晓得松林里的情况，她是直接从非洲来的，到这里还不满一年。”

说完她便埋头继续她的工作，手指在女尸漂亮的发丝里，像蜘蛛那样阴暗、迅速地移动着。我也低头做自己的工作，有些惊讶地意识到缠住詹米的那种复杂网络也触碰到了我。我并没有如自己之前所想的那样站在这个网络之外，而且就算我想置身事外也不可能。

费德拉帮助我寻找波丽安娜，并不是因为她信任我或喜欢我，而是因为我是主人的妻子。必须找到波丽安娜，然后将她藏匿起来。在她看来，詹米当然会找到她，并把她藏起来——她是詹米的财产，或者说是乔卡斯塔的财产——这在费德拉看来没有区别。

最终，我们将那个陌生女人清洗干净，让她躺在我带来当裹尸布的破烂亚麻床单上。费德拉给她梳了头发，还给她编了发辫。我把那个装着草药的大石罐拿上来。我带草药过来，既是出于习惯，也是出于理性，但是我现在很感激它们，这与其说是因为它们帮助减慢了尸体的腐烂，倒不如说是因为它们带来的那种仅有的——以及必需的——仪式感。

我很难将这个笨重、发臭的陶土块与她的冰冷小手调和，她曾经用那只手紧紧抓住我的手，在令人窒息的黑暗中痛苦地低声说“告诉……”。然后我回忆起了她，回忆起她活着的最后时刻鲜血滚烫地洒在我的手上，这种回忆比看到她那赤裸着的干瘦身体被陌生人抬着时的记忆还要生动。

离得最近的牧师也住在哈利法克斯，她会在没有葬礼仪式的情况下被下葬，但是她要葬礼仪式有什么用呢？葬礼仪式的目的是安慰失去亲人的人们。我心想，不太可能有人来为她哀悼。因为，如果她有那么亲近的人——家人、丈夫，甚至情人，那么她就不会死了。

我不认识她，不会怀念她，但我会因为她以及她孩子的去世而感到难过。我是为自己难过，不是为她。我跪在她的尸体旁边，撒下芳香和苦涩的草药——芸香叶、海索草、迷迭香、百里香和薰衣草，这是活人献给逝者的花束，是微小的缅怀标志。

费德拉跪在旁边，沉默地看着。然后，她伸出手，轻柔地用手指把裹尸布盖在了那个女孩的脸庞上。詹米也走过来观看。他没有说话，只是弯腰把尸体抱起来，朝马车走去。

他始终没有说话，直到我爬上马车，坐到他身边的座位上。他啪啪地甩动马背上的缰绳，然后打了个响舌。

“我去找那个中士。”他说道。

* * *

当然，我们需要首先处理几件事情。我们回到河场，把费德拉丢下，然后詹米去找邓肯，并换掉弄脏的衣服，而我则去查看我的病人梅耶斯，然后把早上的事情告诉乔卡斯塔。

两件事情都不需要我去费神。法科尔德·坎贝尔正与乔卡斯塔坐在起居室里，小口喝着茶。至于约翰·梅耶斯，他腰部盖着卡梅伦家族的格子呢，正伸展开身体，懒洋洋地躺在绿丝绒躺椅上，兴致勃勃地咀嚼着烤饼。他那伸出格子呢的腿和脚干净得反常，看来前一天晚上有人趁他暂时昏迷，给他洗了个澡。

“亲爱的，来坐下，孩子，吃点东西，你昨晚肯定都没休息，今早看来肯定也很辛苦。”乔卡斯塔听到我的脚步声后转头说。她面带微笑，但我看到了刻在她眉毛中间的那两条担忧的皱纹。

通常，有人要是称呼我为“孩子”，我要么会觉得好笑，要么会觉得被冒犯；但在现在这种情况下，我却感受到一种奇妙的安慰感。我感激地坐到扶手椅里，接受了尤利西斯给我倒的茶，同时心想法科尔德跟乔卡斯塔讲了多少，以及他自己又知道多少。

“今天早上怎么样？”我问梅耶斯。尽管他昨晚喝了不少酒，但他看上去状况特别好。他面色红润，而且从他旁边盘子里的食物碎屑来看，他的胃口也不错。

他热情友好地朝我点了点头，嘴巴还在大声地咀嚼着食物，然后有点费力地吞了下去。“特别好，夫人。我真诚地感谢你。伤口处还有点疼痛，”他拍了拍下半身，“但是伤口缝得真是好，可惜我始终看不到。尤利西斯先生很善良，给了我一面镜子，”他解释道，有些敬畏地摇了摇头，“之前我从来没有看过自己的屁股，那里的毛同样很多，你肯定觉得我爸爸是头熊吧！”

说到这里，他开怀地大笑起来。法科尔德也埋头喝茶，掩盖了自己的微笑。尤利西斯端着茶盘转身离开，不过我看到他的嘴角抽动了。乔卡斯塔大声笑出来，失明的双眼开心地皱了起来。

“人们确实说知道自己父亲的孩子很聪明，约翰·昆西。但是，我很熟悉你母亲，所以我觉得你爸爸不太可能是头熊。”

梅耶斯摇了摇头，但是他的眼睛在浓密的胡须上方闪着亮光。“嗯，我妈妈确实喜欢多毛的男人。她说在寒冷的冬夜，毛多的人让人很舒服。”他看了看敞开的衣领，有些满意地看着露出来的浓密胸毛，“而且她说的或许没错。印第安姑娘就喜欢，不过回头想想，她们或许只是喜欢那种新鲜感。她们自己的男人，私处就很少有毛，更不用说屁股上了。”

坎贝尔先生吸了吸烤饼的香气，然后捂住餐巾剧烈地咳嗽。我自己微笑着，喝了一大口茶。那是印第安混合浓茶，尽管早晨热得压抑，但它还是令人感到很愉快。在我喝茶时，一滴滴轻盈的汗珠从我的脸上冒出来，但是茶水的温暖令人舒适地安顿到不安稳的胃里，茶叶的香味把鼻子里的血腥味和排泄物的臭味驱除干净了。我们的欢欣对话，也把早晨那些病态的场景从我脑海中清除掉。

我伤感地看着壁炉前的地毯。我感觉自己似乎能够安静地躺在那里睡上一个星期——但那并不是因为疲惫。

詹米走了进来。他才修了面，梳好头发，穿着素净的外套和干净的亚麻衬衫。他朝法科尔德·坎贝尔点了点头，并没有表现出惊讶。他肯定在走廊里听到了坎贝尔的说话声。

“姨妈。”他弯腰亲吻乔卡斯塔的脸颊，以示问候，然后朝梅耶斯微笑。

“朋友，它怎么样了？或者应该问，它们怎么样了？”

“完全没问题，”梅耶斯自信地对他说，并用手轻柔地放在双腿中间，“不过，想来我还要再等一两天才能骑马。”

“是应该等两天。”詹米对他说。然后他转身，对乔卡斯塔说：“你今早见到邓肯了吗，姨妈？”

“噢，看见了。他去替我办了件小事，他和那个小伙子。”她微笑起来，伸手去摸詹米，我看见她的手指紧紧地握着詹米的手腕，“邓肯·英尼斯先生真是个好人，特别肯帮忙，动作又快，做事又谨慎。跟他说话真的很开心。难道你没觉得吗，侄子？”

詹米好奇地看了看她，然后又迅速地把凝视的目光转移到法科尔德·坎贝尔身上。坎贝尔避开了他的目光，小口喝着茶，假装研究挂在壁炉台上的那幅巨大绘画。

“没错，”詹米干巴巴地说，“邓肯他很有用。小伊恩也和他一起去了？”

“去给我取个小包裹，”乔卡斯塔平静地说，“你找邓肯有急事吗？”

“没有，我可以等会儿。”詹米缓缓地说，向下盯着她看。

她的手指从詹米的衣袖上滑下来，然后伸手去端茶杯。茶杯的精致把手正对着她，准备好等她去端。

“那就好。”她说，“那你来吃点早餐？法科尔德，你要再来个烤饼吗？”

“噢，谢谢你，不用了，我已经吃不下了。我在镇上还有事情，最好现在就去处理。”坎贝尔放下茶杯，站了起来，然后依次给我和乔卡斯塔鞠躬。“夫人们，再见。”他说，接着扬起一边眉毛向詹米致意，“弗雷泽先生。”他鞠着躬，随着尤利西斯出去了。

詹米坐下去，扬起眉毛，伸手去拿烤面包。“姨妈，邓肯给你做的那件小事——是去找那个女奴隶吗？”

“是的。”乔卡斯塔皱着眉头，把失明的双眼转朝詹米，“你不会介意吧，詹米？我知道邓肯是你的人，但这件事情看上去很急，而且我当时也不知道你什么时候会过来。”

“坎贝尔跟你说了什么？”我看得出来，詹米在思考。地区法官坎贝尔先生性格正直、刻板，甚至不会插手阻止恐怖的私刑，他如果密谋保护一个女奴隶，而且还是一个帮人堕胎的女奴隶，那就不符合他的性格了。但是，或许他想通过这样做来弥补他之前没能阻止的事情。

乔卡斯塔轻微地耸了耸宽大的肩膀，嘴角的肌肉也向下动了动。“我的外甥，我认识法科尔德·坎贝尔已经二十年了。在我听来，他没说出口的话，比说出口的话还要清楚。”

梅耶斯始终饶有兴趣地关注着他们的对话。“我的耳朵没有那么灵，”他温和地说，“在我听来，他说的就是某个可怜的女人在上面的锯木厂里打算打掉肚子里的负担，结果意外地杀死了自己。他说他并不认识那个女人。”他平淡地朝我微笑起来。

“我从中只知道那个姑娘是个陌生人，”乔卡斯塔说道，“法科尔德熟悉河边和镇上的人，就好像我知道自己家里的人一样。那个姑娘不是谁的女儿，也不是谁的用人。”

她放下茶杯，然后叹息着倚靠在椅子里。“没问题的，”她说，“小伙子，把东西吃完吧，你肯定饿坏了。”

詹米盯着她看了片刻，还没有咬过手里的那块烤面包。“我现在没什么胃口，姨妈。看到死去的女人让我的胃有些不舒服。”他站起来，向下掸了掸外套的下摆。

“她或许不是谁家的女儿或用人，但是她现在正躺在院子里，吸引着许多苍蝇。我要知道她的姓名后，才能把她埋葬下去。”他就地转身，怒冲冲地走了出去。

我喝完茶，然后把茶杯放回去。骨瓷杯子碰到桌面，发出轻微的响声。

“不好意思，”我抱歉地说，“我也觉得不饿。”乔卡斯塔没有动，也没有变换表情。在我离开房间时，我看到梅耶斯在躺椅上倾身，麻利地把最后那块烤饼抓了过去。

* * *

我们到达位于海伊街尾的皇家仓库时，已经快到中午了。仓库位于河流北面，在市镇上面一些，有自己的装货码头。现在仓库似乎不需要守卫，附近没有任何动静，只有几只黄粉蝶无视令人窒息的炎热，在岸边的茂密花丛中勤奋地劳作。

“他们在这里存放着什么？”我问詹米，同时好奇地抬头看着偌大的仓库。那扇巨大的双开门紧闭，被插销闩着。门前唯一的那个红衣哨兵一动不动，就好像锡质的士兵模型。仓库旁边有栋较小的建筑物，上面挂着显眼的英格兰国旗，在炎热中垂头丧气。或许我们要找的那位中士就躲在这里。

詹米耸耸肩，赶走一只在手肘上试探的苍蝇。天气越来越热，尽管马车在移动，但我们仍招来了越来越多的苍蝇。我谨慎地闻了闻，但只能闻到百里香的微弱气味。

“存放的肯定是国王觉得有价值的东西。偏远地区的毛皮、海军的存货——沥青和松脂。不过，派人来守卫是因为里面存放着烈酒。”

尽管所有小酒店都会自己酿造啤酒，所有家庭都有酿造苹果白兰地和草莓酒的配方，但国王经营的却是更加强劲的烈酒：白兰地、威士忌和朗姆酒。这些酒在重兵守护下被少量进口到殖民地，然后在国王的批准下高价出售。

“我觉得他们现在的存货不多。”我说道，点头指了指那个守卫。

“不多，运送烈酒的船队每个月从威尔明顿上来一次。坎贝尔说他们每次上来的时间都不一样，降低被抢劫的风险。”他漫不经心地说，仍然轻微地蹙着眉头。

“我们说那个姑娘是自己打胎死掉的，你觉得坎贝尔相信我们吗？”有些下意识地，我朝后面的马车里不明显地看了看。

詹米低声用苏格兰语说了些嘲笑的话。

“当然不相信，外乡人。他不是傻子。但是他是我姨妈的好朋友，如果没有必要的话，他是不会找麻烦的。希望没有人来为那个死去的女人扯皮。”

“这个希望真是冷血，”我平静地说，“在你姨妈的客厅里时，我以为你有不同的感受。不过，你或许说得没错，如果她有亲人，她或许就不会死了。”

他听出了我话中的苦涩，于是低头看着我。

“我不是故意要冷漠无情的，外乡人，”他温柔地说，“但是那个可怜的姑娘已经死了。我能够为她做的，就只有确保她能够体面地下葬。我必须在意的是活着的人，不是吗？”

我叹了口气，短暂地捏了捏他的手臂。我的感受太过复杂，甚至都无法试着去解释。我是在那个姑娘死前几分钟认识她的，而且我无论如何都拯救不了她的生命——但是她是在我的眼前死去的，在这种情况下，我感受到了医生那种无力回天的愤怒，感觉自己一败涂地，感觉自己在与黑暗天使的斗争中落败。除了愤怒和惋惜，我还有种说不出的愧疚感，那个姑娘和布丽安娜差不多年纪——布丽安娜如果遇到同样的情况，身边也不会有任何亲人。

* * *

“我知道。只是……我在某种程度上觉得自己应该为她的事情受到责备。”

“我也有这种感觉，”他说，“不要害怕，外乡人，我们会把她处理好的。”他拉动缰绳，让马匹停到一棵栗树下面，然后跨下马车，向我伸出一只手来。

那里没有营房。坎贝尔跟詹米说过，仓库的十名守卫住在市镇里的多个地方。我们询问了一位在办公室里工作的书记员，他让我们到街对面金鹅酒馆，那个中士或许正在那里吃午饭。

才走进酒馆，我就看到了那位中士，他坐在窗户边的餐桌旁，白色的皮领巾松散着，制服的上衣也没有扣纽扣。他面前放着一杯麦芽啤酒，以及残余的康沃尔馅饼，看上去十分放松。詹米跟在我后面走进来，身体短暂地遮挡了从门里照进来的光线，于是那位中士抬起了头。

尽管酒馆里昏暗，但我仍然能够看到他的面容因为惊讶而变得茫然。詹米突然在我后面停住了，并低声用盖尔语说了些听上去很恶毒和下流的话，但紧接着便毫不犹豫地从我旁边走了过去。

“默奇森中士，”詹米用有些惊讶的口气说，就好像偶遇熟人时打招呼，“没想到还会见到你——至少没想到会在这个世界上再见到你。”

从那位中士的表情来看，他显然也有着同样的感受，而且他还觉得他和詹米在天堂这边相遇得太早了。血液涌上他那肥胖的麻子脸，让脸颊变得通红。他向后推动长凳，在撒有沙子的木地板上弄出一阵尖厉的声音。

“是你啊！”他说。

詹米脱下帽子，礼貌地点了点头。“别来无恙，先生。”他说。我现在能够看到中士的脸庞，他表面看上去很愉悦，但眼角却谨慎地皱了起来。詹米表现得比中士镇定许多，但他其实和中士同样吃惊。

默奇森逐渐镇定下来，惊讶的表情变换成了轻微的嘲笑。

“弗雷泽。哦，抱歉，弗雷泽先生。我应该称呼你先生，是吧？”

“是的。”尽管默奇森的口气粗鲁无礼，但詹米的声音依然平静。无论他们过去有什么冲突，詹米现在最不想做的就是惹麻烦，关于外面马车里躺着的那具尸体的事情则另当别论。我悄悄地在裙摆上擦了擦汗湿的手掌。

默奇森中士开始缓慢地扣上制服的扣子，同时并没有把目光从詹米身上移开。

“我听说有个叫弗雷泽的人来到了河场，寄生在卡梅伦夫人家。那个人就是你，是吗？”他说着，令人不快地动了动厚厚的双唇。

詹米眼角的谨慎冻结成了蓝色，冷峻得像冰川，但是他仍然咧着嘴，和善地微笑着。

“卡梅伦夫人是我的亲戚。我现在就是代表她来这里的。”

默奇森中士仰起头，舒适地挠了挠脖子。他肥大、苍白的脖子上有一道不浅的明显红印，好像曾经被人用绳子勒过。“你的亲戚。嗯，这样说很简单，不是吗？我听说卡梅伦夫人瞎了。没有丈夫，没有孩子，她很容易上那些来认亲戚的骗子的当。”他现在完全镇定下来，低下头，自鸣得意地朝我傻笑。“这就是你的女人，是吗？”他的话中带着恶意，都没有看我一眼。

“这是我的妻子，弗雷泽夫人。”

我能够看到詹米右手的那两根僵硬指头在外衣的下摆上动了动，这是能够说明他感受的唯一迹象。他稍微抬起头，然后扬起眉毛，带着冷静的好奇神情打量着默奇森中士。

“你是哪个默奇森，先生？抱歉我的记忆力不好，我承认我分辨不出你和你兄弟。”

默奇森中士像中枪似的停顿下来，系领巾的动作也僵硬地停住了。

“去你妈的！”他说，哽咽得说不出话来。他的脸庞呈现出不健康的红色，像熟透的梅子。我想他应该注意自己的血压，但是我并没有说出来。

这时，默奇森中士似乎注意到整个酒馆里的人都在很好奇地盯着他看。他怒冲冲地扫视周围，然后抓起帽子，跺着脚朝门口走去。他推搡着从我边上走过，我不由得向后趔趄了一步。

詹米抓住我的胳膊，让我站稳，然后低头从门楣下走出去。我跟着他走出去，及时看到了他在后面喊默奇森中士。

“默奇森！等我和你说句话！”

默奇森转身，双手握成拳头，紧贴着红色制服的下摆。他身材高大，躯干和肩膀都很厚实，把制服撑得紧紧的。他的双眼里充满了威胁，但他再次镇静了下来。

“一句话，是吗？你要跟我说什么呢，弗雷泽先生？”他说。

“关于你的职责，中士，我们给你带来了一具尸体。”詹米冷酷地说，并朝我们停在附近树下的马车点了点头。

默奇森中士的面容再次变得茫然。他朝马车看了看，小群小群的苍蝇和蚊子开始聚集起来，慵懒地围着敞开的马车绕圈。

“好。”他确实是专业人士，尽管举止中的敌意并未消减，但他脸上的血液已经逐渐退去，握着的拳头也放松开来了。

“一具尸体？谁的？”

“我不知道，先生。我就是希望你能告诉我们。你去看看好吗？”

他朝马车点了点头，默奇森犹豫了片刻，短暂地点头，然后朝马车大步走去。

我匆忙跟着詹米，及时看到了默奇森中士在拉开临时裹尸布一角时的表情。他完全不懂得掩饰自己的感受，或许在他从事的职业里并没有必要那么做。震惊的神情像夏日的闪电那样在他脸上闪现。

詹米也能够看到默奇森的面容。“那你认识她？”他说。

“她……她是……是的，我认识她。”默奇森中士突然闭上嘴，好像害怕说出更多的话似的。他继续注视着那个姑娘的枯萎脸庞，他自己的面容则紧绷起来，毫无表情地僵住了。

有几个人之前跟随着我们走出了酒馆。他们虽然谨慎地待在远处，但有两三个人却好奇地朝我们这边探着脖子。用不了多久，整个地区的人就会知道发生在锯木厂的事情。我希望邓肯和伊恩一路顺利。

“她怎么了？”默奇森中士问道，向下紧盯着那种毫无变化的苍白脸庞。他自己的脸也几乎变得苍白。

詹米专注地看着他，没有掩饰自己的想法。“那你认识她？”他再次说道。

“她是……她是……洗衣服的女工，名字叫丽莎……丽莎·佳弗。发生了什么事情？”默奇森中士机械地说着，仍然低头看着马车里面，似乎无法把目光拽开。他面无表情，但双唇发白，双手也紧握成拳头放在身体两侧。

“她在镇上有亲人吗，丈夫之类的？”

这个问题合乎情理，但默奇森猛地抬起头，就好像被詹米的这个问题戳痛了一样。

“关你什么事？”他说。他注视着詹米，眼睛的虹膜周围有圈明显的白线。他龇牙咧嘴，看似礼貌地说：“告诉我这是怎么回事。”

詹米不眨眼地与他对视。“她想把孩子打掉，但是出了些岔子。如果她有丈夫，我们必须跟她丈夫说明情况。如果没有——如果没有亲人——那么我就把她体面地下葬。”他平静地说。

默奇森转过头去，又向下看了看马车里面。“她有亲人，你不必麻烦了。”他简短地说。

他转过身，伸手用力地擦拭脸庞，似乎想要擦掉所有情感。“去我办公室，你必须写一份供述。去找书记员，去！”他有些含混不清地说道。

* * *

办公室里空无一人，书记员肯定是去吃午餐了。我坐下来等候，詹米则不安分地在狭小的办公室里踱步，看看墙上挂着的军团旗帜，又看看桌子后面角落里的抽屉柜。

“该死的运气，应该就是默奇森。”他说，像是在自言自语。

“我觉得你很了解他？”

他看了我一眼，啼笑皆非地撇了撇嘴：“十分了解。他当时就驻守在阿兹缪尔监狱。”

“我知道了。”这么说，他们两人之间少不了憎恨。狭小的办公室里很闷热，我擦干了从我乳房中间流下去的汗液。“你说他在这里做什么？”

“据我所知，他当时被派去负责那些被运去出售的犯人。我觉得，当时殖民地需要士兵，所以国王就没有让他回英格兰——那是与法国打仗时候的事情了。”

“他兄弟又是怎么回事？”

詹米哼了哼，发出没有幽默感的短暂声音。

“他们是两兄弟，双胞胎。我们叫他们小比利和小波比。他们简直一模一样，而且还不只是长相一样。”

他停顿下来，努力回忆着。他并不经常说他在阿兹缪尔监狱那段时间的事情，我能看到这段时间的阴影从他脸上闪过。

“你或许知道那种本身很正派，但是在与默奇森这种人在一起时就可能变得像狼一样的人？”

“这样说对狼有点不公平，因为我想到了洛洛。不过你说得没错，我懂你的意思。”我微笑着说。

“独处时像猪，很多人在一起时则像禽兽。军队里这种人不少，所以说军队能起作用——人们成群结队时会做独自一人时不会做的坏事。”

“那默奇森两兄弟从来不独处？”我慢慢地问。

他朝我轻轻地点头确认：“是的，就是那样。他们始终如影随形。这个人有所顾忌的事情，另外那个则不会。当然了，遇到麻烦事的时候，说不准该怪哪个，不是吗？”

他仍然在踱步，烦躁得就像被关在笼中的黑豹。他在窗边停下来，往外看。

“我——那些犯人——我们遭到虐待时可以投诉，但是官员们不能因为一个人的错惩罚他们两个人，而且人们很少知道自己是被哪个默奇森打倒在地猛踢肋骨的，也不知道是被哪个默奇森钩住脚镣倒挂起来，直到屁滚尿流，让守卫开心的。”

他的目光定在窗外的某样东西上，表情空洞，窗外的光线照在他那双眨也不眨的宝石蓝眼睛上。他刚才说到了禽兽，我能看出那些回忆激起了他的兽性。

“他们两兄弟都在这里吗？”我问道，既是为了打断他那种让人不安的凝视，也是因为我想知道。

我这样做起了作用，他突然从窗边转过身子。“没有，这个是比利。小波比在阿兹缪尔监狱死了。”他简短地说，他的那两根僵硬的手指在短裙上动了动。

我之前在想为什么今天早晨要穿短裙，而不是换成马裤。在英格兰士兵面前，他那暗红色的格子呢简直就像公牛面前招展的红色旗帜。现在我知道为什么了。

英格兰士兵曾经从他那里把苏格兰服饰夺走，同时想夺走他的自尊和男子气概。他们的尝试没有成功，而他打算向他们强调这一点，无论这样做是否理智。理智与那种在侮辱下仍然没有消亡的固执自尊没有多大关系，而且尽管他同时拥有理智和自尊，但我能够看明白，目前他的自尊占据着绝对优势。

“从默奇森中士的反应来看，小波比并不是自然死亡？”我问道。

“不是。”他说。他叹了口气，稍微耸了耸双肩，在紧身的外套里让它们放松。

“他们每天早上押送我们去采石场，晚上押送我们回来，每辆马车配有两三名警卫。有一天，小波比 · 默奇森是负责押送的军官。他早上和我们出去，但是晚上没有一起回来。”他又朝窗户看了看，“采石场底部有个特别深的水坑。”他的冷静口气就像他那种简单叙述的内容那样让人恐惧。尽管天气热得压抑，但我还是感觉到脊柱上有一阵轻微的战栗。

“你……”我开口说话，但是他伸手指到嘴唇边上，朝门那边迅速地点了点头。片刻过后，我听到了他那双灵敏耳朵听到的脚步声。

那是默奇森中士，不是书记员。他大汗淋漓，一道道汗液从假发下沿着他的脸庞流下来，而且他整个面容的颜色就像新鲜的牛肝，显得不健康。他朝空着的桌子看了看，然后在喉咙里低声说了些恶毒的话。我为那个不在办公室的书记员感到担心。默奇森中士手臂一挥，推开了桌上的杂物，让纸张飘落到了地上。

他从杂物中一把抓起白镴墨水池和一张大页纸，砰的一声把它们砸在桌上。“写下来，”他命令道，“然后签字，写上日期。”

詹米眯眼盯着他，但并没有动身去拿羽管笔。

我感觉到心脏突然下沉。詹米本来是左撇子，但被强迫教会了用右手写字，但是后来右手被打残了。对他来说，写字是件缓慢、费力的事情，他会在纸上留下许多墨水渍、汗渍，还会把纸张弄皱，最后他也会感到窘迫。这个世界上没有什么力量能够逼迫他在默奇森中士面前那样自取其辱。

“写！下！来！”默奇森中士咬着牙，一个字一个字地说道。

詹米的双眼眯得更厉害了，但是在他开口说话之前，我伸手出去，从默奇森手里把笔抓了过来：“我当时也在，我来写。”

我还没来得及蘸墨水，詹米就抓住了我的手。他从我手里把笔抽出去，然后把它扔到了桌子上。

“你的书记员待会儿可以到我姨妈家来伺候我。”他简短地对默奇森说，“跟我走，克莱尔。”

不等默奇森回答，詹米就拉住了我的手肘，把我拉着站了起来。我还没反应过来发生了什么事情，我们就已经到了外面。马车仍然停在树下，但尸体已经不见了。

* * *

“好了，她暂时安全了，麦克杜。可是我们到底应该怎么处理她呢？”邓肯挠了挠下巴上的胡楂。他和伊恩花了三天时间在森林里搜寻，最终找到了奴隶波丽安娜。

“让她挪动身子可不容易了，那个可怜的女奴在被洛洛闻出来时，差点被吓死。我们费尽力气才让她站起来。我们根本没法让她自己骑马，我只好一边骑马，一边单臂抱着她，免得她摔下去。”伊恩插话说，从早餐桌上拿下一片培根，把培根撕成两半，其中一半递给了洛洛。

“我们必须想办法把她藏起来。”乔卡斯塔皱起眉头，在思绪中半闭着茫然的双眼，“那个默奇森昨天早上又去锯木厂了，而且昨晚法科尔德·坎贝尔派人来说，默奇森宣布这是件谋杀案，已经叫人在整个区域搜那个动手的奴隶。法科尔德现在特别生气，我想他脑袋都快燃起他沉默着看了我片刻，然后十分缓慢地绕到我后面，最终在我身后开口说话了。“你穿着它外出？”他用不相信的口气说，“穿着去人们可以看到你的地方？”

“是啊，”我生气地说，“其他大多数女人也是。为什么不呢？”

“为什么不？”他愤慨地说，“我能看到你整个屁股的形状了，天哪，还能看到屁股沟！”

“我也能看到你的屁股沟。”我指出道，同时转身面对他，“我看着你的穿着马裤的屁股都已经好几个月了，但这只会偶尔让我生出占你的便宜的念头。”

他拧着嘴，不知道要不要笑。趁着他在犹豫，我向前走了一步，环抱着他的腰，双手紧紧搂住他的臀部。

“实际上，你穿短裙时才会让我想要把你推倒在地上强暴，”我对他说，“但是你穿马裤的时候看上去也不赖。”

他大笑了出来，并且弯腰用力地亲吻我，双手仔细地探寻着我紧身鹿皮裤下的臀部的轮廓。他轻轻地捏了捏，让我在他身上扭动起来。

“脱下来。”他说，然后停顿下来喘气。

“可是我……”

“脱下来，”他坚决地说，然后向后退，拉松裤裆开口上的系带，“你可以待会儿再穿，外乡人，如果有人要推倒强暴，那也是我，是吧？”